LA DÉCENTRALISATION À L'ÉPREUVE DE LA CRISE ÉCONOMIQUE EN CÔTE D'IVOIRE

Administration et Aménagement du territoire

Collection dirigée par Jean-Claude Némery

Administrer, aménager le territoire constitue une des missions fondamentales des Etats modernes. Gérer les espaces de quotidienneté et de proximité dans le cadre de la décentralisation et de la démocratie locale, assurer le contrôle administratif et financier de l'action publique, anticiper l'avenir pour assurer un meilleur développement grâce à la prospective sont les objectifs essentiels des pouvoirs publics.

Cette collection *Administration et Aménagement du territoire* doit répondre aux besoins de réflexions scientifiques et de débats sur cet ensemble de sujets.

Déjà parus

Liam FAUCHARD, Gérard GUIGOURES, Jean PIANEL, *Mutations des relations sociales. Quels futurs possibles ?*, 2014.

Valérie ANGEON, Sylvie LARDON et Patrice LEBLANC (dir.), *Formation et apprentissage collectif territorial. Compétences et nouvelles formes de gouvernance territoriale. Tome 1, 2014.*

François VANHILLE, *Cultures de l'imaginaire, festivals et collectivités territoriales,* 2014.

Gilbert MEYER, *Développement durable et finances locales*, 2013.

Pierre TEISSERENC, *L'action publique dans ses nouveaux territoires en France et au Brésil*, 2013.

André TORRE et Frederic WALLET (sous la dir.), *Les enjeux du développement régional et territorial en zones rurales*, 2013.

Badr-Eddine BELAYACHI et Ramiro RIERA, *Le représentant territorial de l'Etat face au développement urbain*, 2013.

Bernard GUESNIER et Christian LEMAIGNAN (dir.*), Futurs des territoires. Hommage à Guy Loinger*, 2013.

Christian LEMAIGNAN, *La Pugnacité des élus, créateurs de territoires*, 2012.

Liam FAUCHARD, Philippe MOCELLIN, *Démocratie participative : progrès ou illusions ?,* 2012

Guillaume PROTIÈRE (sous la dir.), *La Réforme territoriale*, 2011.

Loeiz LAURENT, *Petits départements et grandes régions. Proximité et stratégies*, 2010.

Trotsky MEL

LA DÉCENTRALISATION À L'ÉPREUVE DE LA CRISE ÉCONOMIQUE EN CÔTE D'IVOIRE

Préface du Professeur ATTA Koffi

L'Harmattan

5-7, rue de l'École-Polytechnique, 75005 Paris

http://www.harmattan.fr
diffusion.harmattan@wanadoo.fr
harmattan1@wanadoo.fr

ISBN : 978-2-343-04842-0
EAN : 9782343048420

DÉDICACE

« Tata s'en est allé au moment où je distinguais peu la joie de la douleur. Mais, toi, maman chérie, tu es partie au moment où je m'y attendais le moins. Et comme si cela ne suffisait pas, Yvonne chérie t'a suivie. Et pourtant, tous, vous auriez dû attendre encore un peu. Chacun de vous a tellement fait, en y mettant sa dose d'énergie, énergie moulée dans un amour incomparable que je ne connaîtrai plus jamais.

Et maintenant qu'il est temps de vous faire contempler les délices qui en découlent, Il a décidé que vous soyez absents.

Et comme personne n'a le pouvoir de s'opposer quand Il décide, alors je me suis incliné.

Mais auprès de Lui, où il Lui a bien plu de vous mettre, je n'en doute pas, Tata, maman et Yvonne, regardez, et soyez fiers !

Oui ! Soyez fiers ! Car, au-delà de la douleur liée à votre perte que j'ai ressentie, de par sa venue, et en le voyant courir dans tous les sens et l'entendant marmonner ses premiers mots dans les bras de sa maman Adolette, mon amour éternel, Hemlawel Kelani-Ylann me donne de croire que le meilleur est à venir.

Ma reconnaissance vous est éternelle ».

PRÉFACE

La décentralisation est une stratégie politique d'organisation du pouvoir de gestion et de développement d'un territoire national. Elle a été adoptée par la majorité des pays du monde. Elle a gagné la faveur des gouvernants suite aux théories du développement qui prônent la mort de l'État-Providence au profit du développement participatif et du développement durable. Elle repose sur des arguments d'efficacité et de rationalité, à savoir, la proximité du pouvoir de décision, la rapidité des prises de décisions et le contact permanent entre administrés et autorités déconcentrées et décentralisées.

Elle a été adoptée en Côte d'Ivoire en 1980 suite aux premiers signes d'une crise économique profonde qui a frappé le pays après une décennie d'embellie économique qualifiée par les observateurs de "miracle économique". Cette crise perdure jusqu'à nos jours et elle plombe la politique de décentralisation du pays. Ce contexte que connait la Côte d'Ivoire s'observe dans maints de pays africains.

En choisissant d'étudier "*la décentralisation à l'épreuve de la crise économique en Côte d'Ivoire*", Trotsky MEL, qui est géographe, veut d'abord dresser le bilan de cette politique qui évolue dans un climat économique difficile, et ensuite, il veut mettre en évidence les stratégies élaborées par les élites et les responsables locaux pour répondre aux nombreuses attentes des populations.

Il s'agit d'un ouvrage qui jette une autre lumière sur un pays, la Côte d'Ivoire, qui a plongé dans la crise, et qui veut revenir, forte et émergente, en 2020.

Professeur Lazare ATTA Koffi
Vice-Président de l'Université Félix HOUPHOUËT-BOIGNY, Abidjan-Cocody, CÔTE D'IVOIRE

REMERCIEMENTS

Pour la réalisation de ce document, nous avons bénéficié de la sollicitude et du concours de plusieurs personnes, tant en Côte d'Ivoire qu'en France, que nous remercions.

- En Côte d'Ivoire, notre reconnaissance va à l'endroit :

Du Professeur ATTA KOFFI, directeur scientifique de notre thèse de doctorat. Nous lui associons l'ensemble des enseignants de l'Institut de Géographie Tropicale (IGT) (singulièrement, les Professeurs TAPE BIDI, ALOKO-N'GUESSAN, ANOH KOUASSI, KOFFIE-BIKPO, GOGBE TERE, NASSA DABIE et les Docteurs DEMBELE OUSMANE et Feu OUATTARA ISSA) et les Professeurs BALLO ZIE et WAUTABOUNA OUATTARA de l'Unité de Formation et de Recherche des Sciences Économiques et de Gestion de l'Université Félix HOUPHOUËT-BOIGNY.

De nos parents, pour les incalculables efforts toujours fournis ; ainsi qu'à la Famille BOULON, particulièrement, Germaine et Célestin BOULON, pour leurs conseils et prières.

Des Professeurs AKE N'GBO, SERY Bailly, TEA Gokou, N'DOUBA Valentin, AKA Joseph, KOUDOU Opadou ; des Docteurs BALOU Bi Jérôme, TAYORO Gbotta, SECKA Obodji ; de MM. KOUDOU Robert, TOGBA Bonaventure, GUEBO Alexandre, N'GUESSAN Essis Job, M'BAFFOUE Meledje, N'DJOMOU Achille, AMARI Roger ; de Mmes TCHICAYA-DIRABOU, N'TAKPE-KABLAN, Nathalie BOAH et Lydie DAGO-BISSIRI, et de Mlle Nathalie ANOUMAN pour leurs appuis de tous ordres dans la conduite de nos travaux.

Des Docteurs APPIAH ADOU, KONAN KOUADIO, KRAH KOUADIO Joseph, BRENOUM KOUAKOU, VEÏ KPAN, ZOUHOULA BI, KRA KOUADIO Eugène, KOFFI YOBOUE et ALLA KOUADIO, pour les idées qu'ils ont partagées avec nous.

De nos amitiés, Jean-Yves DIBOPIEU, Georges DHAHI, Bruno ASSOUAN, Roméo OUATTARA, Hervé KOUMANLEY, Siméon KANDJA, Franck CECA, Joël KEKE, Auguste DAGO, Éric ORE, Alain LIBRE, Léonce KADJI, Raymond TANOH, Mamadou SAMAKE, Romaric DESSOA, Mathias ADJOUMAN, Yolande BIBI, Raphaël DEGNY et Félix BROU, pour leurs encouragements au quotidien.

Des personnalités ressources, tant administratives que civiles et coutumières, rencontrées à Abidjan, Soubré, Dimbokro et Bondoukou, dans le cadre de la collecte de nos données.

- En France, notre gratitude s'adresse :

Aux Professeurs Jean-Claude NEMERY et François PRIET, respectivement, Directeur du Centre de Recherche sur la Décentralisation Territoriale (CRDT) de l'Université de Reims Champagne-Ardenne et

Directeur du Laboratoire Collectivités Territoriales (LCT) de l'Université d'Orléans, pour nous avoir accepté dans ces laboratoires pour des stages doctoraux hautement bénéfiques au "peaufinement" de ce travail.

Au Professeur Marc LEROY (CRDT), aux Docteurs Fabrice THURIOT et Jean-Michel BRICAULT (CRDT), à Mme Dominique BÉCARD (Directrice de la Chambre de Commerce et d'Industrie de Reims), pour les entretiens, à nous, accordés.

À M. Laurent DELPAS, Mmes Monique DESSALLES et Stéphanie OUHIBI, et Mlle Rachida NEBHI du CRDT ; ainsi qu'à Mme Laurence SALLE du LCT, pour leur sollicitude.

À Mme Annie GEORGIN-CAGNARD, notre tutrice à Reims, pour son hospitalité ; ainsi qu'aux amis (KOUAME KOUAKOU, Docteur François ADOU, Pacôme ZEGBE, Docteur Gérard YAO, Docteur Emeric NICOLAS, NAHI PREGNON, Innocent YAPO, David LASM, KONE LADIO Issa) dont le contact permanemment maintenu nous a été d'un soutien inestimable.

AVANT-PROPOS

L'amélioration des conditions de vie des populations est un souci majeur qui émaille tous les discours officiels en Côte d'Ivoire. Et tout le monde a pris conscience que cela ne peut se faire sans la participation et l'adhésion des populations elles-mêmes ; étant entendu que, pour mieux s'épanouir, une population doit prendre son destin en main, ou tout au moins, être impliquée dans la prise de décision la concernant.

La décentralisation, "perçue en règle générale comme un système de dévolution du pouvoir par le centre (l'État) vers la périphérie (les collectivités et leur territoire)" (NEMERY, 2003), fait la promotion de cette politique de développement endogène. Et selon la Banque Mondiale (1999), en 1999, 95% des démocraties avaient des collectivités territoriales élues, et un peu partout, les pays, grands et petits, riches et pauvres, leur déléguaient des pouvoirs politiques, financiers et administratifs. La décentralisation, ainsi, "pose le problème du partage des responsabilités entre l'État et la société civile. Il s'agit donc d'une union État-populations locales qui devrait conduire au progrès et au bonheur partagés" (ATTA, 2001).

C'est dans la perspective d'atteindre un tel but que cette politique est initiée en Côte d'Ivoire depuis 1980. Mais, depuis lors, une crise économique pernicieuse l'entrave et l'éloigne de ses objectifs. Cette contribution vise à mesurer l'impact de cette crise économique sur la politique ivoirienne de décentralisation afin d'aider à éclairer les responsables qui la conduisent. « **La décentralisation à l'épreuve de la crise économique en Côte d'Ivoire** » est l'intitulé de notre travail de réflexion.

Il s'agit d'une Thèse Unique de Doctorat que nous avons menée. Et ce document présente les conclusions de la version synthétisée de nos travaux. "Version synthétisée", en ce sens qu'elle a été débarrassée de la quasi-totalité des cartes, figures et tableaux qui l'alourdiraient certainement. L'objectif visé est de la rendre accessible à un vaste public. Naturellement, les données utilisées sont celles de nos enquêtes de terrain dont l'échelle temporelle se situe entre le vendredi 09 mars 2007 et le vendredi 30 juin 2010. N'empêche, et quand c'est nécessaire, certaines de ces données ont été actualisées au-delà de cette limite.

LISTE DES FIGURES

LISTE DES PHOTOGRAPHIES

LISTE DES PHOTOS

Photo 1 : [illegible] du Conseil Général de la Gironde [illegible]

[illegible]

par le Conseil Général de Bordeaux [illegible]

Photo [illegible]

[illegible]

Photo [illegible] de la Ville de Bordeaux [illegible]

Photo [illegible]

[illegible]

[illegible]

[illegible]

[illegible]

[illegible]

LISTE DES TABLEAUX

LISTE DES ABRÉVIATIONS

ADDCI : Assemblée des Départements et Districts de Côte d'Ivoire.
AFVP : Association Française des Volontaires du Progrès.
AGEROUTES : Agence de GEstion des ROUTES.
AID : Agence Internationale d'Assistance pour l'Environnement et le Développement.
ANADER : Agence Nationale d'Appui au DEveloppement Rural.
ARSO : Autorité pour l'Aménagement de la Région du Sud-Ouest.
AVB : Autorité pour l'Aménagement de la Vallée du Bandama.
AVICOMCI : Association des VIlles et Communes de l'Ouest Montagneux de Côte d'Ivoire.
BAD : Banque Africaine de Développement.
BCEAO : Banque Centrale des États de l'Afrique de l'Ouest.
BGF : Budget Général de Fonctionnement.
BNDA : Banque Nationale pour le Développement de l'Agriculture.
BNETD : Bureau National d'Études Techniques et de Développement.
BSIE : Budget Spécial d'Investissement et d'Équipement.
BTP : Bâtiments et Travaux Publics.
CAA : Caisse Autonome d'Amortissement.
CFD : Caisse Française de Développement.
CHR : Centre Hospitalier Régional.
CIDT : Compagnie Ivoirienne de Développement des Textiles.
CIE : Compagnie Ivoirienne d'Électricité.
CIRES : Centre Ivoirien de Recherches Économiques et Sociales.
CM-CNO : Collectif des Maires de la zone Centre-Nord-Ouest.
CNDCT : Conseil National pour le Développement des Collectivités Territoriales.
CNRA : Centre National de Recherche Agronomique.
COFORCI : Association des COmmunes FOrestières de Côte d'Ivoire.
CRDT : Centre de Recherche sur la Décentralisation Territoriale.
CSSPPA: Caisse de Stabilisation et de Soutien des Prix des Produits Agricoles.
DAT : Direction de l'Administration Térritoriale.
DATAR: Direction de l'Aménagement du Territoire et de l'Action Régionale.
DCL : Direction des Collectivités Locales.
DG : Direct(eur)ion Général(e)
DGA : Direct(eur)ion Général(e) Adjoint(e)
DGAT : Direction Générale de l'Administration du Territoire et Direction Générale de l'Aménagement Territorial.

DGDDL : Direct(eur)ion Général(e) de la Décentralisation et du Développement Local.
DGCL : Direction Générale des Collectivités Locales.
DREN : Direct(eur)ion Régional(e) de l'Éducation Nationale.
ENA : École Nationale d'Administration.
EPP : École Primaire Publique.
FAC : Fonds d'Aide et de Coopération.
F CFA : Franc de la Communauté Financière d'Afrique.
FDS : Forces de Défense et de Sécurité.
FIAU : Fonds d'Investissement et d'Aménagement Urbain.
FPCL : Fonds de Prêts aux Collectivités Locales.
FPI : Front Populaire Ivoirien.
FRAR : Fonds Régional d'Aménagement Rural.
FSD : Fonds Sociaux de Développement.
FMI : Fonds Monétaire International.
HVA : Hydraulique Villageoise Améliorée.
IFRSDC : Institut Français de Recherche Scientifique pour le Développement en Coopération (Ex-ORSTOM).
IGT : Institut de Géographie Tropicale.
INS : Institut National de la Statistique.
Km : Kilomètre.
LCT : Laboratoire Collectivités Territoriales
MACOM : Mission d'Appui à la Conduite d'Opérations Municipales.
MIIN: Ministère de l'Intérieur et de l'Intégration Nationale.
MOS : Maîtrise d'Œuvre Sociale.
MPDI: Ministère du Plan et du Développement Industriel.
ONG: Organisation Non Gouvernementale.
ORSTOM : Office de Recherche Scientifique et Technique Outre-Mer (actuel IFRSDC).
PACOM : Programme d'Appui à la Conduite d'Opérations Municipales.
PADC : Programme d'Appui à la Décentralisation et aux Communes.
PAQSE : Programme d'Aménagement des Quartiers Sous-Équipés.
PAS : Programme d'Ajustement Structurel.
PDAVI : Projet de Drainage et d'Assainissement des Villes de l'Intérieur.
PDCI-RDA : Parti Démocratique de Côte d'Ivoire-Rassemblement Démocratique Africain.
PDCC : Projet de Développement des Communes Côtières.
PDCN : Projet de Développement des Communes du Nord.
PDM : Partenariat pour le Développement Municipal.
PDRO : Projet de Développement Rural de la Région Ouest (appelé aussi Projet BAD-Ouest).
PEP : Programme d'Entretien Prioritaire.
PIB : Produit Intérieur Brut.
PICR : Programme d'Investissement des Capitales Régionales.

PIP : Programme d'Investissement Prioritaire.
PNE : Projet de Développement Intégré des Savanes du Nord-Est.
PNO : Projet de Développement Rural Intégré de la Région Nord-Ouest.
PNUD : Programme des Nations Unies pour le Développement.
PPTE : Pays Pauvre Très Endetté.
PRCG : Programme de Renforcement des Capacités de Gestion.
PSDAT : Programme de Soutien à la Décentralisation et à l'Aménagement du Territoire.
PUIUR : Projet d'Urgence des Infrastructures URbaines.
RDR : Rassemblement Des Républicains.
SAPH : Société Africaine des Plantations d'Hévéas.
SATMACI : Société d'Assistance Technique pour la Modernisation de l'Agriculture en Côte d'Ivoire.
SG : Secréta(ire)riat Général
SODECI : SOciété de Distribution d'Eau de la Côte d'Ivoire.
SODEFEL : SOciété de DÉveloppement des Fruits Et Légumes.
SODEFOR : SOciété de DÉveloppement des FORêts.
SODEMI : SOciété de DÉveloppement MInier.
SODEPALM : SOciété de DÉveloppement du PALMier à huile.
SODEPRA : SOciété de DÉveloppement de la PRoduction Animale.
SODERIZ : SOciété de DÉveloppement de la RIZiculture.
SODESUCRE : SOciété de DÉveloppement de la canne à SUCRE.
THIMO : Travaux à Haute Intensité de Main d'Œuvre.
TP : Travaux Publics.
UCOMCE : Union des Villes et COMmunes du CEntre.
UE : Union Européenne.
URCA : Université de Reims Champagne-Ardenne.
UTEXI : Usines TEXtiles de Côte d'Ivoire.
UVICOCI : Union des VIlles et COmmunes de Côte d'Ivoire.
VRD: Voirie et Réseaux Divers.
WC : Water Closed.

INTRODUCTION GÉNÉRALE

La première initiative décentralisatrice de la Côte d'Ivoire remonte à l'ère coloniale avec l'érection de Grand-Bassam en commune mixte le 31 décembre 1914. Abidjan le fut le 29 octobre 1915, et Bouaké, en 1952. En 1953, six localités (Abengourou, Agboville, Daloa, Dimbokro, Gagnoa et Man) sont érigées en communes mixtes. En 1958 et 1959, huit autres communes de moyen exercice (Adzopé, Bondoukou, Divo, Sassandra, Aboisso, Dabou, Korhogo et Ferkessédougou) furent créées, mais ne fonctionnèrent jamais.

À l'indépendance, même si la constitution prévoyait la création de collectivités locales, le Président HOUPHOUËT-BOIGNY choisit de consolider les bases de la jeune République avant tout autre chose. À propos, Grand-Bassam perdit même son statut de commune en 1965. Le 09 janvier 1978, un projet de loi[1] municipal créant 26 nouvelles communes de plein exercice tout en confirmant celles d'Abidjan et de Bouaké est soumis, puis voté par l'Assemblée Nationale. Malheureusement, elle n'a pas connu une application immédiate. Il a fallu attendre 1980 pour voir un démarrage effectif de la politique de décentralisation en Côte d'Ivoire. Celle-ci a commencé par la communalisation. Le 17 octobre de cette année, trois lois[2] fondamentales relatives à la création des communes sont prises. Ces lois, tout en maintenant l'ancienne commune de Bouaké, créent 10 communes à l'intérieur de l'ancienne commune d'Abidjan – qui prit, du fait de son statut particulier, la dénomination de "Ville d'Abidjan" – et 26 autres communes à l'intérieur du pays.

Cependant, il faut noter que ce changement ne s'est pas opéré ex-nihilo, mais procède de deux raisons principales : la crise économique et l'exigence des bailleurs de fonds internationaux. En effet, dès l'indépendance, l'État s'est volontairement fait catalyseur du développement. Cela lui a permis d'engranger les finances de ses ambitions, avec un taux de croissance moyen de 7% l'an. Mais, l'embellie n'a duré que deux décennies. En effet, aux effets des chocs pétroliers de 1973 et 1979, se sont ajoutés la détérioration des termes de l'échange, la mauvaise gouvernance, la démesure dans certains investissements, le service de la dette, etc. Ainsi, fin 1977, survint une crise financière qui se transforme rapidement en crise économique en 1980entrainant fermeture d'entreprises, licenciements, réduction progressive des dépenses publiques dans le cadre des Programmes d'Ajustement Structurel (PAS). L'État a dû recourir, avec des taux de remboursement élevés, aux emprunts pour financer les investissements et soutenir l'activité intérieure. Partant, les encours de la dette publique extérieure ont progressé

[1] Loi N° 78-07 portant institution des communes de plein exercice en Côte d'Ivoire.
[2] Loi N° 80-1180 portant organisation municipale, Loi N° 80-1181 portant régime électoral municipal et Loi N° 80-1182 portant statut de la Ville d'Abidjan.

de 24% en 1979 à 30% en 1980 (BALLO, 2009). La politique du "Tout-État" montrait ainsi ses limites. À propos, « Même s'il ne faut pas oublier que l'État est le seul à disposer de la capacité financière pour les grands travaux d'investissement et du pouvoir de réguler et de contrôler les actions des collectivités locales, il n'en reste pas moins que (...) le "Tout-État" n'est pas un mode d'organisation satisfaisant. C'est fonctionnellement inefficace, économiquement suicidaire et socialement dangereux. » (GRANRUT, 1994).

Aussi, de leur côté, vu la désarticulation continue de l'économie ivoirienne, les institutions financières internationales incitent-elles le gouvernement ivoirien à se débarrasser d'un certain nombre de ses prérogatives pour les confier aux populations. Ils en conditionnent même la poursuite de leurs appuis.

C'est ce contexte qui a sous-tendu la mise en place, en 1980, de la décentralisation, cette politique nouvelle de développement. Depuis lors, le paysage communal s'est agrandi et d'autres outils sont créés. Certains ont été fonctionnels et supprimés par la suite (ville, district, Haut Commissariat au Développement), d'autres n'ont jamais été fonctionnels (communauté rurale, Haute Autorité de Développement). À ce jour, la décentralisation ivoirienne est composée de deux outils : la commune et le conseil départemental (remplacé par le conseil régional le 21 avril 2013).

Au total, depuis 1980, la décentralisation est proclamée comme l'un des volets essentiels de la stratégie de développement de la Côte d'Ivoire. Trente-trois ans après, il convient de se demander comment elle a été menée dans ce contexte de crise économique. "*La décentralisation à l'épreuve de la crise économique en Côte d'Ivoire*" est l'intitulé de cette réflexion. "Les difficultés des collectivités territoriales à satisfaire les besoins des populations" est le problème qu'il pose. Alors, «Quel est l'impact de la crise économique sur la politique ivoirienne de décentralisation ?" Telle est la principale interrogation qui fonde cette réflexion. D'elle, découlent les questions subsidiaires suivantes : Quels sont les besoins et attentes des populations dans le cadre de la décentralisation ? Quelles sont les réponses de la décentralisation à la demande sociale exprimée ? Quel est l'impact de la crise économique sur les réponses données par la décentralisation à la demande sociale ? Les réponses à ces interrogations indiquent l'objectif général de cette étude qui est de mesurer l'impact de la crise économique sur la politique ivoirienne de décentralisation. Spécifiquement, il s'agit d'identifier les attentes et besoins des populations dans le cadre de la décentralisation, d'évaluer les réponses de la décentralisation à la demande sociale exprimée, et de mesurer les effets de cette crise sur les investissements des collectivités territoriales.

Pour y arriver, nous avons choisi les ressorts territoriaux de trois départements (Soubré, Dimbokro et Bondoukou) à l'intérieur desquels nous avons choisi trois communes (Soubré, Dimbokro et Bondoukou), sur la base de critères d'ordre socioéconomique et géographique : localisation, superficie, population, économie de plantation, budget.

Situé en zone forestière, au Sud-ouest de la Côte d'Ivoire, le Département de Soubré qui couvre 8 301 km^2, fait actuellement office de nouveau front pionnier de l'agriculture ivoirienne. Avec une population, selon le Recensement Général de la Population et de l'Habitat (RGPH) de 1998, de 924 243 habitants (2ème du pays) submergée par les non-nationaux, il fournit, en effet, l'essentielle de la production de café et de cacao du pays. Avec un budget moyen de1 916 151 667 FCFA, ce département se révèle comme un observatoire assez privilégié de l'impact de la crise économique sur la politique de décentralisation en cours.

Le Département de Dimbokro est situé dans la zone de transition forêt-savane, au Centre (Centre-Est) du pays. Avec une superficie de 1 176 km^2 qu'habitent 119 330 âmes, il a eu un passé glorieux (ancienne "boucle du cacao"). À ce titre, il a bénéficié d'un certain nombre d'investissements dont le plus saillant reste une unité des Usines Textiles de Côte d'Ivoire (UTEXI). Dimbokro a reçu la fête tournante de l'indépendance en 1975. De nos jours, le département a perdu ce rayonnement d'antan. Jusqu'à un passé récent (2008), il avait une seule sous-préfecture qui lui était confondue. Aujourd'hui, le département dont le budget moyen est de1 047 992 333.33 FCFA se reconvertit à l'anacarde, le cacao des savanes. Ainsi, il nous a paru utile de voir si les efforts des collectivités territoriales lui ont permis de sortir de sa léthargie.

Le Département de Bondoukou est situé au Nord-Est du pays, en zone de transition forêt-savane. Frontalier au Ghana, il est fortement islamisé. Avec une superficie de 998.15 km^2 (presque10 fois Dimbokro), le département qui a un budget moyen de 1 458 459 505 F CFA est parmi les plus vastes et les moins peuplés (431 421 habitants) du pays. Là aussi, l'anacarde est la culture principale. La ville de Bondoukou, l'une des plus vieilles du pays, et ayant également accueilli la fête tournante de l'indépendance en 1971, nous a semblé représentative des anciennes villes pour appréhender les effets de la crise économique sur la décentralisation.

Chapitre 1 : L'ÉTAT DES LIEUX SUR LA DÉCENTRALISATION EN CÔTE D'IVOIRE

Depuis son indépendance en 1960 jusqu'à la fin de la décennie 70, la Côte d'Ivoire a eu une évolution économique exemplaire qui faisait rêver, avec un PIB réel par habitant de l'ordre de 04%. Et cela s'est fait sentir dans tous les compartiments de la vie de la Nation. Ce succès est essentiellement lié au choix de l'agriculture de rente fait par le pays comme locomotive du développement. Malheureusement, vers la fin de la décennie 70, la tendance à l'évolution des indicateurs économiques s'inverse, faisant place à une période d'incertitudes. Le pays connait ainsi une crise financière qui s'est rapidement transformée en une crise économique en 1980.

Les effets de cette crise sont tels que les pouvoirs publics ont décidé de céder certaines de leurs prérogatives aux populations qui se voient désormais associées au développement. Ainsi créée, la décentralisation est perçue comme une solution à la crise économique. Pour le néophyte, ce concept serait né ces dernières années. Et pourtant, il a toujours existé, même avant les indépendances. C'est seulement son application effective sur différentes échelles qui a été différente entre les périodes. De nombreuses réflexions menées par des universitaires, des bureaux d'études et autres experts, se sont consacrées à cette politique. Ce chapitre introductif tente d'en faire un état des lieux ; aussi bien panoramique que local.

1.1- Considérations d'ensemble

Nous nous appesantirons sur la définition de la décentralisation, ses différentes formes, ses objectifs, ses enjeux.

1.1.1- Définition de la décentralisation

La décentralisation est un mode d'organisation administrative qui consiste à reconnaître la personnalité juridique à des communautés d'intérêt (région, département, commune) ou à des activités de service public (l'approvisionnement en gaz ou en eau, par exemple), puis à leur confier un pouvoir décisionnel en certaines matières. Elle constitue donc une réponse possible à la question de la répartition des fonctions administratives entre l'État et les autres collectivités publiques.

Dans son principe, elle est un processus technique qui vise à octroyer la liberté de gestion à des collectivités locales. Tandis que la centralisation choisit de concentrer la gestion de l'ensemble des affaires administratives d'un pays aux mains des services de l'État, la décentralisation revient à transférer certaines attributions du pouvoir central au profit d'autres personnes administratives territoriales ou de personnes administratives spécialisées.

Généralement, c'est le transfert d'autorité et de responsabilités de fonctions publiques, de l'administration centrale, vers les organisations gouvernementales subordonnées ou quasi autonomes et/ou vers le secteur privé (Decentralization Thematic Team). Elle confère donc des pouvoirs de décision à des organes locaux distincts de l'État. Cette délégation de pouvoirs devra permettre à ces organes locaux d'amorcer le développement de leur localité, par eux-mêmes, en mobilisant les ressources (financières, humaines, culturelles…) locales.

Pour KPONHASSIA (1994), la décentralisation pose le problème de la gestion partagée des affaires publiques, de la création et de l'identification de l'échelon pertinent de mobilisation des citoyens dans les communes. Et qu'elle a pour objectifs de réaliser la participation effective des populations à tous les niveaux de vie de la nation, la diffusion des responsabilités et la prise de décisions.

Le constat est donc que, selon les termes utilisés, une constante demeure dans les définitions de la décentralisation : celle du partage des responsabilités entre l'État central et les populations locales.

1.1.2- Les différentes formes de décentralisation

Le terme de décentralisation englobe une variété de concepts. DURET (2000) dit qu'elle « est une politique à géométrie "variable" et à "plusieurs vitesses" suivant les pays. D'une part, elle s'inscrit dans des contextes politique, économique, institutionnel donnés, qui définissent des configurations déjà en place et dans lesquelles se déploient différentes stratégies d'acteurs. D'autre part, elle présente un caractère multidimensionnel puisqu'à la fois elle redessine l'organisation territoriale et le maillage des espaces nationaux, modifie les formes de gouvernement et change les niveaux d'intervention, de financement et de légitimité de l'action publique. Le même terme générique de "décentralisation" peut donc recouvrir une très grande diversité de situation. »Dans ce concept de "décentralisation", RONDINELLI (1981) cité par DURET (2000) distingue les notions de déconcentration, de délégation, de dévolution et de privatisation. La déconcentration, la délégation et la dévolution font partie intégrante de la "décentralisation administrative". Quant à la privatisation et la dérégulation, elles s'intègrent à la grande famille de la "décentralisation financière et économique".

En un mot, il y a plusieurs types de décentralisations qu'il faille expliciter parce qu'ayant des caractéristiques, des conséquences administratives et des conditions de réussite différentes. Avant, il est à reconnaître qu'il y a un chevauchement de sens de ces termes ; mais les définitions précises importent moins qu'une approche globale de la question. Ces différents types de décentralisation peuvent revêtir plusieurs formes dans différents pays, au sein d'un même pays ou d'un même secteur.

1.1.2.1- La décentralisation administrative

Il s'agit d'une redistribution des responsabilités administratives du niveau supérieur de la hiérarchie de l'État central vers ses niveaux inférieurs, la plupart du temps, par le biais d'une dispersion géographique des agents de l'État. Cette dimension administrative de la décentralisation qui est une déconcentration des agents de l'État central peut aller de la création d'une nouvelle unité de travail au sein d'un ministère à la constitution d'offices régionaux ou locaux du ministère national concerné. Il y a donc transfert de responsabilité de la planification, du financement et de la gestion liée à certaines fonctions du gouvernement central et de ses organes vers des unités d'administration sur le terrain, des cellules ou niveaux subalternes de l'administration, des autorités publiques semi-autonomes, des municipalités ou des régions. (...) La décentralisation administrative vise à conférer aux citoyens ou à leurs élus, plus de pouvoirs de décisions. Elle est souvent liée au pluralisme politique et au gouvernement représentatif, mais elle peut soutenir la démocratisation en donnant aux citoyens ou à leurs élus, plus d'influence dans la formulation et l'exécution de la politique d'une administration (Decentralization Thematic Team).

Il existe trois formes de décentralisations administratives ayant chacune des caractéristiques différentes : la déconcentration, la délégation et la dévolution.

1.1.2.1.1- La déconcentration

La déconcentration, souvent considérée comme la forme la plus faible de la décentralisation et plus fréquemment utilisée dans les pays à gouvernement unitaire, refait une répartition de pouvoirs de décision, de responsabilités financières et de gestion entre les différents échelons du gouvernement central. Elle peut être simplement le transfert de responsabilités du gouvernement central à des fonctionnaires qui travaillent dans les régions, provinces ou districts, ou bien elle peut être la création d'une administration sur le terrain dotée d'un pouvoir fort, ou encore une entité administrative locale sous la supervision de ministères (Decentralization Thematic Team). BEZANÇON et VAN RUYMBEKE (1987) disent que « La déconcentration ne consiste qu'à renforcer, au sein de la même personne morale – l'État – les échelons locaux de celui-ci. ».

Si la décentralisation renforce l'autonomie des services locaux, elle maintient le lien hiérarchique entre ces organismes locaux et l'administration centrale, et les fonctionnaires déconcentrés ne disposent que d'une autorité déléguée (DURET, 2000).

Bien qu'étant considérée comme la forme la plus faible de la décentralisation, il est important de ne pas confondre déconcentration et décentralisation. La différence essentielle entre les deux notions est d'ordre politique, et tient au statut des organes qui bénéficient de la redistribution du pouvoir. Dans le cas de la décentralisation, ces organes ont leur identité propre et disposent d'une véritable autonomie vis-à-vis de l'État. En revanche, dans le cadre de la déconcentration, les organes qui bénéficient de certaines compétences ne sont que les agents du pouvoir central. L'autorité déconcentrée est donc sous la dépendance d'un supérieur hiérarchique aux ordres duquel elle doit se conformer, et qui détient le pouvoir d'annuler ses décisions. La déconcentration ne constitue donc qu'un mode pratique d'aménagement de la centralisation. Nommés par le pouvoir central, les acteurs de la déconcentration restent donc subordonnés à l'autorité de l'État.

1.1.2.1.2- La délégation de pouvoir

C'est une forme plus poussée de la décentralisation. Par la délégation, les gouvernements centraux transfèrent le processus de prise de décision et d'administration vers des organisations semi-autonomes qui, en dernier ressort, doivent lui rendre des comptes.

Les gouvernements délèguent des responsabilités lorsqu'ils créent des entreprises ou sociétés publiques, des services chargés du logement, des transports, des districts de services spéciaux, des secteurs scolaires semi-autonomes, des sociétés de développement régional ou des unités spéciales chargées de l'exécution de projets. Généralement, ces organisations ont beaucoup de pouvoirs discrétionnaires quant aux prises de décisions. Elles peuvent être exemptées des contraintes auxquelles sont soumis les fonctionnaires ordinaires et peuvent se faire payer directement par les usagers de services (Decentralization Thematic Team). Mais CHEEMA et RONDINELLI (1983) cités par DURET (2000) précisent que cela ne veut aucunement dire que ces fonctionnaires détachés aient la possibilité d'organiser la politique du territoire qu'ils couvrent.

1.1.2.1.3- La dévolution

Elle est une troisième forme de décentralisation. Lorsque les gouvernements délèguent les fonctions, ils transfèrent les pouvoirs de décision, l'autorité en matière de finances et de gestion vers des unités d'administration locales quasi-autonomes avec statut de municipalité. Généralement, la dévolution s'opère en transférant les responsabilités pour la fourniture de services aux municipalités qui élisent leurs propres maires et conseils, perçoivent leurs propres impôts, et jouissent du pouvoir de prendre des décisions d'investissements.

Dans un système décentralisé par dévolution, les administrations locales ont des limites géographiques précises et juridiquement reconnues, à l'intérieur desquelles elles exercent leur autorité et leurs fonctions publiques. C'est cette forme de décentralisation qui sous-tend la plupart des décentralisations politiques (Decentralization Thematic Team).

1.1.2.2- La décentralisation budgétaire ou des finances

La responsabilité des finances est une composante fondamentale de la décentralisation. Pour FUKASAKU et DE MELLO (1998) cités par DURET (2000), la décentralisation budgétaire est un phénomène dual et se définit comme "la délégation de pouvoirs d'imposition et d'engagement des dépenses à des échelons inférieurs de l'administration". Elle implique, d'une part, un partage en amont des sources fiscales de revenus et, d'autre part, une répartition des compétences et des fonctions de dépenses entre l'État central et les collectivités territoriales. Les collectivités territoriales peuvent être constituées de personnes directement nommées par le pouvoir central ou de représentants des populations locales. Lorsque la décentralisation budgétaire s'accompagne de mécanismes démocratiques, notamment à travers l'élection au suffrage universel de l'exécutif local, cela enrichit considérablement la réforme de décentralisation (DURET, 2000).

Decentralization Thematic Team affirme que, pour que les administrations locales et les organisations privées puissent exercer de manière efficace les fonctions administratives décentralisées, elles doivent disposer de revenus d'un niveau adéquat - provenant soit de source locale, soit d'un transfert du gouvernement central - de même qu'elles doivent avoir le pouvoir de décision concernant les dépenses. Pour les collectivités territoriales, la décentralisation des finances peut impliquer :

- autofinancement ou recouvrement de coûts en faisant payer les usagers pour les services fournis ;
- cofinancement ou arrangements de coproduction par lesquels les usagers participent à la fourniture des services et de l'infrastructure par des contributions financières ou de main-d'œuvre ;
- augmentation de recettes locales par les taxes sur les propriétés ou sur les ventes ou encore par les impôts indirects ;
- transferts inter-administrations qui envoient une portion des recettes générales des impôts perçus par le gouvernement central vers les administrations locales pour des besoins généraux ou spécifiques ;
- autorisations aux municipalités d'emprunter et mobilisation de ressources du gouvernement national ou local (moyennant des cautions).

Dans beaucoup de pays en développement, les administrations locales ou les unités de l'administration centrale ont le pouvoir de prélever des impôts mais leurs recettes fiscales sont si peu et leur dépendance des subventions du gouvernement central si forte qu'aucune tentative n'est faite pour exercer ce pouvoir.

1.1.2.3- La décentralisation économique ou décentralisation du marché

Les formes de décentralisation les plus complètes, du point de vue du gouvernement, sont la privatisation et la dérégulation ; car elles transfèrent les responsabilités des fonctions administratives du secteur public au secteur privé. La privatisation et la dérégulation sont, généralement, mais pas toujours, accompagnées de libéralisation économique et de politiques de développement du marché. Elles permettent que des fonctions qui relevaient primordialement ou exclusivement du gouvernement soient exercées par le secteur privé, les communautés, les coopératives, les associations volontaires privées et d'autres organisations non gouvernementales.

1.1.2.3.1- La privatisation

Dans son application, la privatisation peut, d'un côté, être une politique de laisser-faire, et de l'autre, l'encouragement de partenariats entre le public et le privé pour la fourniture de services ou la réalisation de projets d'infrastructure, par exemple. La privatisation peut comprendre les points suivants :

- L'autorisation pour les entreprises privées à exercer des fonctions qui, auparavant, étaient monopolisées par le gouvernement.
- La sous-traitance de la fourniture ou l'administration des services ou des infrastructures publics à des entreprises commerciales : pour cela, il y a un nombre de manières dont les fonctions peuvent être organisées, et il existe beaucoup d'exemples au sein du secteur public et des organisations institutionnelles à caractère public-privé, surtout dans le domaine de l'infrastructure.
- Le financement des programmes du secteur public grâce au marché des capitaux (avec des règles ou mesures adéquates pour éviter les situations où le gouvernement central endosse les risques de l'emprunt) et permettre aux organisations privées d'y participer.
- Le transfert des responsabilités de la fourniture des services du secteur public au secteur privé grâce au désinvestissement.

1.1.2.3.2- La dérégulation

La dérégulation réduit les contraintes juridiques de la participation du privé dans la fourniture de services, ou permet la concurrence entre fournisseurs privés de services qui, auparavant, étaient fournis par le gouvernement ou par des monopoles réglementés.

Ces dernières années, la privatisation et la dérégulation sont devenues des solutions intéressantes pour les gouvernements des pays en développement. Les administrations locales procèdent aussi à la privatisation en accordant la fourniture ou la direction des services aux sous-traitants.

1.1.2.4- La décentralisation politique ou démocratique

La décentralisation politique ou démocratique se définit comme le transfert simultané de pouvoirs et de ressources à des autorités largement indépendantes du pouvoir central, et démocratiques à certains égards. Pour MANOR (1998) cité par DURET (2000), la décentralisation peut être considérée comme "démocratique" dans les cas suivants :

- Les représentants locaux (maires ou conseillers municipaux) sont élus directement ou indirectement à bulletin secret ;
- Les élus locaux sont de la même couleur politique dans la mesure où les partis minoritaires à l'issue des élections ne sont pas représentés au sein de l'exécutif ;
- Les représentants locaux cumulent leur mandat local avec des mandats nationaux (de député ou de ministre). Le problème avec le cumul des mandats est que les élus peuvent se désintéresser de la politique locale au profit des affaires nationales et être moins sensibles aux pressions populaires se manifestant dans leur juridiction ;
- Les communautés locales participent à la gestion des affaires locales, non par le biais du vote, mais en exerçant une activité de supervision. Ce contrôle, généralement informel, est cependant considéré beaucoup moins fort que le contrôle électoral ;

- Les constitutions locales fournissent des efforts pour s'informer sur les besoins des populations locales. Cela peut se traduire par exemple, par l'établissement de comités locaux chargés de dynamiser la participation populaire, d'organiser et de coordonner l'implication des populations dans les projets de développement ;
- Les autorités consultent les leaders et les associations locales et prennent en considération leurs remarques.

La Banque Mondiale (1995) affirme que la décentralisation démocratique est la forme la plus avancée de "décentralisation" et celle qui cristallise la confiance des bailleurs de fonds. Car, la principale originalité et force de ce type de décentralisation est de rendre les collectivités responsables, non plus devant l'État central, mais devant les populations locales (SHAH (1998), cité par BALLO (2009)).

Les partisans de la décentralisation politique se basent sur l'hypothèse que les décisions prises avec une plus grande participation des administrés sont bien fondées et répondent mieux aux besoins des intérêts divers de la société que celles prises uniquement par les autorités politiques au niveau central. En plus, on suppose que la décentralisation politique permet aux citoyens de mieux connaître les élus locaux et permet aux élus de mieux connaître les besoins et les aspirations de leurs électeurs.

La décentralisation politique nécessite souvent des réformes constitutionnelles ou statutaires, la création d'un système politique pluraliste, le renforcement de la législature et l'encouragement de groupes d'intérêt public. Toutefois, avec un transfert limité de compétences et de ressources, l'efficacité attendue des gouvernements locaux est compromise. C'est pourquoi la décentralisation doit être envisagée dans sa triple dimension administrative et budgétaire, afin que soient fournies les ressources bureaucratiques et financières ; et démocratique, afin que le contrôle des populations s'exerce sur les institutions locales (DURET, 2000).

À partir de cette typologie, PARKER (1995), cité par DURET (2000), procède par élimination et réduit à trois, les notions comprises sous le label de "décentralisation" : la décentralisation administrative, la décentralisation budgétaire et la décentralisation politique.

1.1.2.5- Décentralisation territoriale et décentralisation technique

Dans la conception administrative française, on distingue habituellement deux formes de décentralisation : territoriale et technique.

1.1.2.5.1- La décentralisation territoriale

Elle se fait au profit de collectivités locales sur la base d'un critère géographique. Cette notion de collectivité locale recouvre donc une portion de territoire aux limites géographiques précises. Ainsi, la commune, le département et la région sont des personnes morales de droit public dont l'exécutif n'est plus soumis à l'autorité hiérarchique du pouvoir central et qui exercent des prérogatives de puissance publique sur une partie du territoire national. Enfin, l'élection des membres de ces collectivités au suffrage universel est une composante importante de la décentralisation.

1.1.2.5.2- La décentralisation technique

La décentralisation technique, elle, s'opère sur la base d'un critère technique. Elle consiste à effectuer le transfert d'attributions du pouvoir central à des personnes administratives spécialisées (il s'agit le plus souvent d'établissements publics) chargées de gérer un service particulier. Cette attribution est motivée par des préoccupations strictement techniques qui sont donc sans rapport avec les motifs politiques de la décentralisation territoriale.

1.1.3- Quelle est la forme de décentralisation la plus appropriée ?

Pour Decentralization Thematic Team, lorsque les conditions sont bonnes, toutes les formes de décentralisation peuvent jouer des rôles importants dans l'augmentation de la participation des citoyens dans les activités politiques, économiques et sociales. Les planificateurs doivent analyser soigneusement les types de décentralisation existant déjà dans un pays donné pour pouvoir appliquer des politiques sur mesure pour les structures en place. Car dans l'absolu, les choses ne sont pas forcément superposables. Ce qui a marché ici, peut ne pas marcher ailleurs.

1.1.4- Les objectifs de la décentralisation

L'engagement en faveur de la décentralisation vise trois objectifs essentiels :

1.1.4.1- Rapprocher l'administration du citoyen

Ce rapprochement de l'administration du citoyen se fait par la création de structures décentralisées aux niveaux régional et local par la distribution de compétences entre l'État et les collectivités locales. GREFFE (2002) dira que « (...) on avancera le critère de subsidiarité : pour renforcer la démocratie et le bon contrôle des affaires publiques, il convient de ne pas gérer les affaires publiques plus loin des acteurs que nécessaire ».

1.1.4.2- Favoriser la participation démocratique du citoyen à la gestion locale

Pour EBEL et YILMAZ (2001) cités par BALLO (2009), la décentralisation s'appuie surtout sur des considérations d'ordre politique et non économique. Les arguments politiques sont la démocratie, la bonne gouvernance et la stabilité politique. La décentralisation est un facteur de participation et de démocratie. En effet, en mettant une partie importante du pouvoir à proximité du citoyen, elle lui permet de participer à l'exercice effectif du pouvoir, de suivre de près l'exécution des décisions et de voir dans les élus des représentants plutôt que des mandataires (GREFFE, 2005).

En plus de rapprocher élus et citoyens et de favoriser une plus grande transparence, la décentralisation fait de l'imputabilité ou de l'obligation de rendre des comptes, un enjeu plus concret, favorisant ainsi la bonne gouvernance. La décentralisation est même considérée aujourd'hui comme un indicateur de bonne gouvernance (BLUNDO (2001) cité par BALLO

(2009)). Malheureusement, dans les pays en développement, il semble que la décentralisation soit davantage un moyen de renforcer le contrôle du centre que de promouvoir un partage des décisions (NAWHOO, 1987).

Enfin, la décentralisation peut préserver la stabilité politique face à la montée des revendications locales. Lorsqu'un pays est profondément divisé, notamment par des facteurs géographiques ou des clivages ethniques, la décentralisation offre un mécanisme institutionnel qui associe les opposants à des négociations officielles dans le cadre d'un processus obéissant à des règles. Par exemple, en Afrique du Sud et en Ouganda, la décentralisation a ouvert la voie à l'unité nationale (Banque Mondiale (1999) in BALLO (2009)).

1.1.4.3- Assurer le développement économique et social des localités

Les éléments économiques qui expliquent le regain d'intérêt pour la décentralisation sont, selon MUSGRAVE et MUSGRAVE (1984) cités par BALLO (2009), la stabilité macroéconomique, l'équité et l'efficacité. La décentralisation influe sur la stabilité macroéconomique et l'équité. Même si certains macro-économistes font valoir que la décentralisation peut aggraver les problèmes macroéconomiques (PRUD'HOMME, 1995 ; TANZI, 1996), le contrôle des ressources publiques échappant en partie au pouvoir central, la recherche empirique sur la décentralisation et la gestion macroéconomique n'appuie guère ces inquiétudes. Plusieurs études indiquent en effet que la décentralisation n'est pas préjudiciable à la stabilité aux États-Unis ou dans les pays d'Europe occidentale où les administrations locales contrôlent des ressources substantielles. En Amérique Latine, la part des autorités locales dans le déficit national est négligeable dans la plupart des pays, à l'exception des Fédérations (SHAH, 1997 ; Banque Mondiale, 1999 ; in BALLO, 2009).

L'aspect "équité" de la décentralisation concerne la redistribution du revenu afin de réduire les disparités de revenu entre les collectivités territoriales (équité horizontale) et les inégalités de revenu entre les individus d'une même collectivité territoriale (équité interne).Selon la Banque Mondiale (1999), la plupart des systèmes de finances publiques décentralisés fait intervenir des mécanismes de péréquation pour corriger les disparités horizontales (BALLO, 2009).

L'élément "efficacité" est la principale raison invoquée par les économistes en faveur de la décentralisation. La décentralisation peut accroître l'efficacité parce que les gouvernements locaux connaissent mieux les besoins de leurs citoyens que le gouvernement central (STIGLER, 1957, in BALLO, 2009). De plus, les décisions en matière de dépenses publiques prises par un palier de gouvernement qui est plus près d'une collectivité locale et plus sensible à ses besoins ont plus de chances de refléter les choix des gens que les décisions prises par un gouvernement central distant (MUSGRAVE, 1959 ; OATES, 1972, in BALLO, 2009).

Enfin, si la population est mobile et que les citoyens peuvent "voter avec leurs jambes" en allant s'installer ailleurs, la décentralisation accroîtra la concurrence entre gouvernements locaux en les incitant à mieux utiliser les ressources publiques (TIEBOUT, 1956 ; BRENNAN et BUCHANAN, 1980[3] in BALLO, 2009).

GREFFE (2002) dira que la décentralisation contribue au développement économique et social en favorisant l'équipement des zones urbaines à un meilleur coût et en assurant un aménagement du territoire plus conforme aux intérêts des agglomérations par le transfert d'une partie des charges de l'urbanisation aux collectivités locales. « Le fondement économique de cette décentralisation a longtemps reposé ici sur le concept de « bien collectifs à effet géographique limité » : il convient de ramener les décisions de gestion des biens collectifs à l'échelon géographique correspondant aux effets d'indivisibilité du bien concerné ».

Pour ATTA (2001), concrètement, il s'agit de réduire la mentalité "d'assisté" chez les populations, de mobiliser toutes les énergies et les bonnes volontés de la société civile en vue d'atteindre des objectifs d'amélioration du cadre et des conditions de vie, de créer des pôles de développement pouvant retenir les populations, de permettre aux populations de bénéficier là où elles résident, d'une panoplie minimale d'équipements de proximité, de créer des espaces locaux d'exercice de la démocratie.

La lecture de ces objectifs traduit l'empressement de l'État d'amorcer véritablement le développement local à partir de l'approche de la décentralisation et exprime aussi son ambition de faire de ce processus, une volonté politique de premier ordre. Dans la mesure où la mise en œuvre de ces objectifs permettra de renforcer le niveau d'investissement local, de doter les collectivités locales d'une capacité de gestion et de raffermir la pratique démocratique qui sont autant de facteurs nécessaires à une croissance économique durable (KONE, Décentralisation et développement économique et social : le cas de la Côte d'Ivoire).

1.1.5- Les enjeux de la décentralisation

Les enjeux de la décentralisation sont d'ordre politique, économique et social.

1.1.5.1- Les enjeux politiques de la décentralisation

1.1.5.1.1- La décentralisation est avant tout une politique d'aménagement du territoire

L'aménagement du territoire peut être appréhendé comme une organisation globale de l'espace destinée à satisfaire les besoins des populations concernées en mettant en place les équipements nécessaires et en valorisant les ressources naturelles. C'est également la mise en valeur de l'espace régional dans une perspective d'atténuation des disparités régionales. Enfin, ce sont également les dispositions prises en vue de doter

[3] Les arguments d'efficacité sont difficiles à prouver dans les faits car les liens de cause à effet ne sont pas évidents et l'on manque d'indicateurs (Banque mondiale, 1999).

l'État des structures et infrastructures nécessaires à son développement (ATTA, 2001).

De cette définition, nous retenons quelques groupes de mots : « satisfaire les besoins des populations concernées », « en valorisant les ressources naturelles », « la mise en valeur de l'espace naturel ».

En rappel, l'embellie économique que la Côte d'Ivoire a connue lui a permis d'entreprendre une politique volontariste d'aménagement du territoire centrée sur l'équipement en infrastructures. Cette politique s'est traduite par les différents projets (AVB : Autorité pour l'Aménagement de la Vallée du Bandama, ARSO : Autorité pour l'Aménagement de la Région du Sud-Ouest, PDRO : Projet de Développement Rural de la Région Ouest aussi appelé Projet BAD-Ouest, etc.). À la mise au goût du jour de la décentralisation en 1980, ces trois constantes retenues ne lui ont jamais échappé. Mieux, ce sont elles-mêmes qui fondent cette politique qui « vise tout aussi bien à corriger ou du moins à réduire les disparités régionales, à favoriser le développement local dans chacune des régions du territoire national, à rééquilibrer l'armature urbaine et en définitive à sauvegarder l'unité nationale par l'apport d'un minimum de conditions de bien-être à toutes les populations et ceci dans un climat de paix et de concorde » (ATTA, 2001). Ainsi, quand des collectivités territoriales conduisent les affaires locales selon les aspirations de leurs populations, quand elles mobilisent des ressources locales pour mener des actions de développement telles que construire des écoles et des dispensaires, réprofiler et /ou créer des routes, créer et entretenir des espaces verts, etc., toutes choses nécessaires à l'amélioration des conditions et du cadre de vie des populations, ces autorités-là, d'abord, ne font rien d'autre qu'aménager « leur territoire ».

Parlant de l'exemple français, FLOQUET (2002) dira que, « Loin de se réduire à des questions techniques, la politique d'aménagement du territoire se situe au cœur même des principes républicains, l'égalité dans ses dimensions territoriales, et relève d'enjeux cruciaux, le développement économique, la cohésion sociale et le développement durable. Ces principes et enjeux ont largement motivé la centralisation française, souvent encore à l'œuvre ; on peut considérer qu'ils justifient désormais, à l'inverse, une véritable décentralisation ».

1.1.5.1.2- Décentraliser, c'est réformer l'État

« Décentraliser, c'est assurer une meilleure harmonie dans les territoires entre « l'être » (origine politique et sociologique du pouvoir) et le « faire » (gérer avec efficacité les territoires). Trop de communautés se contentent de « l'être ». L'État s'empare trop facilement du « faire ». Dans une république territoriale décentralisée, l'État doit abandonner ses tâches territoriales généralistes pour se concentrer sur des fonctions de régulation, de respect du droit, de protection des catégories défavorisées et des espaces fragiles. Sa mission essentielle doit consister à promouvoir le développement des territoires en partant des lieux de vie de la population, en concentrant le maximum de pouvoir de décisions au plus près des citoyens et selon un mode compatible avec les principes d'équité territoriale et de juste équilibre dans la répartition des ressources publiques sur le territoire. En somme, il revient à l'État d'animer la mosaïque des territoires et les « êtres collectifs » qui la composent sans se substituer à leur pouvoir d'action, en veillant à l'expression pleine et entière de ce qu'il est convenu d'appeler la démocratie active, participative et citoyenne » (NEMERY, 2003).

1.1.5.1.3- La décentralisation comme outil de renforcement des institutions étatiques

Du point de vue politique, DURET (2000) affirme que la décentralisation peut contribuer à renforcer l'institution publique dans la mesure où elle combine les trois types d'arrangements institutionnels décrits ci-dessus. D'abord, la décentralisation peut participer à l'édification de contre-pouvoirs en encourageant la séparation de ces derniers entre une autorité centrale et des autorités intermédiaires et locales. Elle peut alors contribuer à la réalisation d'un équilibre interrégional à l'intérieur des États et à la démultiplication des centres de décisions avec pouvoirs exécutifs sur certaines matières locales. Ensuite, la décentralisation peut stimuler la compétition au sein de la fonction publique en mettant en concurrence les agents de l'État aux différents niveaux de la hiérarchie. Enfin, la décentralisation peut conduire à une modification profonde du processus de décision collective en permettant de rapprocher géographiquement les prises de décisions des populations défavorisées.

Dans cette optique, la décentralisation conduit à une transformation profonde du processus de décision : celui-ci prend en compte toutes les parties prenantes (Gouvernement, administration centrale, acteurs directement concernés et leurs organisations, etc.) qui doivent élaborer des références communes permettant dans la mesure du possible, un processus de décision collective. Cette action collective vise d'une part à améliorer l'efficacité et l'efficience de la production et du financement des services publics, et d'autre part, à établir une cohérence entre les préférences des citoyens et la production des biens publics. Ce qui va permettre une meilleure atteinte des objectifs de politiques économiques et de rendre ainsi plus facilement comptables les populations de leur gestion (KONE, Décentralisation et développement économique et social : le cas de la Côte d'Ivoire).

1.1.5.1.5- La décentralisation, instrument d'instauration et de pérennisation de la démocratie

La décentralisation est traditionnellement présentée comme étant à la fois une source d'efficacité accrue pour l'action publique et un moyen d'approfondissement de la démocratie (FLOQUET, 2002). A propos, N'GUESSAN (1990), cité par HAUHOUOT (2002), dira : « Pour nous (Thèses défendues par le Parti Ivoirien des Travailleurs (PIT) aux alentours du multipartisme en 1990) plus que jamais, la Région, c'est la Démocratie vraie, mettant à la disposition des populations les moyens de gérer leurs affaires en toute liberté ».

HAURIOU estime que « Les raisons de la décentralisation ne sont point d'ordre administratif, mais bien d'ordre constitutionnel. S'il ne s'agissait que du point de vue administratif, la centralisation assurerait au pays une administration plus habile, plus impartiale, plus intègre et plus économe que la décentralisation. Mais les pays modernes n'ont pas besoin seulement d'une bonne administration, ils ont aussi besoin de liberté politique. ».TOCQUEVILLE ajoute que « Les institutions communales sont à la liberté ce que les écoles primaires sont à la science ; elles la mettent à la portée du peuple ; elles lui en font goûter l'usage paisible et l'habituent à s'en servir. Sans institutions communales, une nation peut se donner un gouvernement libre, mais elle n'a pas l'esprit de la liberté ».

Aussi, pour que cette démocratie soit une réalité, des engagements sont-ils à observer. Dans son classique, « Comment faire pour que la démocratie fonctionne ? », le sociologue américain Robert PUTNAM (Professeur à la Kennedy School of Government de Harvard) a très bien senti cette dialectique : « Pour que la démocratie soit solide et durable, il faut le sens du compromis, le respect des lois et l'obéissance à une Constitution. Dans les démocraties solides et durables, les citoyens se font confiance et se comportent en égaux politiques, respectent la loi, paient leurs impôts, se soucient du bien public, ont un comportement conforme à l'éthique. Et, simultanément, les institutions de bonne gouvernance – système judiciaire impartial, agences de contrôle efficaces – encouragent et récompensent le comportement civique ».

En claire, l'unité des peuples est renforcée par la décentralisation, en ce sens que, par exemple, ils ont le choix dans la désignation de leurs « porte-paroles » sans interférence aucune, sans que l'État central ne leur impose quelqu'un qui ne fasse pas leur affaire ; toute chose susceptible de mettre en mal la cohésion. On parle alors de démocratie. Ainsi, en Côte d'Ivoire, l'option de décentralisation pouvait aider à faire supporter l'autoritarisme du pouvoir central et les rigueurs du parti unique.

1.1.5.2- Les enjeux économiques de la décentralisation

1.1.5.2.1- La décentralisation vise une autonomie financière

Au niveau financier et économique, DURET (2000) dit de la décentralisation qu'elle peut être un moyen d'optimiser l'offre et le financement de biens collectifs en répartissant les biens publics et la perception de la recette destinée à les financer entre les échelons de gouvernements les mieux à même de les assurer. Cette stratégie s'inscrit donc bien dans la logique de rationalisation des finances publiques. D'un côté, elle contribue à maximiser les prélèvements publics à travers l'exploitation du potentiel fiscal local négligé par l'État central. D'un autre côté, elle accroît l'efficacité de l'allocation des ressources en concourant à cibler les priorités de dépenses de chaque échelon de gouvernement.

Des économistes du développement comme GILLIS et al. (1990), montrent que la participation des populations qui est une condition essentielle de la décentralisation consiste dans le partage des avantages économiques du progrès entre un éventail des personnes à tous les niveaux de la société. Et la valeur ainsi accordée à cette participation tient à la satisfaction intrinsèque qu'elle procure à tous ceux qui sont associés au processus, ainsi qu'au fait qu'elle peut encourager une gestion publique démocratique au niveau local, réduire l'emprise des élites nationales et locales, et intégrer, dans la planification des aménagements, les réalités concrètes du comportement et du contexte social (KONE, Décentralisation et développement économique et social : le cas de la Côte d'Ivoire).

En un mot, la décentralisation financière permet une gestion optimale des ressources économiques locales qui engendreront des ressources financières capables d'insuffler une dynamique réelle au développement local.

1.1.5.2.2- La décentralisation permet la bonne gouvernance dans la gestion des affaires publiques

Depuis la Conférence de la Baules, la question de la « Bonne Gouvernance » est devenue un élément essentiel pour le développement des pays en développement. Cette bonne gouvernance est même exigée, voire, imposée aux pays en développement pour mériter les faveurs de l'occident. BÉCHIR BEN AHMED (2009) indique que « Pour un pays, comme d'ailleurs pour une entreprise, la bonne gouvernance est la condition nécessaire et souvent suffisante d'une croissance économique saine et durable ; la croissance économique est source de progrès économique et social, lequel mène à la prospérité. Or, la croissance économique favorise aussi l'instauration de la démocratie et son renforcement. L'inverse est tout aussi vrai : la démocratie donne naissance à des institutions juridiques et politiques qui permettent de lutter contre la corruption, de réprimer la tricherie et d'introduire l'esprit de compétition : l'activité économique trouve alors de meilleures conditions pour s'épanouir ».

1.1.5.3- Les enjeux sociaux de la décentralisation

1.1.5.3.1- La décentralisation comme outil de cohésion nationale et de restauration de la paix sociale

DURET (2000) soutient que la décentralisation est utilisée en Afrique comme outil d'unification, comme arbitrage face à la diversité ethnique. Et c'est en cela que le Président KONAN BÉDIÉ (1998) avait annoncé sa volonté de « forger une Côte d'Ivoire unie par un vigoureux rééquilibrage interrégional et par l'élargissement et l'approfondissement de la décentralisation et de la régionalisation ».

« C'est d'abord au travers de ses propres concours budgétaires et de ses politiques d'intervention que l'État vise à garantir la cohésion nationale. Cohésion nationale qui est très largement tributaire du niveau des revenus de transfert et des mécanismes de leur répartition. Dans la logique même de la décentralisation, ces interventions seraient amenées à être proportionnellement moins importantes. Pour autant, l'État demeurera un acteur essentiel des grands programmes d'investissements et des politiques nationales. De même continuera-t-il à exercer une influence considérable et même croissante au travers des politiques rédistributives (transferts sociaux) ou de l'action directe des services publics relevant de sa tutelle. L'instauration d'une comptabilité analytique devra à cet égard permettre de mieux cerner l'impact territorial des dépenses consolidées de l'État. Il sera, dans ces circonstances, de sa responsabilité de veiller au caractère équitable de son effort budgétaire non par une équi-répartition systématique de ses ressources mais par une analyse pluriannuelle de l'ensemble de ses dépenses dans les régions, y compris celles des revenus de transfert. C'est à partir de cette connaissance que l'État pourra pondérer ses interventions au sein des politiques contractuelles sans doute à travers des modalités plus globales et dans le cadre de grands programmes d'investissements. Il convient, sans doute, c'est une lapalissade, de ne pas perdre de vue que les capacités rédistributives de l'État, qui sont à la source des mécanismes de cohésion sociale, sont étroitement conditionnées par la richesse produite ; création de richesse qui relève largement de politiques macroéconomiques dont l'optimisation ne peut être que nationale. Mais l'État devra pouvoir préserver une capacité significative d'intervention propre pour répondre aux éventuels chocs « asymétriques » éprouvés par des régions ou les bassins d'emploi. Garant de la cohésion nationale, l'État devra ainsi réduire les incertitudes en amortissant les effets des cycles économiques d'activités ou les sinistres éprouvant sélectivement les territoires. » (FLOQUET, 2002).

Pour garantir et pérenniser cette cohésion, la part de ressources revenant aux collectivités doit être fixée d'avance sans complaisance. Cela est bien l'idée du Front Populaire Ivoirien (2000) cité par HAUHOUOT (2002) : « Concernant les subventions de l'État, la dotation d'aide au fonctionnement des collectivités territoriales (BGF : Budget Général de Fonctionnement) et la dotation de financement des programmes de développement de celles-ci (BSIE : Budget Spécial d'Investissement et d'Équipement) doivent être consacrées annuellement et garanties par la Constitution pour échapper à toutes sortes de pesanteurs ».

C'est ainsi que « Le Gouvernement de Côte d'Ivoire, conscient que la participation des citoyens et la responsabilisation des élus dans la gestion des affaires locales préservent la qualité du climat social et l'unité nationale et s'accompagnent d'effets multiplicateurs sur la mobilisation des ressources et le développement de l'investissement … » (MIIN[4] et MPDI[5], 1997), fit de la décentralisation, une option capitale dans le rééquilibrage de l'espace national.

---

[4] Ministère de l'Intérieur et de l'Intégration Nationale.

[5] Ministère du Plan et du Développement Industriel.

Aussi, la décentralisation contribue-t-elle à enrayer la déstabilisation des États. En effet, la mise en place des politiques de décentralisation, pour ce qui est des pays pauvres, et singulièrement africains, permit aux États de calmer les ardeurs des mouvements d'opposition qui réclamaient l'implication des habitants dans la gestion des affaires politiques de leur localité. Partant, par l'application de la décentralisation, la paix sociale se trouve restaurée.

1.1.5.3.2- La décentralisation comme moyen de lutte contre la pauvreté

Au plan social, dans la mesure où la décentralisation se traduirait par un partage simultané des ressources et du pouvoir, elle pourrait alors contribuer à lutter contre la pauvreté (DURET, 2000).En effet, la pauvreté ne se définissant pas qu'en termes économiques, l'incertitude, la précarité, l'exclusion, la vulnérabilité, le sentiment d'impuissance face aux décisions qui les gouvernent sont tous perçus par les populations comme des dimensions du bien-être et de la pauvreté. La même idée est partagée par SEN (1982) qui dit que « la pauvreté se définit, non seulement, par un niveau trop faible de revenu, mais également, par l'absence de droits d'accès aux ressources et le manque de maîtrise des pauvres sur leur destin et les décisions qui les concernent ».Pour KONE (Décentralisation et développement économique et social : le cas de la Côte d'Ivoire), la décentralisation peut être considérée comme un moyen de lutte contre la pauvreté en cela que l'approche de la gestion participative inhérente à la décentralisation offre la possibilité de réunir des ressources collectives et d'engager toutes les parties prenantes à s'attaquer de manière plus réelle et plus efficace à la réalisation des objectifs de développement économique et social et au problème de la pauvreté.

Au total, la décentralisation concourt à plusieurs enjeux que DUBRESSON (1993) résume en disant : « Quête d'une meilleure échelle d'encadrement des populations et d'institutionnalisation du « devoir de rendre compte », recherche d'une mobilisation des ressources plus efficaces, telles sont les justifications ordinaires des décentralisations ».

1.2- La décentralisation ivoirienne

1.2.1- Historique

Compte tenu de l'engouement collectif pour la mise en œuvre des reformes de décentralisation administrative, budgétaire et politique en Afrique Noire, il paraissait intéressant de prendre du recul afin d'identifier si cette politique représentait une stratégie nouvelle de développement sur ce continent, ou n'était que la remise au goût du jour d'orientations déjà explorées par le passé (DURET, 2000).En un mot, il s'agit de savoir si cette politique qui consiste à responsabiliser les acteurs locaux est une initiative de développement récente en Afrique, ou si elle tire ses origines dans les temps coloniaux. Cette inquiétude est levée par RIBOT et AGRAWAL (1999) cités par DURET (2000). Pour ces auteurs, loin d'apparaître comme une préoccupation récente, le transfert de responsabilités budgétaires et de pouvoirs institutionnels à différentes échelles du territoire fut un objectif plusieurs fois poursuivi en Afrique. Et la Côte d'Ivoire n'échappe pas à cette réalité. En effet, l'analyse de l'historique de la décentralisation en Côte d'Ivoire s'articule autour de deux grandes périodes : la période coloniale et la période postindépendance.

1.2.1.1- La période coloniale

Le système de décentralisation mis en place pendant la période coloniale s'est caractérisé par la création d'un nombre réduit de communes, et de surcroît, de statuts juridiques différents, à savoir, les communes mixtes, les communes de moyen exercice et les communes de plein exercice. Grand-Bassam fut, dès le 31 décembre 1914, la première localité à être érigée en commune mixte administrée par l'Administrateur du Cercle des Lagunes assisté d'une Commission Municipale Consultative comprenant sept membres. Par Arrêté du 29 octobre 1915, la ville d'Abidjan fut érigée en commune mixte. Elle s'étendait sur les territoires d'Abidjan-Adjamé, Abidjan-Santé, Abidjan-Agban, Abidjan-Blockhaus, Cocody, Locodjro, Abobo-Doumé, Port-Bouët et Petit-Bassam (MIIN et MPDI, 1997). La Commune Mixte d'Abidjan allait successivement être élevée au 2e, puis au 3e degré, par les Arrêtés des 23 octobre 1939 et 1er décembre 1952. La ville de Bouaké suivra comme commune mixte en 1952. En 1953, Abengourou, Agboville, Daloa, Dimbokro, Gagnoa et Man sont érigées en communes mixtes jusqu'en 1955 où elles deviennent communes de moyen exercice avec des conseils municipaux élus ayant à leur tête le représentant de l'administration. En 1955 toujours, Abidjan, Grand-Bassam et Bouaké deviennent communes de plein exercice avec, respectivement, pour premiers maires élus, Félix HOUPHOUËT-BOIGNY, Jean-Baptiste MOCKEY et Djibo SOUNKALO. En 1958 et 1959, huit autres communes de moyen exercice (Adzopé, Bondoukou, Divo, Sassandra, Aboisso, Dabou, Korhogo et Ferkessédougou) furent créées, mais ne fonctionnèrent jamais.

1.2.1.2- La période postindépendance

A partir de l'indépendance, le processus de décentralisation peut être disséqué en plusieurs étapes. Nous en retenons quatre (04) pertinentes : 1960-1980 (ère de la régionalisation comme première expression de la décentralisation), 1980-1985 (étape du démarrage effectif), 1985-2001 (phase de renforcement) et 2001 à nos jours (période d'accélération et d'extension).

1.2.1.2.1- L'ère de la régionalisation comme première expression de la décentralisation postindépendance : 1960-1980

La décentralisation en Côte d'Ivoire, telle que conçue au lendemain de l'indépendance, était une dimension intégrée d'un système de planification plus global (KOBY, 2001). Pour l'appréhender, il faut donc mettre en exergue le système de planification du développement depuis 1960. Ainsi, la question régionale qu'on considère comme le premier maillon de cette politique sera de mise. Voilà pourquoi HAUHOUOT (2002) dit que "L'intérêt de notre pays pour la région ne date pas de 1990, c'est-à-dire du retour au multipartisme. Il est venu tout naturellement de la problématique du développement et de l'aménagement du territoire, dans le contexte de souveraineté nationale".

En effet, à l'indépendance, bien que la constitution prévoyait la création de collectivités locales en son article 68, c'est l'héritage colonial qui est maintenu ; le Président HOUPHOUËT-BOIGNY ayant opté, dans un premier temps, de consolider les bases de la jeune République. A propos, Grand-Bassam perdit même son statut de commune en 1965.

Durant cette période, de nombreuses structures telles que le Bureau National d'Études Techniques et de Développement (BNETD), les universités, les instituts de recherche, la Direction de l'Aménagement du Territoire et de l'Action Régionale (DATAR), vont inaugurer une réflexion systématique sur la région en Côte d'Ivoire (HAUHOUOT, 2002). Déjà en 1968, Jean-Pierre TROUCHAUD, cité par HAUHOUOT (2002), donne la première division régionale de la Côte d'Ivoire en neuf (09) entités avec leurs villes locomotives : Nord-Ouest (Odienné, Touba, Séguéla, Mankono), Ouest (Man), Nord (Korhogo), Centre-Ouest (Le triangle Daloa – Gagnoa – Divo), Bouaké (Bouaké), Boucle du cacao (Le triangle Dimbokro – Daoukro – M'Bahiakro), Est (Abengourou), Sud-Ouest (San-Pédro), Abidjan (Abidjan).

L'identification des régions n'était pas au départ un exercice d'école. Elle cherchait à donner des moyens d'action efficace au planificateur (HAUHOUOT, 2002). « En effet, si la planification nationale pouvait enregistrer à cette date une croissance rapide et des résultats d'ensemble très satisfaisants, il fallait convenir que les différentes parties du territoire ne bénéficiaient pas au même degré, de l'essor économique général. L'expression « disparité régionale » apparaît pour la première fois en 1967 dans le texte de la Loi-Plan 1967-1970 » (TROUCHAUD (1968) in HAUHOUOT (2002)).

Ainsi, l'effort de régionalisation entrepris depuis les indépendances va se poursuivre jusqu'aux alentours de 1980 avec une vision constante : la réduction des disparités régionales. Et cela transparaît dans le plan 1971-1975 en ces termes : « Application des grandes options sectorielles aux potentialités de la région ; mais surtout application d'une politique visant à réduire les disparités régionales, inévitables certes dans tout processus de développement mais qui tendent à s'accentuer à l'accès en raison du caractère cumulatif des phénomènes de concentration » (BNETD-DATAR, op.cit).

À côté de cette politique de régionalisation, notons aussi les premières "pensées" pour la poursuite de la décentralisation par la communalisation de l'après-indépendance. Le premier discours favorable à la reprise de cette décentralisation n'intervient que le 07 août 1971, lors du message à la Nation du Président HOUPHOUËT-BOIGNY qui déclare que « C'est au niveau des communes, en réglant les problèmes qui les touchent de près, que les hommes se forment pour le bien de la Nation, non seulement à la gestion des affaires publiques, mais aussi à l'exercice de la vraie démocratie ».

Suite à cette idée-force, des études de faisabilité sont entreprises en 1974. Elles concluent que la décentralisation irréalisable et prématurée en 1960, était désormais possible et souhaitable. Ainsi, quatre ans après, un projet de loi municipal (N° 78-07 du 09 janvier 1978) soumis, puis voté par l'Assemblée Nationale, créé, sous un statut unique, 26 nouvelles communes de plein exercice, et confirme celles d'Abidjan et de Bouaké, soit un total de 28 communes de plein exercice. Ce fut la première rupture du statut quo qui prévalait jusqu'alors.

Le vote de cette loi fut le premier acte de la nouvelle politique de décentralisation dont les idées fortes et les objectifs peuvent se résumer de la manière suivante : « Le développement de la Nation doit passer par le développement de collectivités territoriales cohérentes, solidaires et économiquement fortes, grâce à la participation volontaire et active des populations, condition de la paix et d'une démocratie véritable. » Malheureusement, cette loi n'a pas été appliquée immédiatement. Des difficultés sont apparues au moment de sa mise en œuvre. En effet, les élections organisées par le PDCI-RDA (Parti Démocratique de Côte d'Ivoire-Rassemblement Démocratique Africain) – parti unique à l'époque – pour désigner les maires, ont abouti à de nombreuses contestations, et n'ont pas reçu l'agrément du Président de la République. Tout a donc été annulé, et la reforme en est restée là.

Cette décision d'annulation s'explique essentiellement par le fait que le Président HOUPHOUËT ne voulait pas fragiliser la jeune Nation en construction. L'assise de la "Jeune République" sur des bases économiques et sociales solides et le renforcement de l'unité nationale étaient les priorités. En un mot, il s'agissait de développer chez les populations le sentiment national, avant d'engager une politique de décentralisation qui ait des chances d'atteindre les objectifs qui lui seraient assignés.

Au fur et à mesure que les progrès de cette politique de développement et d'unité nationale devenaient patents et s'affermissaient, la nécessité d'une décentralisation progressive s'avérait, elle aussi, de plus en plus pressante. La création, à travers tout le pays, de nombreuses associations de développement régional a semblé être le signe d'une attente populaire généralisée que le Gouvernement n'a pas manqué de percevoir très tôt (Les Villes africaines d'hier, d'aujourd'hui et de demain, "Histoire de la décentralisation en Côte d'Ivoire".).

1.2.1.2.2- L'étape du démarrage effectif : 1980-1985

C'est le 07ème Congrès du PDCI-RDA de 1980 qui donne le véritable départ de la décentralisation. Sous la houlette du Président HOUPHOUËT, la décision est prise à ce congrès d'instaurer des élections libres à tous les niveaux. C'est "la démocratie à l'ivoirienne" qui se résume en une compétition électorale dans le cadre du parti unique. Au cours de cette période considérée comme la phase de démarrage effectif de l'opération de communalisation du pays, ont été mis en place, tant au niveau de l'administration centrale chargée d'assurer la tutelle à l'égard des communes qu'au niveau local, un ensemble de moyens humains, financiers, techniques et matériels, ainsi que des instruments juridiques et administratifs susceptibles d'impulser et de soutenir l'action des communes et de la ville d'Abidjan. C'est ainsi que trois lois fondamentales (N° 80-1180, 80-1181 et 80-1182) sont adoptées. Datant du 17 octobre 1980, ces lois portent respectivement organisation municipale, régime électoral municipal et statut de la ville d'Abidjan. Celle portant statut de la ville d'Abidjan (N° 80-1182) créa dix communes nouvelles à l'intérieur de l'agglomération d'Abidjan qui prit, du fait de son statut particulier, la dénomination de "Ville d'Abidjan".

À la différence de la loi de 1978 qui préserve et prolonge le régime municipal colonial, les nouvelles lois abolissent ce régime en instituant une législation communale véritablement nationale. L'existence de ces trois lois ouvrait ainsi la voie à la mise en œuvre effective de la politique de décentralisation qui se situait, dans un premier temps, au niveau des communes et de la Ville d'Abidjan. Les élections municipales de novembre 1980, les premières du genre en Côte d'Ivoire, bouleversent le paysage politique du pays avec un important renouvellement du personnel politique. Le scrutin a mis en place 37 conseils municipaux ainsi que celui de la Ville d'Abidjan ; soit un total de 38 conseils municipaux.

1.2.1.2.3- La phase de renforcement : 1985 à 2001

L'année 1985 marque la fin de la première phase de l'opération de communalisation et surtout le début de l'élargissement du paysage communal. En effet, la Loi N° 85-1085 du 17 octobre 1985 crée 98 nouvelles communes, portant le nombre à 135 (donc 136 conseils municipaux). Cette période se caractérise par le fonctionnement effectif des 135 communes et de la Ville d'Abidjan, consacrant ainsi le renforcement de l'opération de décentralisation.

Cependant, les effets de la crise économique que le pays vit depuis 1980 sont tels que la volonté des pouvoirs publics de poursuivre cette action fut contrariée durant dix ans. Ce n'est qu'en 1995 que le Décret N° 95-941 du 13 décembre va poursuivre la décentralisation avec la création de 61 nouvelles communes, portant le nombre à 196 (d'où 197 conseils municipaux).

À cette même période, il était question d'ériger 1236 communautés d'intérêt social et économique (formées autour d'un village central et regroupant 3 000 habitants de 06 et 07 villages) en communes rurales.

De même, quatre Hauts Commissariats au Développement avec des missions spécifiques, sont créés : Haut Commissariat pour la Région Semi-Montagneuse de l'Ouest, Haut Commissariat pour les Régions de la Savane, du Centre et du Nord, Haut Commissariat à l'Hydraulique, Haut Commissariat chargé du Tourisme. Aussi, est-il créé, par Décret N° 96-135 du 26 janvier 1996, le District Autonome de Yamoussoukro dirigé par un ministre-résident nommé par décret du Président de la République avec rang de ministre (Jean KONAN-BANNY fut le premier et le dernier à avoir occupé ce poste).

En 1998, le Décret N° 98-157 du 02 avril crée la Commune de Mayo, la toute dernière des communes opérationnelles à ce jour, portant le nombre à 197 (d'où 198 conseils municipaux).Après cette date, la poursuite du processus de décentralisation connaîtra un ralentissement jusqu'à l'arrivée au pouvoir de Laurent GBAGBO.

1.2.1.2.4- La période d'accélération et d'extension : 2001 à 2011

Arrivé au pouvoir en 2000, Laurent GBAGBO, en application de son programme de gouvernement et de son projet de société, va donner une impulsion nouvelle à la décentralisation ivoirienne, à travers sa phrase désormais célèbre « Donnez-moi le pouvoir pour que je vous le rende ». Ainsi, en 2001, une nouvelle loi (N° 2001-476 du 09 août) portant orientation sur l'organisation générale de l'administration territoriale est prise. Elle supprime la communauté rurale et crée, outre la commune déjà existante, la ville, le département, le district et la région. Cette même année, le décret N° 2001-700 du 07 novembre crée la Commune de Zagoréta-Gadouan, portant les communes à 198. Malheureusement, elle ne fonctionnera pas car créée après les élections municipales de 2001.

L'année 2002 connaîtra la création de 56 conseils généraux de département (54 seront opérationnels). Il faut préciser que l'érection d'Abidjan en district fit disparaître la Ville d'Abidjan. Partant, le nombre de conseils municipaux passe de 198 à 197.Le processus devrait se poursuivre quand survint la guerre dans la nuit du 18 au 19 septembre 2002. Partant, les activités des collectivités territoriales existantes et opérationnelles (197 communes, 54 conseils généraux de département et 02 districts) se feront au compte-goutte, étant entendu que toutes les prévisions ont été anéanties par la guerre. Aussi, est-il constaté une léthargie dans l'érection de nouvelles localités en collectivités territoriales. Il a fallu attendre l'année 2005 pour voir le processus connaitre un boom qui s'apparente à une vitesse de croisière. En effet, à partir de cette date, Laurent GBAGBO va commencer à réaliser sa volonté tant affirmée de rattacher chaque village à une commune. Et cela est clairement explicité dans le Décret N° 2005-314 pris en conseil des ministres le jeudi 06 octobre 2005 portant création de 520 communes (en reprenant la commune de Zagoréta-Gadouan créée en 2001 par le Décret N° 2001-700 du 07 novembre) qui viennent s'ajouter aux 197 existantes, faisant un total 717. Par ce Décret, le Gouvernement poursuit la politique de décentralisation amorcée depuis 25 ans et qui atteint aujourd'hui sa vitesse de croisière. Il s'agit maintenant d'assurer la couverture totale du pays et de permettre à chaque village de faire partie d'une commune ainsi que de bénéficier des financements qui seront mis en place au niveau du budget communal. C'est ce qui fait la différence fondamentale avec le passé et constitue une avancée remarquable dans la recherche et la réalisation du bien-être des populations.

En adoptant un tel Décret, le Gouvernement est en phase avec l'un des aspects fondamentaux du programme de gouvernement du Président de la République, à savoir, la communalisation totale du pays. Ces créations prennent en compte les chefs-lieux des sous-préfectures existantes et non encore érigées en communes, des villages-centres résultant de la structuration du milieu rural et constituant des anciennes bases de réalisation des Programmes des Fonds Régionaux d'Aménagement Rural (FRAR), ainsi qu'un certain nombre d'agglomérations de forte densité de populations constituant de nouveaux pôles d'attraction et de développement. Cela se traduira par la création de nouvelles communes en 2008 (269 par le Décret N° 2008-115 du 06 mars 2008, d'où 986 au total) et en 2010 (309 par les Décrets N° 2010-231 et N° 2010-232 du 25 août, d'où 1295 au total).

Dans cette même période, parallèlement à la communalisation, la départementalisation s'est aussi poursuivie en 2008, 2009 et 2010. En 2008, 18 nouveaux départements sont créés (10 par le Décret N° 2008-96 du 05 mars, 04 par le Décret N° 2008-239 du 14 août, 02 par le Décret N° 2008-248 du 11 septembre, 01 par le Décret N° 2008-281 du 08 octobre, 01 par le Décret N° 2008-282 du 08 octobre). En 2009, 06 départements sont créés (01 par le Décret N°2009-53 du 25 février, 01 par le Décret N° 2009-67 du 05 mars, 01 par le Décret N° 2009-235 du 27 juillet, 02 par le Décret N° 2009-405 du 26 décembre, 01 par le Décret N° 2009-408 du 31 décembre). Le Décret N° 2010-229 du 25 août 2010 "boucle la boucle" de la départementalisation avec la création d'un département.

Au total, à la fin de cette période, la Côte d'Ivoire comptait 1 295 communes de plein exercice dont 197 opérationnelles (figure 1) – donc 197[6] maires élus – et 1098 virtuelles (toutes celles créées après 1998 : 01 en 2001, 520 en 2005 (y compris celle de 2001), 269 en 2008 et 309 en 2010). En ce moment, tout le territoire ivoirien était communalisé. En d'autres termes, tous les villages et autres sites habités du territoire national sont inclus dans un périmètre communal.

Au niveau des départements, le point donne un total 95. En tant qu'entités décentralisées, 54 (56 départements au moment des élections) seulement sont opérationnelles[7] (figure 2). En tant qu'entités déconcentrées, 90 sont opérationnelles et 05 ne le sont pas.

---

[6]Avant 2001, date à laquelle la "Ville d'Abidjan" disparaît au profit du District d'Abidjan, le pays comptait, certes, 197 communes, mais avait 198 conseils municipaux ; la Ville d'Abidjan ayant, du fait de son statut particulier, un conseil municipal dirigé par un maire.

[7] Les conseils généraux de Duekoué et Sassandra ne sont pas opérationnels, leurs résultats ayant été invalidés pour irrégularités.

Source : CNTIG, 2009

Réalisation : ALLA K.A., 2012

Figure 1 : Les 197 communes opérationnelles.

Source : CNTIG, 2009 Réalisation : ALLA K.A., 2012

Figure 2 : Les 2 districts et les 54 conseils généraux opérationnels jusqu'en, respectivement, 2011 et 2013.

C'était un bon quantitatif qu'on espérait être qualitatif, car, cela devrait permettre aux populations concernées de bénéficier, de manière égalitaire, des moyens et outils de développement local. Malheureusement, les choses vont prendre d'autres tournures en 2011.

1.2.1.2.5- Depuis 2011 : La remise en cause des choix intermédiaires, et le district comme échelon supérieur de l'administration déconcentrée[8]

Cette remise en cause est caractérisée par le changement de statut du district, la suppression du département, du district et la ville comme collectivités territoriales. En effet, de par l'Ordonnance N° 2011-262 du 28 septembre 2011, portant orientation de l'organisation générale de l'Administration de l'État, l'administration territoriale de l'État, certes, reste toujours structurée selon les principes de la déconcentration et de la décentralisation, mais connait des bouleversements notables. Au titre de l'administration déconcentrée, l'administration territoriale est assurée dans le cadre de 05 circonscriptions administratives hiérarchisées que sont : le district, la région, le département, la sous-préfecture et le village. Jusqu'à cette date, il y avait 04 paliers que sont la région, le département, la sous-préfecture et le village. Ainsi, le district change de statut et passe d'entité décentralisée à entité déconcentrée. De plus, il occupe l'échelon supérieur de l'administration déconcentrée. À juste titre, le Ministre Ahmed BAKAYOKO, dans son interview au quotidien "Fraternité Matin" du mercredi 05 octobre 2011, dit du Gouverneur de District que « (...) le Président de la République le conçoit comme le ministre de la région. Il a vraiment autorité sur toute la région et sur tous les paliers de compétences. ».

Pour cadrer avec cette nouvelle vision, un nouveau découpage administratif du territoire est fait (Annexe 1). Dorénavant, la Côte d'Ivoire compte, outre les 02 anciens Districts d'Abidjan et de Yamoussoukro (en tant que collectivités territoriales) qui deviennent des districts autonomes (en tant qu'entités déconcentrées), 12 nouveaux districts (Bas-Sassandra (San-Pédro), Comoé (Abengourou), Denguélé (Odienné), Gôh-Djiboua (Gagnoa), Lacs (Dimbokro), Lagunes (Dabou), Montagnes (Man), Sassandra-Marahoué (Daloa), Savanes (Korhogo), Vallée du Bandama (Bouaké),

[8] Moins de trois ans après l'Ordonnance N° 2011-262 du 28 septembre 2011 portant orientation de l'organisation générale de l'Administration de l'État, une nouvelle loi est prise le 05 août 2014 (Loi N° 2014-451). Portant orientation de l'organisation générale de l'administration territoriale, cette loi structure désormais l'administration territoriale selon les principes de la déconcentration, de la décentralisation et de l'entité territoriale particulière qu'est le district autonome. Ainsi, le district, précédemment entité déconcentrée et échelon supérieur de la déconcentration, disparait de l'administration déconcentrée et devient une entité particulière (semi-déconcentrée, semi-décentralisée). Ce changement (la prise de cette loi) fait suite aux difficultés d'application du dispositif antérieur (Ordonnance N° 2011-262 du 28 septembre 2011) qui se pointaient à l'horizon. Se présentant comme une première en Côte d'Ivoire, le changement de statut du district comme entité déconcentrée et de surcroit l'échelon supérieur, a été mal apprécié. Et le premier à le dénoncer a été le corps préfectoral, celui-là qui a été, de tout temps, le premier représentant de l'État et de son chef dans les circonscriptions administratives. À une rencontre avec le Chef de l'État Alassane OUATTARA le 13 septembre 2013 à Yamoussoukro, ces préfets, secrétaires généraux de préfecture et sous-préfets ont émis de sérieuses réserves. Pour eux, au delà du morcellement de trop que représentaient les districts en tant qu'entités déconcentrées, il n'est pas indiqué qu'ils soient supplantés par ceux-ci qui, de surcroit, devraient être gouvernés par des hommes politiques et non des administrateurs de métier. Ayant bien perçu les dangers à l'horizon d'une telle situation, le Chef de l'État a dit ne voir aucun inconvénient à réétudier le dossier. La prise de cette nouvelle loi en est le résultat.

Woroba (Séguéla), Zanzan (Bondoukou)), 30 régions, 95 départements, 497 sous-préfectures et 3 000 villages.

Au titre de l'administration décentralisée, désormais, elle est assurée dans le cadre de seulement 02 collectivités territoriales sans rapports hiérarchiques représentées par la région (aussi prévue par la Loi N° 2001-476 du 09 août 2001, portant orientation sur l'organisation générale de l'administration territoriale) et la commune. Précédemment, 05 paliers de collectivités (région, district, département, ville, commune) organisaient (même si certains n'étaient pas encore effectifs) l'administration décentralisée. En claire, dans la nomenclature de l'administration décentralisée, le nouveau pouvoir a supprimé les échelons "district", "département" et "ville". Le couronnement de cette remise en cause est la suppression, par Décret pris en conseil des ministres le 07 mars 2012, des 1 126 communes créées de 2001 à 2011 sous l'ancien régime.

Pour ce qui est des conseils départementaux, ils ont joui d'une phase transitoire en achevant ce qu'ils peuvent de leurs missions jusqu'à leur remplacement par les conseils régionaux (depuis le 21 avril 2013) auxquels ils ont transféré leur patrimoine. « Aujourd'hui, nous portons les programmes que nous avions au niveau des conseils généraux qui ont été alignés au palier département, au niveau de la région » (Hamed BAKAYOKO in "Fraternité Matin" du mercredi 05 octobre 2011).

1.1.2.2- Les outils ou instruments de la décentralisation ivoirienne

La mise en œuvre de toute politique de décentralisation nécessite, d'une part, des moyens financiers, humains et un cadre institutionnel favorable au transfert des pouvoirs et des responsabilités et ; d'autre part, la présence de structures appropriées pour soutenir le processus de décentralisation en fournissant une expertise aux institutions locales nouvellement établies.

En Côte d'Ivoire, la décentralisation a bénéficié, dans ses débuts, pour sa mise en application, de trois outils essentiels que sont la communalisation, la ville et la déconcentration. À ces trois outils de départ, sont venus s'ajouter les Hauts Commissariats au Développement en 1996. Malheureusement, ceux-ci ne feront pas long feu. En 2001, deux nouveaux outils (les conseils généraux de département et les districts) furent leur apparition. En 2009, les Hautes Autorités de Développement ont vu le jour. En 2011, les Hautes Autorités de Développement sont supprimées, quand les conseils départementaux sont remplacés par les conseils régionaux depuis le 21 avril 2013.

1.2.2.1- La politique de communalisation : outil et moyen premier d'application de la décentralisation

Le processus de décentralisation a démarré par le renforcement de l'opération « communalisation » en 1980. Avant cette date, la Côte d'Ivoire comptait, en rappel, deux communes de plein exercice : Abidjan et Bouaké. Dès 1980, dans l'objectif de transférer certaines compétences de l'État vers les populations à travers les collectivités territoriales, la plupart des grandes villes est érigée en commune. Ainsi, le nombre de communes créées sera de 37 en 1980, 98 en 1985, 61 en 1995, 01 en 1998, 01 en 2001, 520 en 2005 (reprenant celle de 2001), 269 en 2008 et 309 en 2010. Cela nous donne successivement 37 communes en 1980, 135 en 1985, 196 en 1995, 197 en 1998, 717 en 2005, 986 en 2008, et 1295 en 2010. Sur ces 1295, 197 sont opérationnelles et 1098 virtuelles (celles créées après 1998). Mais, en 2011, toutes les communes créées depuis 2001 et non-opérationnelles ont été supprimées par les nouvelles autorités du pays, et ce, pour des raisons de fiabilités économiques.

Dans le principe, l'érection des localités en communes ne se fait pas au hasard, mais obéit à un certain nombre de critères : la communauté d'intérêt, l'accessibilité, la démographie, l'impulsion économique, la distance séparant un chef-lieu d'un autre. La communauté d'intérêt prescrit que le chef-lieu de la commune soit un chef-lieu de pays rural ou une agglomération à forte densité de population. Quant à l'accessibilité, elle exige que le chef-lieu soit facilement relié à tous les villages composant son ressort territorial. En ce qui est de la démographie, le chef-lieu doit compter 1 000 habitants au moins ; et l'ensemble de la commune, 3 500 habitants au moins. L'impulsion économique, elle, suppose l'existence d'infrastructures de base, à savoir notamment, écoles, dispensaires, marchés, électricité, eau courante. En ce qui concerne la distance, la moyenne retenue est généralement de 10 kilomètres entre deux chefs-lieux.

Aussi, avant 2001, l'État a-t-il initié des collectivités locales rurales (1236) qui sont des communautés d'intérêt social et économique, formées autour d'un noyau (village central) et regroupant 3 000 habitants de 06 et 07 villages. Ces pays ruraux ont joué un rôle important au niveau de l'investissement local à travers les programmes FRAR. Ce sont ces collectivités rurales qui, dans leur grand ensemble, ont été érigées en communes de 2001 à 2010. Du coup, de par la loi de 2001 (N° 2001-476 du 09 août) portant orientation sur l'organisation générale de l'administration territoriale, la notion de commune rurale a disparu.

1.2.2.2- La ville

La Loi N° 80-1182 du 17 octobre 1980 portant statut de la ville d'Abidjan a créé 10 communes nouvelles à l'intérieur de l'agglomération d'Abidjan qui prit, du fait de son statut particulier, la dénomination de "Ville d'Abidjan" avec aussi un conseil municipal. Ainsi, sur les 37 communes (d'où 38 conseils municipaux) créées en 1980, l'agglomération abidjanaise en comptait 10 ; d'où 27 pour le reste du pays. Et cette seule Ville a existé jusqu'à son remplacement, en 2011, par le District d'Abidjan (Loi N° 2001-478 du 09 août, portant statut du District d'Abidjan.

Cependant, le 25 août 2010, le Décret N° 2010-232 a créé, à l'intérieur des anciennes communes de Bouaké, Daloa et Korhogo, respectivement, 04, 03 et 03 nouvelles communes. Ce Décret a doté ces anciennes communes d'un statut particulier, et elles prennent ainsi la dénomination de "Ville".

Malheureusement, non seulement les nouvelles communes de depuis 2001 sont supprimées, mais surtout l'échelon "ville" n'existe même pas dans la nomenclature de la nouvelle administration décentralisée.

1.2.2.3- La déconcentration

La déconcentration consiste pour l'État à mettre en place des services administratifs et techniques du pouvoir central plus proches des populations. Ces structures ont pour tâches essentielles d'apporter un appui sur le plan technique et administratif aux collectivités décentralisées. Cette assistance est nécessaire pour soutenir le processus de décentralisation, pour fournir, par exemple, des conseils, des formations, etc. aux institutions locales qui cherchent encore leurs marques. La réussite du processus de décentralisation nécessite donc un État au niveau déconcentré capable de traduire les stratégies et les priorités nationales en orientations permettant aux échelons décentralisés d'y inclure leurs programmes. Cette opération s'est traduite par un mouvement de découpage administratif du territoire. Avant 2011, l'administration déconcentrée était régie par la région, le département, la sous-préfecture et le village. On dénombrait 19 régions, 95 départements (dont 90 opérationnelles), et 497 sous-préfectures (dont 344 opérationnelles). Mais, depuis 2011, l'administration déconcentrée a connu un chamboulement. Dans tous les cas, chaque entité territoriale est dotée de structures techniques (directions et services de ministères techniques) démembrées de l'administration centrale et qui sont supposées mettre à la disposition des collectivités territoriales, l'information nécessaire. Ainsi, avons-nous les représentants de l'administration territoriale et les structures représentant les ministères techniques qui sont chargés de suivre et de mettre en œuvre les politiques sectorielles du Gouvernement.

1.2.2.4- Le Haut Commissariat au Développement

Il a existé, de 1996 à 1998, quatre Hauts Commissariats au Développement des régions : Haut Commissariat pour la Région Semi-Montagneuse de l'Ouest, Haut Commissariat pour les Régions de la Savane, du Centre et du Nord, Haut Commissariat à l'Hydraulique, Haut Commissariat chargé du Tourisme. Leur mission était de préparer, en collaboration avec les populations, les structures déconcentrées de l'administration centrale et toutes autres compétences locales, un cadre socio-économique propre à permettre la création efficace et responsable des structures décentralisées (de futures régions autonomes) (KONE, Décentralisation et développement économique et social : le cas de la Côte d'Ivoire).

1.2.2.5- Le conseil général de département

Depuis l'indépendance, la politique nationale d'administration décentralisée a enregistré des progrès importants, en rupture avec la situation héritée de la colonisation. Cette vision va prendre une autre dimension avec la création d'une nouvelle collectivité territoriale : le département. De leur création en 2001 jusqu'à leur suppression en 2011, le département en tant que collectivité territoriale se présentait comme le noyau de la politique de décentralisation et de développement à la base du défunt régime. Ainsi, faisant suite au vote de la Loi N° 2001-477 du 09 août 2001 relative à l'organisation du département, les élections du 07 juillet 2002 ont institué 54 conseils généraux de département sur les 56 départements concernés (Duekoué et Sassandra ont vu leurs élections annulées pour irrégularités).

Malheureusement, l'actuel pouvoir a supprimé le "département" de la nomenclature de la décentralisation et la remplacé par la région. Trente régions administratives sont ainsi issues du dernier découpage et sont dotées de conseils régionaux depuis le 21 avril 2013. Partant, le département n'existe désormais que comme entité déconcentrée.

1.2.2.6- Le district

Le district fut aussi un instrument de développement à la base mis en place par la Loi N° 2001-476 du 09 août 2001, portant orientation sur l'organisation générale de l'administration territoriale. À quelques exceptions près, il poursuivait les mêmes objectifs que le conseil départemental (organiser la vie collective, améliorer le cadre de vie, lutter contre la pauvreté, moderniser le monde rural, promouvoir et réaliser le développement local et gérer les terroirs et l'environnement). Sauf qu'ici, le premier responsable (gouverneur) est nommé par le Président de la République. La Loi N° 2001-478 du 09 août 2001, portant statut du District d'Abidjan, et la Loi N° 2002-44 du 21 janvier 2002, portant statut du District de Yamoussoukro, ont créé deux districts en Côte d'Ivoire (Abidjan et Yamoussoukro). Par les Décrets N° 2002-432 et N° 2002-433 du 09 septembre 2002, MM. Pierre DJEDJI AMONDJI et Apollinaire N'DRI KONAN ont respectivement été nommés Gouverneurs des Districts d'Abidjan et de Yamoussoukro.

En 2011, l'actuel pouvoir supprime le district comme collectivité territoriale et l'aligne sur les entités déconcentrées. Aussi, les 02 anciens districts, Abidjan et Yamoussoukro, alors collectivités territoriales, sont-ils devenus districts autonomes en tant qu'entités déconcentrées. De même, leurs anciens gouverneurs (DJEDJI AMONDJI et N'DRI KONAN) sont remplacés respectivement par BEUGRE MAMBE (Décret N° 2011-0089 du 27 avril) et THIAM Augustin (Décret N° 2011-0090 du 27 avril).

1.2.2.7- La Haute Autorité de Développement

Dans le souci d'apporter des solutions d'urgence aux régions du pays fortement touchées par la guerre (celles dites CNO ou Centre-Nord-Ouest), une autre entité de développement décentralisé est créée en 2009 : la Haute Autorité de Développement. Quatre décrets sont pris pour son institution : le Décret N° 2009-321 du 1er octobre 2009, portant création des autorités nationales de développement, le Décret N° 2009-322 du 07 octobre 2009, déterminant le ressort territorial, les attributions et les modalités d'organisation des autorités de développement, le Décret N° 2009-352 du 29 octobre 2009 portant fixation du traitement et des avantages auxquels ont droit les autorités nationales de développement et les ministres qui règlent les questions de déplacement et de sécurité de ces hautes personnalités, et le Décret N° 2009-353 du 29 octobre 2009, portant nomination des autorités nationales de développement.

Au niveau spatial, les décrets donnent le champ d'action de chacune des cinq hautes autorités de développement. Le ressort territorial 1 concerne Béoumi, Bouaké, Dabakala, Katiola, Niakaramandougou, Sakassou. Il est dirigé par Mme KONAN HOUINDE ABY, épouse KONAN. Le ressort territorial 2 regroupe Boundiali, Dikodougou, Ferkéssedougou, Korhogo, Kouto, Ouangolodougou, Sinématiali. M. TRAORE DOHIA MAMADOU en est le 1er responsable. Le ressort territorial 3 englobe Kani, Kounahiri, Madinani, Mankono, Minignan, Odienné, Samatiguila, Séguéla, Touba, Vavoua. Il est conduit par Monsieur KARAMOKO ABDUL KARIM. Le ressort territorial 4 comprend Bouna et Nassian. M. PALE DIMATE en tient les rênes. Et le ressort territorial 5 concerne Bangolo, Biankouma, Bloléquin, Danané, Duekoué, Fakobly, Guiglo, Kouibli, Man, Toulepleu, Zouanhounien. Sa destinée est aux mains de Blaise SIKI BLON.

Comme on l'a connu un peu partout dans l'humanité, là où il y a eu des guerres ou autres catastrophes, certaines zones ont bénéficié de plans de développement d'urgence. La Haute Autorité de Développement se veut ainsi le « Plan Marshall » des zones défigurées par la guerre. Malheureusement, cet autre outil de mise en œuvre de la décentralisation n'a pas échappé à la remise en cause de certains choix intermédiaires de 2001 à 2010. En effet, depuis octobre 2011, la Haute Autorité de Développement est purement et simplement supprimée.

1.2.3- Les moyens de financement de la décentralisation ivoirienne

La mise en œuvre de toute politique de décentralisation nécessite des moyens financiers, humains et un cadre institutionnel favorable au transfert des pouvoirs et des responsabilités. En Côte d'Ivoire, les moyens de financement de la décentralisation se résument en des fonds, des projets et des programmes de tous ordres. D'une façon générale, le financement de l'investissement vient de deux sources : les financements nationaux et les aides des partenaires au développement.

1.2.3.1- Les instruments financiers nationaux

Ils sont dans leur quasi-totalité faits par des structures étatiques. En effet, l'État a mis en place des instruments à travers des fonds, projets et programmes pour financer sa politique de décentralisation et d'aménagement du territoire. Parmi ces multiples outils, nous nous appesantirons sur les principaux programmes tels FRAR, FIAU, FPCL et le Programme d'Investissement Public qui sont de véritables outils d'investissement local.

En rappel, avant 1980, l'équipement de base des collectivités (communes) a été pour l'essentiel financé sur fonds de l'État à l'occasion des fêtes tournantes de l'indépendance pour les villes ayant reçu ces fêtes. Mais, depuis 1980, l'État s'est désengagé du financement direct des équipements de base. En lieu et place, il a transféré une partie de ses prérogatives aux communes. En effet, en application des lois d'avant 1986, huit Décrets du 25 juin 1986 ont transféré des compétences dans huit domaines aux communes: Décret N° 86-448 relatif à la culture (bibliothèques, musées, théâtres, centres culturels), Décret N° 86-449 concernant la santé publique (dispensaires et centres de santé, maternités), Décret N° 86-450 relatif aux espaces verts, parcs et jardins, pépinières, Décret N° 86-451 sur l'urbanisme et la construction, Décret N° 86-452 relatif aux bornes fontaines et puits à eau publics, Décret N° 86-453 relatif à l'éducation (écoles maternelles et primaires, logements d'enseignants, cantines scolaires, installations sportives, sanitaires et éducatives), Décret N° 86-454 sur l'hygiène publique (collecte des ordures ménagères) et le vétérinaire, Décret N° 86-455 relatif à la matière sociale (centres sociaux, foyers féminins, jardins d'enfants, crèches).

Malheureusement, ce transfert de responsabilités n'a pas été suivi du transfert des crédits correspondants. C'est donc pour contourner les difficultés que l'État a mis en place un certain nombre de programmes dont le Fonds Régional d'Aménagement Rural (FRAR), le Fonds d'Investissement et d'Aménagement Urbain (FIAU), le Fonds de Prêts aux Collectivités Locales (FPCL), et le Programme d'Investissement Public (PIP). Certaines de ces structures se sont occupées du monde rural, et d'autres ont eu en charge l'aménagement du cadre urbain.

1.2.3.1.1- Cas des collectivités rurales

Le Programme FRAR (Fonds Régional d'Aménagement Rural) créé en 1973 est le principal instrument financier permettant à l'État, en association avec les populations concernées, d'équiper le milieu rural en infrastructures collectives de base (écoles, centres de santé, marchés couverts, pistes rurales, etc.). L'État apporte une dotation budgétaire inscrite au Budget Spécial d'Investissement et d'Équipement-Trésor en complément de la participation des populations, soit en espèces soit en nature (matériaux, main d'œuvre). Les FRAR ont rencontré un engouement des populations rurales. Ils ont été soutenus par l'État, même en période de crise (1980-1993). Il a connu une accélération en 1994. Pour la seule année de 1995, 13 milliards d'aides publiques sont allés vers les FRAR. La participation des masses paysannes s'est, quant à elle, élevée à plus de 05 milliards. Cette participation des ruraux est inversement proportionnelle aux revenus des populations des différentes zones : 80 à 60% en zone de savane, 70 à 40% en zone intermédiaire, 40 à 50% en zone forestière. En 20 ans de fonctionnement, les FRAR ont mobilisé environ 63 milliards de F CFA et ont contribué à financer plus de 14 004 projets d'équipement dans les villages.

1.2.3.1.2- Cas des collectivités urbaines

Ici, nous avons le Fonds d'Investissement et d'Aménagement Urbain (FIAU), le Fonds de Prêts aux Collectivités Locales (FPCL) et le Programme d'Investissement Public (PIP).

1.2.3.1.2.1- Le Fonds d'Investissement et d'Aménagement Urbain (FIAU)

Le FIAU a constitué un des instruments financiers dont a disposé l'État pour appuyer la politique d'équipement public des communes ivoiriennes. Institué par le Décret N° 92-274 du 21 avril 1992, le FIAU est un outil de financement dont la vocation est d'attribuer à l'ensemble des communes, sans distinction de taille ou de localisation, des subventions affectées au financement d'équipements locaux. Les fonds viennent du Budget Spécial d'Investissement et d'Équipement (BSIE).L'attribution de ce fonds n'est pas automatique. Un contrôle sévère est fait au niveau du choix des équipements et du suivi technique des travaux. En effet, les projets présentés par les communes en vue d'obtenir une subvention FIAU doivent être compatibles avec des normes nationales définies au sein d'une grille d'équipements de base. Par ailleurs, la subvention pour chaque projet est subordonnée au versement par les communes d'une contribution prélevée sur leurs ressources propres et déposées sur un compte d'affectation spécial ouvert auprès de la CAA (Caisse Autonome d'Amortissement), et aujourd'hui, auprès du Trésor. Le bilan des FIAU témoigne de l'incontestable succès de cet instrument de financement des équipements locaux. Tous les maires en sont satisfaits. Les FIAU ont permis la réalisation de près de 680 projets d'équipements locaux dans des secteurs très variés.

1.2.3.1.2.2- Le Fonds de Prêts aux Collectivités Locales (FPCL)

Créé par Décret N° 89-962 du 30 août 1989 et opérationnel à partir de 1992, le FPCL est un instrument de prêt aux communes destiné au financement d'équipements productifs générateurs de recettes. Ses ressources proviennent essentiellement des emprunts contractés par l'État. L'octroi des prêts est soumis à des conditionnalités qui tiennent compte de la capacité de remboursement (solvabilité) de la municipalité et du taux de rendement (utilité) du projet d'équipement. La commune sollicitant un prêt est tenue de s'acquitter, auprès de la CAA ou du Trésor, d'une part d'autofinancement qui atteint au minimum entre 10 et 15% du coût du projet. Au début de l'année 1995, le montant des prêts consentis par le FPCL s'élevait à 1.6 milliards F CFA. Trente-deux (32) projets d'équipement étaient concernés pour 17 communes différentes. L'autofinancement proposé aux communes atteignait 562 millions de F CFA, soit 26% du coût total des projets. Depuis la signature de la première convention de prêt en juillet 1991, le FPCL a connu un succès plutôt mitigé en raison des conditionnalités pratiquées et du niveau élevé des taux d'intérêt appliqués (11% actuellement). Par ailleurs, l'insuccès du FPCL tient aussi à la concurrence des FIAU plus souples et plus supportables.

1.2.3.1.2.3- Le Programme d'Investissement Public (PIP)

Le PIP représente l'ensemble des investissements de l'État programmés sur une période de trois ans. Les financements (à fonction locale et nationale) sont des ressources disponibles ou à rechercher issues du BSIE-

Trésor, d'emprunts publics, de dons, de privés extérieurs, de fonds propres parapublics, d'emprunts parapublics, de privés nationaux et autres.

Bien que le FRAR et le FIAU aient le plus marqué de leurs empreintes le territoire national dans les actions en faveur du développement, à l'analyse de l'ensemble des appuis de l'État à la décentralisation, on s'aperçoit qu'ils sont faibles. En effet, du fait de la faiblesse en autonomie financière des communes face à l'immensité de leurs besoins, un clin d'œil est fait aux partenaires au développement que sont les bailleurs de fonds, pour l'essentiel.

1.2.3.2- Les partenaires au développement

L'État ayant de plus en plus recours aux emprunts extérieurs, sa politique d'intervention dans l'investissement local urbain a pris la forme de projets financés par les bailleurs de fonds extérieurs. Ainsi, depuis de longues années, divers organismes extérieurs soutiennent le développement communal ivoirien par l'octroi de dons ou de prêts à des conditions privilégiées. Les ressources de ces bailleurs sont mobilisées sous forme de dons ou de prêts à des conditionnalités. Cet apport ne concerne pas exclusivement l'équipement. Il concerne aussi l'organisation administrative et la formation du personnel. Les principales interventions extérieures sont à mettre à l'actif des bailleurs de fonds extérieurs étatiques et/ou paraétatiques et les ONG.

1.2.3.2.1- Les bailleurs étatiques et/ou paraétatiques

Les principaux intervenants sont la Banque Mondiale, la Banque Africaine de Développement (BAD), la Coopération Canadienne, l'Union Européenne (UE), la Coopération Allemande, le Programme des Nations Unies pour le Développement (PNUD), la Coopération Belge, la Coopération Américaine et la Coopération Française.

La Banque Mondiale intervient à travers le Projet d'Appui à la Conduite d'Opérations Municipales (PACOM). Ce programme qui se chiffre à 21 milliards s'appuie sur une nouvelle approche de la gestion de l'espace public dans le cadre de la décentralisation. Il vise à associer la population et les différents acteurs au Programme d'Aménagement des Quartiers Sous-Équipés (PAQSE). Le volet ingénierie sociale confié à l'Association Française des Volontaires du Progrès (AFVP) a mis en œuvre une méthode dite Maîtrise d'Œuvre Sociale (MOS).

L'intervention de la BAD se fait à travers le Projet de Gouvernance et de Renforcement des Capacités, quand la Coopération Canadienne intervient à travers le Projet d'Appui à la Réforme de la Fiscalité Locale.

L'UE intervient à travers le PDCC (Projet de Développement des Communes (20) Côtières : 18.5 milliards) et le PSDAT (Projet de Soutien à la Décentralisation et à l'Aménagement du Territoire : 49.5 millions d'Euro), tandis que la Coopération Allemande-KFW intervient à travers le Projet de Drainage et d'Assainissement des Villes de l'Intérieur (PDAVI) : 17 milliards.

Quant au PNUD, c'est à travers cinq programmes qu'il intervient. D'abord, il y a le Programme de Renforcement des Capacités de Gestion (PRCG) qui, dans sa composante décentralisation, contribue à renforcer les capacités, non seulement au niveau national (Ministère, DGDDL...), mais également au niveau régional. C'est ainsi que le PNUD a apporté son appui financier, méthodologique et technique à l'Étude Nationale Prospective « Côte d'Ivoire 2025 » qui donne une vision à long terme de l'évolution de la Côte d'Ivoire. Ensuite, vient le Programme Pilote de Lutte contre la Pauvreté Urbaine, en partenariat avec des communes d'Abidjan (Abobo, Adjamé, Bingerville, Port-Bouët). Aussi, y a-t-il le Projet de Sécurité Urbaine en Côte d'Ivoire. Encore, il y a MICROSTART qui favorise l'accès à la microfinance, particulièrement, des femmes les plus démunies. Enfin, le Réseau Afrique, FEM-ONG de microfinancement qui appuie des microprojets de lutte contre la pauvreté, intégrant une composante environnementale.

L'intervention de la Coopération Belge se fait à travers le Projet de Développement des Communes du Nord (PDCN) : 1 090 000 000 F. À côté de cela, la Belgique intervient également dans le secteur de la décentralisation à travers le financement de stages de personnels ivoiriens dans les collectivités belges, et accorde une assistance technique à la Direction Générale de la Décentralisation et du Développement Local (DGDDL).

La Coopération Américaine se fait à travers deux programmes. L'USAID – agence d'aide bilatérale américaine – intervient pour divers équipements collectifs communaux (écoles, centres de santé, cantines scolaires, foyers féminins, etc.). L'Initiative Lelande de Développement de Réseau Internet pour quatre (04) pays africains, et le Dialogue Régional des Politiques de Décentralisation Démocratique sur Internet.

La Coopération Française apporte son appui aux communes depuis 1996 à travers trois fonds. D'abord, le Fonds d'Aide et de Coopération (FAC), est un projet d'appui au développement communal dans les capitales régionales, excepté Abidjan, par la formation du personnel communal, le développement local de la ville-pilote de Man. Ensuite, les Fonds Sociaux de Développement (FSD) financent de petites réalisations des groupements sociaux ou associatifs comme les dons de médicaments, de broyeuses aux coopératives. Enfin, la Caisse Française de Développement (CFD) finance des équipements générateurs de ressources dans les communes, tels les marchés, les gares routières, les abattoirs, etc.

1.2.3.2.2- Les Organisations Non Gouvernementales (ONG)

Au niveau des ONG, on peut citer quatre. Primo, l'Agence Internationale d'Assistance pour l'Environnement et le Développement (AID).Créée en 1990, elle a pour but de lutter contre la pauvreté en zones rurales et en milieux urbains, et de protéger l'environnement. Elle est intervenue à Katiola où elle a encadré des jeunes et des femmes à l'agriculture maraîchère, à l'élevage, à la pisciculture et à l'apiculture. Elle est également intervenue dans la région de Bouaké où elle a installé 100 jeunes déscolarisés qui vivaient à Abidjan. Secundo, L'ESSOR lutte pour la préservation de l'environnement côtier dans les communes côtières. Elle a lancé en 1993 et 1994 deux grandes campagnes de nettoyage des plages dans les communes de Port-Bouët, Grand-Bassam et Jacqueville. Tertio, le Corps de la Paix - ONG américaine - est spécialisé dans la fourniture aux communes de personnels pour l'assistance et l'encadrement dans le domaine de la santé, l'urbanisme, l'eau potable et l'assainissement. Quarto, l'Association Française des Volontaires du Progrès – ONG française – intervient dans le même registre que le Corps de la Paix, mais ses actions sont très localisées.

1.2.4- Les institutions d'accompagnement de la décentralisation ivoirienne

Elles sont constituées de structures étatiques et de d'organisations privées.

1.2.4.1- Les structures étatiques

Ces structures sont au nombre de deux (02) : la Direction Générale de la Décentralisation et du Développement Local (DGDDL) et le Conseil National pour le Développement des Collectivités Territoriales (CNDCT).

1.2.4.1.1- La Direction Générale de la Décentralisation et du Développement Local

1.2.4.1.1.1- Création et évolution

Pour la traduction de la politique ivoirienne de décentralisation, l'autorité étatique a mis en place une structure d'accompagnement. Aujourd'hui, cette institution est la Direction Générale de la Décentralisation et du Développement Local (DGDDL). Au gré des visions et approches politiques, cette institution qui se charge de la mise en œuvre et de l'élaboration des textes portant décentralisation a connu plusieurs appellations. A l'origine, c'était la Direction des Collectivités Locales. Suite au Décret 78-449 du 17 mai 1978 fixant les attributions du Ministère de l'Intérieur et portant organisation de ce ministère, le Décret 81-239 du 15 avril 1981 créé la Direction des Collectivités Locales (DCL), subdivisée en trois (03) sous-directions (Administration et Personnel Communal, Tutelle et Réglementation, Budgets). La DCL était rattachée à la Direction Générale de l'Administration Territoriale (DGAT) chargée des questions des collectivités locales. La création de la DCL était motivée par la création des 37 communes et la Ville d'Abidjan en 1980.

En 1984, vu que les effets de la crise financière de la fin de la décennie 1970 - transformée en crise économique en 1980 - devenaient de plus en plus inquiétants, la DGAT fut transformée en une simple direction, la Direction de l'Administration Territoriale (DAT), dans l'optique de réduire les charges de gestion des services de l'État ; tandis que la DCL demeura toujours au rang de direction d'administration centrale. En 1991, avec l'espoir de la reprise économique, et compte tenu de l'augmentation des charges de tutelle dues à la création de 98 communes en 1985, la DCL et la DAT deviennent des directions générales (la Direction Générale des Collectivités Locales (DGCL) et la Direction Générale de l'Administration Territoriale (DGAT)) par le Décret 91-59 du 20 février. C'est la naissance de la Direction Générale des Collectivités Locales. En 1996, par le Décret 96-224 du 13 mars 1996, la DGCL est transformée en Direction Générale des Collectivités Territoriales (DGCL).

Le mot « territoriale » est venu en remplacement de « locale » dans la perspective de l'avènement sur la scène de la décentralisation des régions dont le cadre géographique dépend de l'agglomération, c'est-à-dire, la localité, pour prendre en compte des espaces urbains ou ruraux. Cette appellation se fonde aussi sur les termes de la Constitution qui utilise « territoriale » au lieu de « locale ».

Depuis le 08 mai 2007, par le Décret N° 2007-464, cette structure étatique est devenue la Direction Générale de la Décentralisation et du Développement Local (DGDDL). Malgré ces multiples changements, la constance qui est d'accompagner le développement sur le terrain et à la base, est restée inchangée. La DGDDL a son siège appelé « La maison de l'acteur du développement local » à l'Immeuble Pérignon, au Plateau, quartier des affaires d'Abidjan, entre l'Assemblée Nationale et le Collège Notre Dame. Elle gère les projets et programmes d'appui à la décentralisation comme le PAD (Programme d'Appui à la Décentralisation et aux Communes), le PIC (Programme d'Investissement dans les Capitales Régionales).Les missions et l'organisation de la DGDDL sont déterminées par les différents décrets portant organisation du ministère en charge de la décentralisation, dont le dernier en date est le Décret N° 2007-464 du 08 mai 2007.

1.2.4.1.1.2- Missions

Les missions de la DGDDL sont d'organiser et d'exercer les attributions de tutelle de l'État sur les collectivités territoriales, de coordonner et gérer les appuis techniques et financiers aux collectivités territoriales, de renforcer les capacités des collectivités territoriales, d'assurer le suivi-évaluation du transfert des compétences de l'État aux collectivités territoriales, d'assister et encadrer les collectivités territoriales dans les domaines de l'aménagement, de l'équipement et du développement local, d'appuyer et soutenir les activités des collectivités territoriales en matière de coopération décentralisée.

1.2.4.1.1.3- Organisation

Dirigée par un Directeur Général (DG) aidé d'un Directeur Général Adjoint (DGA) et d'un Assistant, la DGDDL comprend six (06) directions : la Direction de la Tutelle Administrative, la Direction de la Tutelle Économique et Financière, la Direction du Personnel des Collectivités Territoriales, la Direction de la Coopération Décentralisée, la Direction de la

Coordination des Projets et Programmes d'Appui, et la Direction du Développement Local.

1.2.4.1.2- Le Conseil National pour le Développement des Collectivités Territoriales

Pour accompagner la politique de décentralisation, il est crée, par le Décret N° 2000-754 du 11 octobre 2000, un organisme consultatif dénommé le Conseil National pour le Développement des Collectivités Territoriales (CNDCT).

1.2.4.1.2.1- Organisation du CNDCT

Le Conseil National pour le Développement des Collectivités Territoriales (CNDCT) est présidé par le Premier Ministre. Son secrétariat général est assuré par le ministère chargé des attributions de tutelle des collectivités décentralisées. Un secrétaire exécutif désigné par le ministère de tutelle en assure l'administration quotidienne. Les autres membres sont : les membres du gouvernement ; deux représentants du Parlement, deux représentants du Conseil Économique et Social, deux représentants des organisations patronales, le directeur général de la décentralisation, le directeur général de l'administration territoriale, cinq représentants de l'UVICOCI (Union des Villes et Communes de Côte d'Ivoire), deux représentants de l'Association des Secrétaires Généraux des Mairies de Côte d'Ivoire, deux représentants de l'Association des Chefs des Services Techniques Municipaux, le président directeur général de la CIE-SODECI, les directeurs des Unités de Formation et de Recherche (UFR) dont les activités portent sur les questions de développement local, le directeur général du BNETD, la Caisse Autonome d'Amortissement (CAA), des représentants de la société civile, les représentants des autorités traditionnelles.

1.2.4.1.2.2- Missions du CNDCT

Le Conseil National pour le Développement des Collectivités Territoriales est un organisme consultatif comprenant toutes les personnes physiques ou morales intéressées par les problèmes de développement des collectivités territoriales. Notamment, il est chargé de donner des avis sur la législation et la réglementation concernant les collectivités territoriales, d'étudier et de proposer au gouvernement les moyens à mettre en œuvre pour promouvoir le développement et le bon fonctionnement des collectivités territoriales, de suivre toutes les questions relatives aux transferts de compétences de l'État aux collectivités territoriales, de faire des propositions relatives aux questions liées à l'hygiène et à la salubrité publiques dans les collectivités territoriales, et de garantir l'harmonisation des actions de développement des collectivités territoriales avec celles de l'État.

1.2.4.2- Les structures privées : cas de l'UVICOCI

À coté de la DGDDL, d'autres structures, privées de par leur constitution, accompagnent l'État dans la mise en œuvre de la décentralisation. Les plus importantes sont l'UVICOCI (Union des Villes et Communes de Côte d'Ivoire) et l'ADDCI (Assemblée des Départements et Districts de Côte d'Ivoire, devenue ARDCI (Assemblée des Régions et Districts de Côte d'Ivoire) depuis le remplacement du département par la région le 21 avril 2013).

Pour ce qui est des villes et communes, à coté de l'UVICOCI et sous sa coupole, cohabitent des structures de tailles plus petites. La caractéristique commune de ces sous-faitières de l'UVICOCI est qu'elles sont constituées sur des bases régionales. Entre autres, nous avons l'Association des Villes et Communes de l'Ouest Montagneux de Côte d'Ivoire (AVICOMCI), l'Association des Communes Forestières (COFORCI), l'Union des Villes et Communes du Centre-Ouest (UVICOM-CO), l'Union des Villes et Communes du Sud-Comoé (UVISCOM), l'Union des Villes et Communes du Centre (UCOMCE), l'Union des Villes et Communes des Savanes (UVICO-SA), l'Union des Villes et Communes du Bas-Sassandra (UVICOM-BAS), l'Union des Villes et Communes de la Vallée du Bandama (UVICOVAB), le Collectif des Maires de la zone Centre-Nord-Ouest (CM-CNO).

D'autres regroupements ayant d'autres champs de missions existent également : le Réseau des Femmes et Gouvernance Locale de Côte d'Ivoire (RFGLCI), l'Alliance des Maires et Responsables Municipaux pour la Lutte contre le VIH SIDA (AMRML-VIH SIDA) l'Initiative des Alliances des Maires pour des Actions Communautaires Locales sur le VIH-SIDA (AMICAAL), le Forum Ivoirien pour la Sécurité Urbaine (FISU), la Plateforme Municipale Ivoirienne des Programmes et Partenariats Innovants (PMIPPI).

Dans le cadre de cette étude, nous nous appesantirons seulement sur la structure mère qu'est l'UVICOCI. Créée le 06 juillet 1983, elle est régie par la Loi N° 60-315 du 25 septembre 1960, relative aux associations, et la Loi N° 80-1180 du 17 octobre 1980, portant organisation municipale. À sa création, elle comptait comme membres, toutes les 37 communes existantes et la Ville d'Abidjan. Aujourd'hui, elle en compte naturellement 197. La présidence de l'UVICOCI a été tenue successivement par Martin KOUADIO Kouakou de la commune de Yamoussoukro (1983-1987), Jean KONAN-BANNY de la commune de Yamoussoukro (1987-1996), Ernest N'KOUMO Mobio de la Ville d'Abidjan (1996-2002), Albert François AMICHIA de la commune de Treichville (2002-2013). Depuis le 04 décembre 2013, Gilbert KONE KAFANA de la commune de Yopougon en assure la destinée.

Comme apport dans la conduite de la décentralisation, l'UVICOCI soutient l'État dans la réforme du cadre institutionnel, appuie l'État dans la mise en œuvre de ses rapports avec ses partenaires au développement, sensibilise et renforce les capacités des élus, et même du personnel municipal. Composée de cinq commissions techniques (Affaires Économiques et Financières, Relations Internationales, Relations État-

Communes, Coopération Intercommunale, Affaires Sociales et Juridiques), l'UVICOCI travaille pour le renforcement des capacités de ses membres pour la gestion des affaires locales dont ils ont la charge, au travers de séminaires, colloques, ateliers, voyages, congrès, journées d'études, etc. Essentiellement, ses buts, missions et objectifs sont d'établir et développer des liens de solidarité entre les villes et les communes du pays, par l'échange d'informations, d'expériences, en vue d'harmoniser leurs actions, d'étudier les questions intéressant la vie et les activités des administrations locales et le bien-être des citoyens, de coordonner les aspirations et les objectifs communs et de les soutenir auprès des pouvoirs publics, d'assurer la protection matérielle et morale dans le cadre de leurs fonctions de maires des villes et communes adhérentes, de favoriser le développement de l'action urbaine et communale, de promouvoir l'idée de la participation de la population aux affaires civiques, de réaliser son objectif social par tout moyen adéquat.

1.2.4.3- Les structures techniques et/ou spécialisées

Nous avons le Bureau National d'Études Techniques et de Développement (BNETD), l'Agence Nationale de la Formation Professionnelle (AGEFOP), l'Agence d'Études et de Promotion de l'Emploi (AGEPE), le Fonds de Développement pour la Formation Professionnelle (FDFP). Pour mettre en œuvre la décentralisation, l'État, de concert avec ces structures, met à la disposition des collectivités, des moyens matériels, humains et financiers.

1.2.5- La décentralisation est-elle une panacée ?

Au vu de tous ces éloges, une question se pose : la décentralisation n'a-t-elle pas d'effets pervers ? Bien sûr que si ! Decentralization Thematic Team soutient que la décentralisation n'est pas une panacée. Comme inconvénients, la décentralisation peut ne pas être efficace tout le temps, surtout pour les services standardisés et routiniers. Elle peut aussi causer la perte d'économies d'échelle et le contrôle du gouvernement de maigres ressources financières. De même, une faible capacité administrative ou technique au niveau local peut entraîner une baisse en efficacité et en rendement de la fourniture des services dans certaines régions du pays. Encore, il se peut que des responsabilités administratives soient transférées à des niveaux locaux sans ressources financières adéquates, rendant ainsi plus difficile une répartition ou une fourniture équitable des services. Ensuite, la décentralisation peut, parfois, rendre plus complexe la coordination des politiques nationales et faire en sorte que les élites locales s'emparent des fonctions. Enfin, la méfiance entre le secteur public et le secteur privé peut également miner la coopération au niveau local.

« Aussi, l'affectation de ressources plus importantes aux régions plus pauvres ne suffit pas pour assurer l'équité à l'intérieur de la localité. Il faut en plus améliorer le ciblage des pauvres à l'intérieur des régions, taches relevant entièrement de l'administration locale qui peut ne pas être capable ou désireuse d'exercer des fonctions de redistribution. Si certaines études indiquent que les responsables locaux et les groupes de proximité sont mieux placés pour identifier et pour aider les pauvres que les autorités locales (PAULY, 1973 ; HELLER et al., 2007), des études récentes confirment que l'impact de la décentralisation sur la pauvreté dépend davantage de la capacité et de la volonté des décideurs politiques à engager un processus orienté en faveur des pauvres (HERNADEZ et JARILLO, 2008 ; JÜTTIN et al., 2004). Par exemple, JÜTTIN et al. (2004) ont passé en revue 19 études de cas et estiment impossible d'établir un lien incontestable entre décentralisation et réduction de la pauvreté. Ils trouvent que, dans certains des pays les plus pauvres, en butte à la faiblesse des institutions et à des conflits politiques, la décentralisation, dans le contexte actuel, peut empirer la situation » (BALLO, 2009).

Wikipédia dira que la décentralisation peut accentuer les inégalités naturelles entre collectivités riches et pauvres (selon les atouts respectifs dont elles disposent : localisation géographique et densité des réseaux de transport, niveau de développement industriel, ressources naturelles) et faire obstacle à une politique efficace d'aménagement du territoire. Et ceci sans évoquer les surcoûts considérables engendrés par la décentralisation, quand le choix de la centralisation permettrait la rationalisation des dépenses et une meilleure allocation des ressources (en évitant notamment les actions parallèles d'administrations locales juxtaposées).

1.2.6- Que retenir en définitive ?

Comme le dit Decentralization Thematic Team, pour n'importe quel pays, il est nécessaire d'analyser soigneusement la portée de la décentralisation avant d'entreprendre la réorganisation des systèmes financiers, administratifs ou de prestation de services. On doit distinguer ces multiples aspects parce qu'ils ont des caractéristiques, des conséquences administratives et des conditions de réussite différentes. Les planificateurs de projets et de programmes doivent être capables d'évaluer les forces et les faiblesses des organisations du secteur public et du secteur privé. Avant de faire des plans de décentralisation élaborés, ils doivent évaluer le niveau le plus bas d'administration où des fonctions peuvent être remplies efficacement et, pour des services qui ne doivent pas être fournies par le gouvernement, évaluer les formes de privatisation les plus appropriées.

Aussi, la centralisation et la décentralisation ne sont-elles pas mutuellement exclusives. Dans la plupart des pays, il faut un équilibre convenable entre centralisation et décentralisation pour assurer un fonctionnement efficace du gouvernement. Ce ne sont pas toutes les fonctions qui peuvent ou doivent être financées et gérées d'une manière décentralisée. Même quand les gouvernements décentralisent les fonctions, ils retiennent souvent à leur niveau, les rôles politiques les plus importants et les rôles de supervision. Ils doivent créer ou maintenir les conditions qui rendent capables les unités locales d'administration ou les organisations non gouvernementales de prendre plus de responsabilités. Les ministères des gouvernements jouent souvent des rôles cruciaux dans le soutien et la promotion de la décentralisation en élaborant pour elle, des politiques et des règlements nationaux appropriés, et en renforçant la capacité des institutions locales pour l'exercice de nouvelles fonctions. Le succès de la décentralisation, très souvent, dépend beaucoup de la formation des officiels nationaux et locaux sur la décentralisation. L'assistance technique est souvent nécessaire aux administrations locales, aux entreprises privées et aux organisations non gouvernementales pour assurer la planification, le financement et l'exécution des fonctions décentralisées.

Conclusion du chapitre 1 :

Bien que les origines de la décentralisation ivoirienne remontent en 1914, c'est en 1980 que cette politique est affirmée par les autorités comme incontournable pour le développement du pays. Ce changement de cap fait suite à la survenance, vers la fin de la décennie 70, d'une crise financière qui se transforme en crise économique à l'entame de la décennie 80.

DURET (2000) dit bien à propos que, « Dans l'ensemble des pays du monde et singulièrement dans ceux en développement, c'est la crise des finances publiques par implosion de la dette qui a sonné le glas des stratégies de développement axées sur l'interventionnisme de l'État décidées après les indépendances ».

En effet, cette crise économique, avec son énorme fardeau de la dette extérieure, rendant fragile et aléatoire toute perspective d'essor à moyen et long termes, a amené l'État ivoirien à remettre en cause sa stratégie interventionniste des lendemains des indépendances pour instaurer la décentralisation. Cette politique s'identifie à un désengagement de l'État – qui n'a plus les moyens de poursuivre sa politique interventionniste – de l'appareil productif. Désormais, ce sont les privés et la société civile qui sont appelés à participer à l'effort de développement aux côtés de l'État. Alors, que savoir sur la crise économique ivoirienne et ses conséquences ?

Chapitre 2 : LA CRISE ÉCONOMIQUE, FONDEMENT PREMIER DE LA DÉCENTRALISATION IVOIRIENNE

Depuis la colonisation, la Côte d'Ivoire a connu une longue période d'embellie économique caractérisée par une forte croissance continue. Mais, à l'aube de la décennie 80, la situation va s'inverser. En effet, aux alentours de la fin de la décennie 70, le pays va connaître une crise financière qui va déboucher rapidement sur une crise économique à l'entame de la décennie 80. Cette crise économique n'est pas un fait du hasard. Elle procède d'un certain nombre de facteurs. Aussi, a-t-elle eu de multiples conséquences de par ses manifestations. Ce chapitre instruit sur les causes, les manifestations et les conséquences la crise économique. Mais avant, un rappel sur la période de croissance permet de mieux cerner la question.

2.1- Avant la crise économique, deux décennies de croissance

Pour mieux cerner la crise économique que vit le pays depuis la fin de la décennie 70, il est utile d'indiquer la situation de l'économie qui la précède. Et cette période, de toute évidence, va de l'ère coloniale à l'apparition de la crise économique. À cet effet, avant l'apparition de la crise économique en 1980, la Côte d'Ivoire a connu une embellie économique. Cela est le fruit du choix lucide fait par les autorités de l'après-indépendance de maintenir l'héritage colonial économique qu'est l'agriculture. Cette agriculture, elle-même, est essentiellement représentée par le binôme café-cacao. Pour l'analyse, deux sous-périodes ont retenu notre attention, comme l'indiquent COGNEAU et MESPLE-SOMPS (2002) : de l'indépendance à 1974 et de 1975 à 1978.

2.1.1- De l'ère coloniale à 1974 : le « miracle ivoirien »

Cette période se caractérise par l'augmentation, à un rythme moyen annuel avoisinant 08% du PIB réel. La base de cette croissance est l'agriculture de rente. Cette agriculture tire ses origines depuis l'ère coloniale. En effet, dans sa mission de satisfaire la demande métropolitaine en matières premières agricoles, la colonisation, en remplacement des premiers produits coloniaux constitués des produits de la cueillette (l'acajou, le caoutchouc de cueillette, les produits du palmier à huile sauvage (huile de palme, huile palmiste, amandes de palme)) qui alimentaient essentiellement le commerce de troc, va d'abord développer l'exploitation de la forêt tropicale. Ensuite, elle introduit le café en 1870 (près de Tabou, à la frontière du Libéria) et en 1881 (à Élima, dans l'actuelle Sous-Préfecture d'Aboisso) respectivement par les missionnaires et VERDIER. Enfin, est apparu le cacao en 1895. Ce dernier commença son expansion véritable en 1908, à partir de quelques localités : Bingerville, Aboisso, Grand-Bassam, Abengourou et Grand-Lahou. Il fut même refusé par certains planteurs, comme ceux de la région d'Agboville, pour deux raisons : son caractère périssable et le manque de fusils de chasse pour le défendre contre les animaux prédateurs. Sous l'impulsion du Gouverneur Angoulvant, le cacao prendra de l'essor malgré l'opposition des populations qui ébouillantaient les fèves destinées aux plantations. À cet effet, SAWADOGO (1977) in HAUHOUOT (2002), note : « Il a fallu l'exemple de quelques audacieux parmi l'élite de l'époque et des trésors de ruse pour arriver à conduire les premiers vergers jusqu'à l'entrée en production ». Dès 1913, l'exportation de ce produit atteignit 1 049 t (AMON D'ABY (1957) in HAUHOUOT (2000)). Ainsi, le café et le cacao connaîtront une effervescence auprès, d'abord, des planteurs colons, et ensuite, des planteurs nationaux.

À l'indépendance en 1960, les nouveaux dirigeants maintiennent le cap colonial. Plutôt que de miser sur un utopique développement industriel immédiat et spontané, l'option a été prise avec réalisme de développer une agriculture d'exportation portant sur des spéculations capables d'alimenter le budget de l'État et de procurer au pays des revenus substantiels. L'option héritée de la colonisation est maintenue. Toute l'économie reposera donc sur l'agriculture. C'est elle qui financera les autres secteurs d'accompagnement tels les infrastructures économiques, l'urbanisation, l'industrialisation, etc. Pour rendre cette agriculture productive et compétitive, sa diversification est faite avec l'entrée en jeu de nouvelles cultures (hévéa, palmier à huile "modernisé", coton, canne à sucre, etc.). Aussi, tout un système d'incitations directes et indirectes a-t-il été mis en place. Il concerne l'encadrement des planteurs et cultivateurs, la recherche agronomique afin de moderniser et optimiser les rendements, et la garantie des prix aux producteurs.

Au niveau de l'encadrement des cultures, il est de type vertical. C'était l'époque des SODE (SODEPALM : Société de Développement du Palmier à Huile, SODERIZ : Société de Développement de la Riziculture, SODEFEL : Societé de Développement des Fruits et Légumes, SODESUCRE : Société de Développement de la Canne à Sucre, SODEMI : Société de Développement Minier). Par leurs interventions massives sur le terrain, toutes ces Sociétés de Développement qui sont des Sociétés d'État ont marqué le paysage ivoirien de leur puissante empreinte dans toutes les régions. Toutes, leurs missions étaient de réaménager le territoire en déréglant les structures traditionnelles pour y incruster des espèces végétales et des systèmes de productions plus performants, et de susciter et créer une série d'infrastructures de production "englobant et transcendant l'aspect strictement végétal pour embrasser, à l'échelon local du village ou de la petite région, des activités aussi diverses que l'élevage, la construction des maisons, des routes, des puits, de l'artisanat". La recherche agronomique était active et spécialisée par culture : IRHO (Institut de Recherche sur les Huiles et Oléagineux), IRCC (Institut de Recherche sur le Café et le Cacao), IRFA, IRCA (Institut de Recherche sur le Caoutchou), IDESSA, CRO, tous regroupés aujourd'hui en un Centre National de Recherche Agronomique (CNRA). Quant à la stabilité des prix aux producteurs, elle était garantie grâce à une Caisse de Stabilisation et de Soutien aux Prix des Produits Agricoles (CSSPPA). Appelée communément CAISTAB, elle est aujourd'hui dissoute laissant dans un désarroi total les paysans qui n'ont pas été préparés à affronter le marché international qui est une jungle où règnent les multinationales.

Les résultats sont probants. De 1950 à 1964, l'agriculture croît à un taux de 10% par an (DURUFLE (1988) in COGNEAU et MESPLE-SOMPS (2002)). De 1965 à 1973, les cultures d'exportation augmentent de 7,40% par an et la production de bois de 8,60%(BERTHELEMY et BOURGUIGNON (1996) in COGNEAU et MESPLE-SOMPS, (2002)). Cette agriculture est extensive et s'apparente à une exploitation de ressources épuisables dans la mesure où les plantations succèdent au défrichage de la forêt primitive. En outre, elle fait appel massivement à une forte immigration venant de la région de savane et des pays du Sahel (Burkina Faso et Mali). Le café, le cacao et le bois constituent 82% des exportations en 1965 et 74% en 1972 (BERTHELEMY et BOURGUIGNON (1996) in COGNEAU et MESPLE-SOMPS (2002)). Le dynamisme de l'agriculture d'exportation a par ailleurs permis d'asseoir un tissu industriel - bien qu'embryonnaire - basé sur la transformation des produits primaires.

L'État s'approprie en grande partie ces surplus agricoles. Le prélèvement s'effectue par deux mécanismes. Tout d'abord, la Caisse de Stabilisation et de Soutien des Prix des Produits Agricoles (CSSPPA dénommée communément par le terme "CAISTAB") fixe un prix au producteur dont l'écart avec les cours internationaux alimente la caisse et, en période de niveau élevé des cours, permet à l'État de financer son budget sans passer par les procédures budgétaires normales. Entre 1960 et 1973, le prix aux producteurs de café et de cacao représente 57,20% du prix mondial (PEGATIENAN, 1988), et le prélèvement de la caisse environ 02% du PIB (BERTHELEMY et BOURGUIGNON, 1996). Ensuite, une taxe sur les exportations de café, de cacao et de bois est instaurée. En 1975, elle est de l'ordre de 3,60% du PIB. Parallèlement, le taux d'investissement public passe de 07% du PIB entre 1960 et 1965 à 13% en 1973-74. Près de 60% de cet investissement provient d'entreprises publiques qui opèrent soit comme des agences de développement, soit dans des branches complémentaires ou substituables aux productions manufacturières privées (BERTHELEMY et BOURGUIGNON, 1996). C'est ainsi qu'AZAM (1994) résume le mode de développement ivoirien comme "la transformation par l'État des surplus prélevés sur l'agriculture d'exportation en accumulation de capital productif".

Par ailleurs, durant cette période, le taux d'épargne nationale est très élevé (de l'ordre de 20%), alors que les transferts des travailleurs immigrés ainsi que le rapatriement de revenus du capital sont encore relativement faibles. Les taux d'investissement observés, de l'ordre de 20% du PIB, sont encore largement financés par l'épargne domestique. Les secteurs manufacturiers croissent à un rythme de 10% par an et les activités de services de 13%. Finalement, alors qu'au milieu des années 1960 l'agriculture et l'exploitation forestière constituent 60% du PIB

(BERTHELEMY et BOURGUIGNON, 1996), en 1974, elles n'en représentent plus qu'environ 30%.

Ainsi, même si la croissance démographique est l'une des plus fortes au monde (4,1% par an entre 1960 et 1980), la Côte d'Ivoire devient, durant les années 70, un pays à revenu intermédiaire, et bénéficie du niveau de vie le plus élevé de l'Afrique de l'Ouest. On parle alors de "miracle ivoirien". Ce miracle repose donc sur une croissance équilibrée dans laquelle l'État et le secteur public jouent un rôle important. Cependant, la croissance est ouverte sur l'extérieur au plan commercial et au plan des facteurs de production. L'ouverture sur l'extérieur sur le plan commercial s'expliquait par le fait que les bases de la croissance sont les exportations de produits agricoles, tandis que les capacités d'importations de biens d'équipement permettent les politiques d'infrastructures publiques et d'investissements industriels. Sur le plan des facteurs de production, l'immigration régionale contribue à la main d'œuvre agricole. Aussi, une forte communauté d'expatriés européens (enseignants, assistants techniques, agents de maîtrise, cadres, chefs d'entreprises) ainsi qu'une communauté libanaise restent-elles présentes dans le pays. Enfin, l'État ivoirien n'a jamais eu de politique visant à limiter la participation des étrangers dans le capital productif ivoirien (COGNEAU et MESPLE-SOMPS, 2002).

2.1.2- De 1975 à 1978 : du boom à l'euphorie

En 1975, survient une flambée des prix internationaux du café et du cacao d'une ampleur considérable. Entre 1975 et 1977, le prix du café est multiplié par 3,6 et celui du cacao par 3 ; entre 1975 et 1977, les termes de l'échange de la Côte d'Ivoire augmentent de 80%. La hausse des cours induit un gain de recettes d'exportation de plus de 50% (DAVIS, 1983). L'État engrange alors des plus-values considérables durant cette période. Le boom tourne alors à l'euphorie. Ces gains des termes de l'échange ne sont pas rétrocédés aux exploitants agricoles. Le prix garanti aux producteurs reste fixe jusqu'à la fin de l'année 1976. En 1977, les prix augmentent légèrement (20% pour le café et 3% pour le cacao), alors qu'en 1978 les prix garantis aux producteurs du café et du cacao augmentent seulement de 40%. Ainsi, sur la période 1974-80, le prix au producteur ne représente que 44,7% du prix d'exportation. Les prix réels aux producteurs ont même chuté (AZAM, 1994). L'État est donc le bénéficiaire de cette flambée des cours mondiaux. En 1977, les ressources de la CAISTAB représentent 16% du PIB.

Bien qu'une grande partie de ce choc soit conjoncturelle (inscrit dans une tendance à la hausse des cours mondiaux, il fait suite à un gel partiel de la récolte brésilienne), les autorités ivoiriennes en profitent pour accélérer leurs programmes d'investissements publics. Ces derniers augmentent, en termes réels, à un taux de croissance moyen annuel de 36% et triplent entre 1974 et 1978, leur part dans le PIB est alors de 17% ; les investissements d'entreprises publiques en constituent plus de 57%. Stimulés par la demande, les investissements privés croissent à un taux moyen annuel de l'ordre de 19%. Les deux autres composantes de l'absorption, à savoir les consommations publique et privée, bénéficient plus modérément du boom des cours du café et du cacao ; elles augmentent à un rythme de 10%. Le taux de croissance global du PIB reste proche de celui de la période antérieure, de l'ordre de 10% contre environ 7,6 entre 1965 et 1974 (BERTHELEMY et BOURGUIGNON, 1996).

Le boom des cours des matières premières ainsi que le programme de dépenses publiques qui l'accompagne exerce une pression forte sur la demande. Cette demande s'adresse aux importations de biens de consommation, ce qui accroît le déficit extérieur, ainsi qu'aux biens produits localement dont les prix s'élèvent. La théorie du syndrome hollandais montre que, toutes choses égales par ailleurs, cette appréciation du taux de change réel conduit à une expansion du secteur des biens abrités et à une contraction des biens exposés, accentuant par là même le déficit extérieur. Un tel phénomène s'est effectivement produit en Côte d'Ivoire. Il est visible dans la forte croissance du taux de change effectif réel au cours des années 70 qui s'apprécie de 51% entre 1971 et 1977. Il s'ensuit une baisse du poids relatif de la valeur ajoutée des branches des secteurs échangeables au profit des branches non échangeables : tandis que les premières voient leur taux de croissance diminuer de 1,8% sur les périodes 1970-75 et 1975-81, les secondes connaissent une variation positive de 1,4 point. Les effets sur les échanges extérieurs ne se font pas attendre. Le taux de croissance moyen annuel des exportations réelles hors café-cacao passe de 5,5% sur la période 1971-1976 à –1,9% sur 1976-1981. Le taux de croissance des exportations manufacturières en volume ralentit, passant de 14,7% à 5,1% en moyenne par an (NOWAK, 1994). La tendance à une diversification de la production et des échanges constatée jusqu'en 1975 s'inverse pour donner place à une nouvelle concentration des activités et à un renforcement du poids du café et du cacao dans les exportations. L'affaiblissement du secteur des biens échangeables est malheureusement favorisé par la politique commerciale adoptée dès 1973 (AZAM, 1994). En effet, la Côte d'Ivoire applique une politique de repli international, par une réforme des droits de douane et par la mise en place de quotas à l'importation. L'objectif est d'opter pour une stratégie d'industrialisation par substitution aux importations. Dans la mesure où cela a pour conséquence de transformer des secteurs en principe échangeables en secteurs non échangeables, cette politique protectionniste renforce la variation du taux de change réel et affaiblit les secteurs exposés.

Comme le souligne DEVARAJAN (1991), cet épisode de la croissance ivoirienne a mis en évidence la liaison particulièrement forte entre le déficit budgétaire et le déficit de la balance courante. Cette liaison renvoie tout d'abord à la politique des prix aux producteurs de café et de cacao : leur fixation par l'État égalise les effets d'une variation du cours mondial de ces matières premières sur le déficit public d'une part et le déficit courant d'autre part. Ensuite, le financement du déficit budgétaire est assuré par les emprunts extérieurs, étant donné l'étroitesse du marché domestique de capitaux, et l'impossibilité de recourir à la création monétaire du fait de l'appartenance à la zone Franc. La connexion entre les deux déficits a des conséquences directes sur les effets des variations du taux de change réel et plus particulièrement sur les politiques permettant de l'influencer. Une politique d'accroissement des prix aux producteurs de produits primaires, même si elle permet à terme d'accroître les exportations, entraîne, toutes choses égales par ailleurs, un creusement du déficit public et donc un besoin accru d'épargne étrangère. De même, l'afflux de capitaux étrangers a pour effet une appréciation du taux de change réel et donc une désincitation à l'exportation. On rejoint ici la logique du syndrome néerlandais exposée précédemment.

C'est durant cette période que naissent les facteurs qui vont conduire l'économie ivoirienne dans une crise sans précédent.

2.2- Causes, évolution et manifestations de la crise économique

2.2.1- Les causes de la crise économique

La crise économique que vit la Côte d'Ivoire, la première de sa jeune histoire, et qui perdure jusqu'à ce jour, n'est pas un fait du hasard. Elle procède d'un certain nombre de facteurs. Les plus saillants retenus sont les facteurs économiques et les facteurs politiques.

2.2.1.1- Les facteurs économiques

Deux cas retiennent notre attention : les travaux herculéens et la mauvaise gestion des deniers publics.

2.2.1.1.1- Des investissements surréalistes : cas des travaux herculéens et du programme sucrier du Nord

2.2.1.1.1.1- Les travaux herculéens de l'AVB et de l'ARSO

Deux Autorités pour des programmes d'aménagement (AVB et ARSO) sont intervenues comme instruments de mise en œuvre (d'exécution) de programmes de développement. Avec l'ARSO (Autorité pour l'Aménagement de la Région du Sud-Ouest, créée en décembre 1969), il s'agit, comme le précisent les documents officiels, d'un vaste projet de géographie volontaire qui vise non seulement à corriger le retard dont souffre la région, mais aussi à projeter sur l'ensemble du pays, les bienfaits d'un tel aménagement. L'Autorité pour l'Aménagement de la Vallée du Bandama (AVB, créé en juillet 1969) devrait s'attaquer – par des actions de grande envergure – à l'appauvrissement continu des populations de cette importante partie de notre territoire. Elle avait une mission générale et permanente d'aménagement régional qui obéissait, selon KOBY (2001), aux principes suivants : amélioration de l'habitat villageois, reconstitution du potentiel de production, respect des vœux de la population dans le choix des nouveaux villages, tout ceci, suite à l'inondation d'une centaine de villages et de leurs terroirs à la suite de la construction du barrage de Kossou.

Parallèlement, l'armature urbaine et les communications dans toute la zone concernée et un programme de mise en valeur agricole, d'élevage, de pisciculture, d'artisanat et de tourisme ont été esquissés. Un volet industriel était également prévu dans le programme et s'articulait à moyen terme sur des industries textiles et alimentaires.

Au total, les objectifs poursuivis par ces différents programmes étaient nobles. Mais les moyens colossaux nécessaires se présentaient comme au-delà des possibilités de l'État ivoirien. C'est ainsi qu'ils connaîtront des fins tragiques avec leur dissolution en 1978, sans qu'ils aient atteint leurs objectifs.

2.2.1.1.1.2- Les complexes sucriers du Nord

« Quand le Président HOUPHOUËT a parlé de l'implantation d'un programme de complexes sucriers dans le Nord, à Ferkéssedougou, toutes les régions de la savane ont réclamé le même. Certains étaient allés dire au président : "Vous comptiez construire trois complexes sucriers de cent mille tonnes. Mais pourquoi ne pas couper ces unités en deux, ce qui vous permettrait de toucher un plus grand nombre de régions de Côte d'Ivoire ?". Il a accepté. Nous devions construire dix sucreries, mais nous nous sommes arrêtés à six, à cause des coûts » (BÉDIÉ, 1999).En effet, le programme sucrier du Nord faisait partie des programmes de démesure voulus et initiés par HOUPHOUËT-BOIGNY. Sa réalisation est destinée, outre la diversification de la production agricole d'exportation, à stimuler la modernisation du Nord, comme le « Programme Nord » ou comme les réalisations spectaculaires de Yamoussoukro. L'initiative est louable. Malheureusement, son implantation nécessitait d'autres investissements non moins importants qui le rendaient, au final, trop onéreux. Il était implanté dans des régions totalement enclavées où il fallait construire des routes, installer l'électricité, édifier l'habitat des travailleurs. Le projet sucrier de Ferkéssedougou prévoyait, par exemple, la construction d'un village pour loger les ouvriers et aménager la bretelle du chemin de fer pour drainer la marchandise vers les rails proches. Tout ceci avait une incidence sur la dette puisque ce sont des projets construits essentiellement par des fonds empruntés.

2.2.1.1.2- La mauvaise gestion et les surfacturations

La période faste qu'a connue la Côte d'Ivoire était également caractérisée par la mauvaise gestion des sociétés d'État (SODE). En effet, les dépenses, durant cette période, ont augmenté de façon démesurée, et avec elles, le gaspillage. Cela se traduisait par des surfacturations, des détournements de deniers publics sans que des sanctions convenables soient prises. Ce qui, de toute évidence, encourageait les fautifs à redoubler d'ingéniosité dans ces actes délictuels. Pour exemple, il est fait état d'une surfacturation de trente quatre milliards de F CFA pour le seul programme sucrier. De plus, l'on a constaté que la réalisation de tous les équipements et infrastructures économiques et sociocollectifs, l'a été hors plan. En effet, le Plan Quinquennal de 1975-1980 n'a pas été exécuté.

2.2.1.2- Les facteurs politiques de la crise économique

Ici, la nature du pouvoir exercé et le comportement de ce pouvoir dans l'activité économique retiennent notre attention.

2.2.1.2.1- La mise en place d'un pouvoir fort et centralisé

C'est dans un cadre étatique que tout développement se construit. Et ce développement a besoin d'un environnement politique stable. Pour les dirigeants de la Côte d'Ivoire fraîchement indépendante, il faut canaliser les forces et se concentrer sur le seul objectif de développement. Pour rappel, la Côte d'Ivoire a hérité de la colonisation d'un centralisme jacobin au nom duquel la France colonisatrice a exercé une administration directe. Elle a appliqué un système qui ne laissait aucune autonomie aux indigènes et aux régions. Après l'indépendance, les nouvelles autorités vont continuer d'exercer leurs actions dans le cadre de cette centralisation. La persistance de ce système après l'indépendance était due à la peur et à la méfiance que nourrissaient les nouvelles autorités envers le régionalisme et le tribalisme. Pour les autorités, la Côte d'Ivoire, Nation en construction, n'est encore qu'une mosaïque d'ethnies (plus de soixante (60) dénombrées) ; et l'impératif de développement suppose que les forces ne soient pas dispersées. D'où l'imposition, très tôt, du parti unique. C'est bien ce que BÉDIÉ (1999) confirme : « Un des arguments du Président HOUPHOUËT-BOIGNY pour justifier le maintien du parti unique était son désir d'éviter les clivages ethniques ».

En effet, la stabilité politique a été cultivée comme une condition de la croissance économique par l'instauration d'un régime paternaliste fait d'une combinaison de modération, de fermeté et d'autoritarisme et par la promotion de la culture de la paix. Le parti unique a été instauré non pour mobiliser et susciter la participation des populations mais pour exercer un contrôle politique sur les hommes. Pour élargir sa base et garantir sa stabilité, le système politique use de la cooptation, du népotisme, du favoritisme et du clientélisme comme principes de promotion et a recours largement à un mode de communication habile : le "dialogue à l'ivoirienne". Dans un tel système, il y a donc naturellement un embrigadement de la population et un manque de démocratie.

Cette centralisation sera diluée avec l'entrée en jeu de la déconcentration. En effet, un regard rétrospectif sur l'organisation administrative territoriale ivoirienne fait apparaître, dans les deux premières décennies d'après l'indépendance, une prééminence de la déconcentration avec une structuration en départements et en sous-préfectures du territoire national. De par cette déconcentration – qui consiste à déléguer des pouvoirs de décision plus ou moins étendus à des organes locaux et à des agents nommés par le pouvoir central – l'État va mettre en place des services administratifs plus proches des populations et placés dans la dépendance hiérarchique stricte de l'administration de l'État.

2.2.1.2.2- L'État-providence

Comme on pouvait s'y attendre, le pouvoir fort et centralisé appliqué a dépeint sur l'attitude de ce pouvoir dans la conduite de l'économie. En effet, pour lutter contre les dangers du déséquilibre du développement hérités de la colonisation qui se profilaient à l'horizon, l'État ivoirien a entrepris, dès l'indépendance, une vigoureuse politique volontariste d'aménagement du territoire. C'est la période du Tout-État ou de l'État-providence ; c'est-à-dire, une période durant laquelle l'État assurait tout et tout seul. Les efforts de l'État se sont fait sentir d'abord au niveau de la dépense publique qui est passée de 25% en 1970 à 41% du PIB en 1978. La conjoncture économique favorable de l'époque (cours des matières premières élevés sur le marché international, croissance économique soutenue à un taux annuel minimum de 07%) a permis de conduire avec satisfaction une telle politique d'investissements massifs ; et ceci, de 1960 à 1980. Pour exemple, sur la période 1971-1980, plus de 2 000 milliards F CFA ont été investis globalement dans les régions ; soit un effort annuel de plus de 200 milliards en faveur des régions. Dans cette dynamique, l'État s'en est donné à la réalisation de plusieurs projets et/ou programmes. Cela s'est traduit par une intervention directe de l'État au travers des programmes régionaux ou sectoriels (complexes sucriers, sociétés de développement agricoles : SODERIZ, SODEPRA (Societé de Développement de la Production Animale), SATMACI (Société d'Assistance Technique pour la Modernisation de l'Agriculture en Côte d'Ivoire), etc.) et des opérations intégrées (Kolodio-Bineda, AVB, etc.). C'est également l'époque des gros investissements agro-industriels : sucre, huile de palme, hévéa. Le résultat de cette politique d'industrialisation tous azimuts qui accompagnera cette option est que, déjà, en 1978-1979, on dénombrait 21 entreprises dans le seul secteur de la conserverie de fruit et de jus de fruits, une conserverie de thon, une fabrique de café soluble. L'industrie textile va bénéficier, elle aussi, de renforts des structures de cette industrialisation ; ce qui fait que la capacité de production de cotonnades va passer de moins de 10 000 tonnes en 1973 à 12 000 tonnes en 1978 (ATTEBI, 1995).

Dans l'ensemble, c'est durant cette période que l'État va réaliser l'essentiel des infrastructures lourdes et équipements sociocollectifs (écoles, hôpitaux, routes, ponts, immeubles, télécommunications, logements sociaux etc.) du pays. Et ces investissements sont faits à grands frais dont certains resteront, pour tous les observateurs, disproportionnés. Pour exemple, le montant des investissements publics triple entre 1974 et 1978.

2.2.2- Évolution de la crise économique

Si l'on considère l'année 1980 comme l'année de référence du début de la crise économique ivoirienne, il faut tout de même reconnaitre, comme l'indiquent les écrits consultés, qu'elle prend sa source bien avant, singulièrement à la fin de la décennie 1970. Ses manifestations sont aussi économiques, politiques, démographiques et sociales.

2.2.2.1- La chute des prix du café et du cacao entraîne l'effondrement de toute l'économie ivoirienne

Le café et le cacao ont effectivement permis à la Côte d'Ivoire d'avoir des ressources appréciables pour son développement. Malheureusement, ce choix n'est pas sans conséquences. Alors que le pays s'apprêtait à aborder la décennie 1980 avec beaucoup plus d'optimisme, la tendance s'inversa, tout d'un coup. En effet, à partir de 1978, les cours des principaux produits d'exportation ont commencé à subir une chute vertigineuse sur le marché mondial. Ainsi, dans un contexte de dégradation de l'économie mondiale, marquée par la détérioration des termes de l'échange, l'envol du prix des produits pétroliers suite aux « chocs pétroliers de 1973 et 1979 » et les fluctuations erratiques du dollar américain, entraînent une inversion des tendances de l'économie du pays. La conséquence immédiate fut la diminution des recettes du pays. Ces recettes qui étaient, jusque-là supérieures aux dépenses, deviennent maintenant inférieures auxdites dépenses : la balance des paiements est alors déficitaire. L'État n'arrive plus à payer les dettes qu'il a contractées, quelques années plutôt, pour la construction des équipements et infrastructures de développement du pays. La Côte d'Ivoire entre ainsi dans la phase de crise financière. De même, dans les années 1980, la dérégulation des marchés et la fin des accords internationaux entraînent une chute rapide des cours des matières premières agricoles. Cette baisse provoque de fortes conséquences en Côte d'Ivoire dont l'économie repose majoritairement sur l'exportation du café et du cacao. A partir de 1978, les cours du cacao chutent de 40% (ce sera constaté jusqu'en 1986).

2.2.2.2- Du début de la crise à aujourd'hui, une économie en dents de scie

La chute des prix des principaux produits agricoles qui représentent les fondamentaux de l'économie ivoirienne va faire vivre à cette économie, une évolution sinusoïdale marquée par des périodes de régression ou de marasme de l'activité et de croissance de l'activité.

2.2.2.2.1- Plus d'une bonne décennie de crise économique de 1980 à 1993

Cette période fût caractérisée par des chocs exogènes dont la hausse des taux d'intérêt, le renchérissement du dollar et la baisse des cours des matières premières d'exportation et la sécheresse de 1983. Elle est aussi marquée par des politiques de rigueur et d'austérité budgétaire. Sous l'égide des institutions de Bretton Woods, les politiques de stabilisation et d'ajustement ont été mises en œuvre, s'inscrivant dans un vaste programme d'ajustement structurel. BALLO (2008) indique que « Durant cette phase, les dépenses d'investissements ont chuté en volume d'environ 17%, soit un passage de plus de 20% du PIB en 1981 à 13% du PIB en 1984 et 03,80% en 1985, conséquence de la réduction drastique des investissements publics qui n'ont pas été relayés par l'investissement privé sensé jouer un rôle moteur dans la croissance économique. Les dépenses d'investissement public sont passées de 19% du PIB en 1980 à 02,50% en 1990, puis à 03,10% en 1993. Le déficit du solde budgétaire est passé de -11,30% du PIB en 1983 à -02,80% en 1985, puis s'est considérablement dégradé à -19% en 1993 malgré l'adoption des mesures recommandées par les Programmes d'Ajustement Structurel qui n'ont pas pu améliorer les recettes publiques. La défaillance au niveau des investissements a considérablement porté un coup dans le secteur des bâtiments et travaux publics (baisse de plus de 15% par an) dont l'activité est directement liée aux investissements. La baisse du revenu par habitant (-26,30% entre 1987 et 1990) a entraîné un retrait de la consommation réelle des ménages en moyenne de 00,60% par an ; ce qui s'est traduit par une chute de 04,80% par an de la consommation par tête. Il a également été observé une détérioration des termes de l'échange - chute de 12% entre 1980 et 1982 - et un reflux des mouvements de capitaux. Le solde courant dont le déficit a été de -18% du PIB en 1980, -11,30% en 1990 et -08,60% en 1993 a été, en majeure partie, expliquée par l'effet conjuguée de la hausse du service de la dette extérieure (dont le niveau a atteint 14,80% du PIB en 1993 contre 18% en 1990 avec en moyenne 08% de service au seul titre des intérêts dus) et de la chute sévère des recettes d'exportation (consécutive à la plongée des cours du couple café-cacao de la deuxième moitié des années 80). En dépit de la contraction quantitative des importations et de leurs prix, imputable à la baisse du niveau d'activité, et de la réduction des transferts privés, le niveau du solde courant n'a pu se redresser ».

« Au niveau monétaire, les avoirs extérieurs nets ont été négatifs et se sont situés pour mémoire à -367 milliards en 1981, -574,40 milliards en 1990 puis -572,80 milliards en 1993 du fait de la raréfaction des appuis extérieurs en liaison avec la fragilisation de la situation extérieure et la baisse des recettes d'exportation. Par suite, le secteur financier ivoirien a été affecté par cette situation. En effet, la détérioration de l'environnement économique a contribué à l'accumulation d'arriérés publics et privés vis-à-vis des banques occasionnant une baisse drastique des dépôts et des flux de capitaux étrangers. Les résultats du système financier ont été affaiblis par un système judiciaire inadéquat et par des politiques inadaptées : supervision bancaire laxiste, structure de taux d'intérêt rigide, mauvaise allocation sectorielle du crédit, prêts bonifiés et système de crédits de campagne mal maîtrisé. Le crédit intérieur a connu une évolution très faible et même négative suite à la chute du niveau d'activité - un taux de croissance nominal moyen de 21% entre 1981 et 1990, et de -01,60% entre 1990 et 1993 -, mais également en raison de l'accroissement des créances publiques non recouvrables entre 1980 et 1989 qui ont énormément affectées la viabilité des institutions financières (à l'exception de la BCEAO : Banque Centrale des États de l'Afrique de l'Ouest) » (BALLO, 2008).

La répartition du crédit s'est effectuée par conséquent, en faveur du secteur privé qui détenait au moins 80% du crédit disponible contre seulement 10% pour le secteur public. Le secteur étatique ne devant compter que sur les ressources effectivement recouvrées par les régies financières, et éventuellement un niveau de crédit à l'État plafonné à seulement 10% du total des crédits intérieurs (BALLO, 2008).Face aux règles de gestion stricte du crédit intérieur, la croissance de la masse monétaire s'est fixée en moyenne autour de 10% en terme nominal entre 1981 et 1990 et à -02,40% entre 1990 et 1993, compte tenu de la politique de réglementation directe qui induit un plafonnement et même une sélectivité des crédits (BALLO, 2008).

En dépit des efforts consentis avec les différents programmes d'ajustement, l'activité réelle s'est contractée pour faire glisser le PIB réel à 03,50% en 1981, 01,20% en 1982 et à -03,90%, -00,50% respectivement en 1983 et 1984, pour stagner autour de 01%. Au niveau sectoriel, la production agricole, surtout d'exportation a été sérieusement affectée, faisant connaître au secteur primaire une faible évolution de 01,10%. La contraction de l'activité a également été perçue au niveau industriel (+02,10%) et au niveau des services (+01,40%) (BALLO, 2008). La dégradation des déficits budgétaires et du compte courant extérieur du fait d'un manque de compétitivité extérieure des produits ivoiriens dû à la surévaluation du franc CFA, a entraîné une appréciation de l'ordre de 20% à 40% en 1993 du taux de change réel effectif multilatéral de la Côte d'Ivoire (BALLO, 2008).

Au regard de la question de la croissance économique, la principale leçon de cet épisode de récession semble bien être la fragilisation de la base de la croissance économique des décennies 60 et 70, à savoir le binôme café-cacao. La perte de l'avantage compétitif dans ce secteur suite à la chute des cours a déréglé les équilibres des finances publiques lesquels équilibres qui eux-mêmes étaient devenus précaires avec l'accroissement de l'endettement extérieur. Les politiques économiques, macroéconomiques comme sectorielles ont aussi été défaillantes sans doute parce qu'elles n'ont pu mesurer à sa juste valeur le poids des mauvais choix stratégiques des années fastes qui n'avaient pas permis de bâtir un système économique complexe avec de vraies liaisons intersectorielles. Cette situation a été aggravée par les incertitudes de fin de règne du Président Félix Houphouët-Boigny, confirmant ainsi l'importance de la stabilité politique dans les déterminants de la croissance (BALLO, 2008).

2.2.2.2.2- Une courte période de reprise de l'activité économique de 1994 à 1998

Elle est caractérisée par la poursuite des efforts de restructuration interne de l'économie qui ont été complétés par un ajustement monétaire - modification du taux de change avec la dévaluation de 50% du F CFA par rapport au franc français - face à l'incapacité des ajustements réels et interne à redresser l'activité économique. Pour BALLO (2008), la modification du taux de change a restauré la compétitivité de l'économie perdue au cours des années 80. Sur la période, le rétablissement de la compétitivité a favorisé le rebond des exportations des produits de rente qui ont en outre bénéficié de la hausse des cours. Il s'en est alors suivi un accroissement des recettes d'exportation. Les exportations également stimulées par la reprise de l'activée industrielle (produits manufacturiers en direction de la sous-région), du BTP et de l'énergie (la Côte d'Ivoire est devenue exportateur net vers les autres pays de la sous-région), passent de 24% du PIB en 1993 à 40% en 1998, améliorant le déficit du compte courant qui est passé de -08% du PIB en 1993 à –03,70% en 1998 et les réserves brutes de change (3 mois d'importations en 1998 contre 3 semaines en 1993). Globalement, le solde courant est ressorti positif à au moins 09,50 milliards entre 1994 et 1998.

Grâce aux différentes mesures d'accompagnement de la dévaluation, la hausse mécanique des prix a été contenue – en glissement annuel, les prix à la consommation ont oscillé entre 03 et 08% - très largement en dessous du taux de dévaluation. Par ailleurs, le relèvement des prix aux producteurs consécutif à l'évolution favorable des cours des matières premières a permis au secteur primaire de connaître une évolution de près de 04%. Ce secteur a tiré profit des réformes structurelles (privatisations, professionnalisation de certaines structures agricoles, création des incitations à la production, etc.) (BALLO, 2008).

Ce contexte économique favorable a occasionné un afflux de capitaux étrangers qui a soutenu la reconstitution de l'épargne intérieure qui a connu une évolution moyenne de 22%, attestant de la réduction du déficit budgétaire (-01,80% du PIB en 1998 contre -12% en 1993) et de l'amélioration du solde primaire qui est ressorti en moyenne à 02,40% du PIB, soit autour de 143 milliards. Le système bancaire s'est ainsi amélioré grâce au retour de la confiance et au rétablissement de la situation économique. Le secteur bancaire a connu une expansion de la liquidité en raison d'un afflux massif de capitaux. Il s'en est suivi une amélioration de la rentabilité des banques et une attraction temporaire de l'environnement bancaire. La situation monétaire a été caractérisée par la rupture avec le niveau négatif des avoirs extérieurs nets qui ont atteint 24,10 milliards en 1996. Cependant, le crédit intérieur a connu une faible croissance d'environ 08,50% en terme nominal, à cause de l'adoption des règles de gestion prudentielle observée par l'ensemble du système bancaire, et la stérilisation monétaire pratiquée par la BCEAO. La masse monétaire a par conséquent progressé de 19,30% (BALLO, 2008).

Le taux d'investissement à été porté à plus de 14% - passant de 08% en 1993 à 15,80% en 1998 - améliorant la productivité marginale du capital de plus de 10 points de pourcentage entre 1993 (+18%) et 1996 (+32%). Parallèlement, grâce à la baisse continue des coûts de production et la maîtrise des coûts salariaux, le coût unitaire du travail a accusé un repli de plus de 48,30% en 1994 et de l'ordre de 03 à 04% à partir de 1995. Tout ceci a favorisé un accroissement de la productivité des facteurs et la compétitivité de l'économie en général, et du secteur moderne en particulier. Il a donc été observé un recul du chômage urbain et également des créations d'emplois. L'investissement dans le secteur privé a avoisiné les 70% (contre 30% en 1993) dans l'investissement total, traduisant la part active du secteur privé dans l'activité économique. En plus des exportations et des investissements qui ont fortement stimulé l'activité économique, la consommation privée qui a crû autour de 06% a été un facteur de dynamisme économique. Par conséquent, la demande intérieure et les exportations nettes ont été déterminantes dans l'activité économique. En définitive, le taux de croissance du PIB réel est globalement ressorti positif à 02,10% en 1994 et à plus de 06% en moyenne à partir de 1995 (BALLO, 2008).

2.2.2.2.3- Une phase de dépression de 1999 à 2003

Cette sous-période se caractérise par une instabilité sociopolitique chronique, des crises politico-militaires marquées par un coup d'État militaire en 1999 et plusieurs tentatives de coups d'État qui ont entraîné le recul de l'activité économique dans son ensemble et une inflexion de l'évolution de la quasi-totalité des indicateurs macroéconomiques et financiers. L'année 1999 a été celle de l'amorce de l'inflexion généralisée. Après le rebond enregistré sur la période 1995-1998 au niveau du taux de croissance du PIB, il a été observé au terme de l'année 1999, un net ralentissement de l'activité économique avec, à la clé, un taux de croissance du PIB de 01,60%. L'économie a subi les effets de la crise financière asiatique qui s'est fait ressentir par le recul de la demande mondiale. Les cours des produits de spéculation et des monnaies asiatiques se sont effondrés, entraînant de facto aussi bien une perte de compétitivité que de gains de devises. Ainsi, le solde courant est ressorti négatif et s'est situé à -01,10% du PIB. Les avoirs extérieurs nets se sont négativement présentés avec un niveau de -27,90 milliards. Il s'en est suivit une contraction de la masse monétaire (-02,40%) et un recul du crédit à l'intérieur (-01,50%), surtout du crédit à l'économie (-08,40%). Face à un déficit budgétaire de -02,70% du PIB, le crédit à l'État s'est accru de 12,20% (BALLO, 2008).

Ainsi, l'offre des produits de spéculation, de l'agroalimentaire et des services a reculé respectivement de 09,90%, 00,60% et 08,40%, celle de l'agriculture vivrière, des BTP (Bâtiments et Travaux Publics) et des industries diverses ayant considérablement décéléré. Il a été également constaté un repli important des investissements publics (-30,30%) et une nette décélération des investissements des sociétés – ceux des ménages se sont légèrement accélérés – et de la consommation alors que les exportations étaient en nette progression (+14,50%). En terme de contribution à la croissance, seules les exportations ont eu une contribution positive (+03,40 points de pourcentage), contrairement à toutes les autres composantes (BALLO, 2008).

En 2000, à l'exception du secteur primaire qui s'est bien comporté (+11,90%), essentiellement grâce à l'agriculture d'exportation (+28,60%), le secteur secondaire a connu une baisse importante de son activité (-11,50%) : agroalimentaire (-04,60%), autres industries (-12%) et BTP (-26,80%). L'inflexion amorcée en 1999 s'est accentuée en 2000. Le secteur tertiaire a également baissé (-05,90%) à cause de la chute des services (-06,30%) et du commerce (-07,20%). Du côté de la demande, tous les indicateurs dans leurs différentes composantes ont connu une régression significative : investissement privé (-33,80%), investissement public (-44,50%), consommation finale (-08,00%), exportations (-01,00%) et importations (-17,70%). Leurs contributions à l'évolution du PIB ont été respectivement de –04,70, -02,20, -00,40 et -05,20 points de pourcentage (BALLO, 2008).

Les contributions du côté de l'offre à la croissance sont : secteur primaire (agricultures d'exportation (+00,40) et vivrière (+02,10), +02,50, secteur secondaire, -03,20, secteur tertiaire, -02,40. Le taux d'investissement est ressorti à +10,9% contre en moyenne 15% sur les années 1998 et 1999. Les crédits intérieurs ont reculé (-06,50%) du fait du retrait du crédit net à l'État (-18,60%) ne permettant de financer le déficit budgétaire établi à -01,20% du PIB, alors que les crédits à l'économie sont restés quasiment stables (+00,80%). Les avoirs extérieurs nets ont présenté une situation débitrice de 06,20 milliards, en raison d'un déficit du solde des transactions courantes de l'ordre de -02,30% du PIB. En conséquence, la masse monétaire s'est contractée de 01,80%, reflet de la baisse d'activité de 02,30%. Ce résultat est l'effet de l'impact du coup d'État militaire survenu en décembre 1999 (BALLO, 2008).

Pour l'année 2001, l'économie s'est stabilisée avec la normalisation progressive de la situation sociopolitique. Le taux de croissance du PIB s'est affiché à +00,10% avec un taux d'investissement avoisinant les 10%. Dans ce contexte de stabilisation, les activités primaires se sont tassées (+00,50%) avec un repli de la production agricole d'exportation (-04,50%). Les activités secondaires se sont présentées en régression (-02,80%) à l'image des activités industrielles et des BTP. À contrario, les activités tertiaires se sont bien comportées (+01,20%) avec une contribution positive à la croissance de 00,50 point de pourcentage contre -00,70 pour le secondaire et +00,10 pour le primaire (vivrier, 00,40 et cultures d'exportation, -00,10). Seule la consommation est ressortie avec une contribution positive du côté des emplois : -01,10 point de pourcentage pour les investissements, -02,30 pour les exportations et +05,40 pour la consommation. Leurs évolutions ont été respectivement de -10,50%, -05,60% et +06,70%. Le recul du volume des investissements a été lié à la faiblesse du taux d'exécution des dépenses publiques (+42%) et à l'attentisme des opérateurs privés. On a assisté à une baisse toujours prononcée du crédit à l'État (-17,70%) face à un déficit budgétaire de -00,90% du PIB et une progression des crédits à l'économie (+08,20%), mais surtout une chute des crédits à moyen et long termes (-06,70%). Parallèlement, les avoirs extérieurs nets se sont consolidés (+279,70 milliards) grâce au relèvement des cours du cacao, permettant ainsi une nette progression de la masse monétaire de 11,70%. Le déficit du solde courant a, quant à lui, été ramené à -00,60% du PIB (BALLO, 2008).

Pour l'année 2002, les volumes des exportations et des investissements publics se sont respectivement redressés de 03,60% et 36,50% permettant de compenser le repli des investissements privés (-03,30%) pour porter l'investissement total à une progression de 03,90%. Les crédits à l'économie ont régressé dans leur ensemble (-00,20%) alors que les crédits à l'État se sont redressés à 04,60%. Le solde budgétaire est resté négatif (-01,50% du PIB) à cause de l'évolution remarquable de la consommation publique (+15,10%). La consommation finale a tout de même présenté une évolution négative de 01,90% du fait de la chute de la consommation des ménages (-05,40%) qui a d'ailleurs négativement contribué de 03,60 points de pourcentage à la croissance du PIB, alors que les investissements et les exportations ont eu des contributions positives respectives de 00,40 et 01,40%. Le solde des transactions courantes est redevenu positif (+06,60% du PIB), les avoirs extérieurs nets se sont fortement consolidés (+844,60 milliards) toujours en liaison avec le relèvement des cours du cacao. La masse monétaire a connu un bond de 30,60% (BALLO, 2008).

Au niveau des ressources, il est à noter les résultats remarquables de la branche extraction minière aussi bien en termes d'évolution (+78,80%) qu'en termes de contributions (+00,30%) à la croissance du PIB. Cette performance de l'extraction minière liée à l'exploitation de nouveaux gisements de pétrole contraste avec la chute de la production agricole d'exportation (-11%) pour une contribution à la croissance de -00,90% opposée à celle de 00,50% du vivrier. Les activités industrielles sont toutes ressorties négatives, à l'image du secteur secondaire (-05,80%). Le tertiaire ne s'est pas non plus écarté de cette trajectoire négative avec une évolution de -01,60% pour une contribution à la croissance de -00,70% s'accommodant avec celle du secondaire (-01,30%). En conséquence, il est permis de constater l'impact du conflit armé débuté le 19 septembre sur l'économie qui devait présenter un taux de croissance de 03% au lieu de -01,60% comme constaté. Les activités agricoles d'exportation, les industries et le tertiaire ont subi les effets de la crise (BALLO, 2008).

L'année 2003 s'est caractérisée par une relative amélioration de la situation politique suite à la signature des accords de paix. Mais, la reprise programmée de l'activité économique n'a pas été effective. L'économie est demeurée en récession avec un taux de croissance négatif de -00,90%. Le secteur primaire a enregistré une hausse de 03,10% avec une forte progression de la branche extraction minière (+85,70%) et un recul de l'agriculture d'exportation (-02,30%) en raison de la diminution de la production de cacao. Il faut noter qu'une fois de plus la contribution de la branche extraction minière à la croissance a été remarquable (00,50 points de pourcentage). Ceci dénote de l'importante grandissante de l'extraction minière dans l'activité économique. La contribution du vivrier a été de 00,50 point alors que celle de l'agriculture d'exportation a été de -00,20%. Véritablement, les branches dominantes dans le secteur primaire sont l'agriculture vivrière et d'exportation – dominée par la production cacaoyère – auxquelles vient désormais s'ajouter l'extraction minière (BALLO, 2008).

Le secteur industriel a encore connu une fois de plus une chute de son activité (-09,70%) due aux reculs de toutes ses composantes, principalement les industries diverses (-09,20%) et agroalimentaires (-13%) ainsi que les BTP (-11,50%). Les contributions de ces branches à la croissance ont été, pour l'industrie de -01,50 point de pourcentage et les BTP de -00,30. Le secteur tertiaire, par les effets conjugués des activités agricoles et industrielles, s'est tassé (-00,60%) avec une contribution de 00,70 point de pourcentage dont respectivement -00,80 pour le commerce et les services et -00,10 pour les transports et communication (BALLO, 2008).

S'agissant de la demande, les investissements publics ont baissé de 08,70% à cause du gel de la plupart des projets d'investissement. Parallèlement, les investissements privés ont encore régressé de 11,70% en raison de l'attentisme des opérateurs économiques. Finalement, l'investissement total a diminué de 11,00%. Les crédits à l'économie sont ressortis négatifs (-06,80%) amenant à une évolution négative de la masse monétaire (-00,70%) malgré le bon niveau des avoirs extérieurs nets (+1092,70 milliards). Quant à la consommation finale, elle a replié de 01,00% à cause de la baisse du pouvoir d'achat des ménages et de l'aggravation du phénomène de précarité causé par la situation des déplacés de guerre (BALLO, 2008).

Au niveau du commerce extérieur, les exportations se sont inscrites en baisse (-00,80%). Par contre, les importations se sont affichées en hausse de 00,20% grâce à la progression de la demande de biens alimentaires. Le solde des transactions courantes s'est affiché à +00,20% du PIB. Les contributions à la croissance des investissements, de la consommation et des exportations ont été respectivement de -01,10%, -00,80% et -00,40%. La situation des finances publiques s'est soldée par un déficit budgétaire (-91,70 milliards). Son financement a été assuré par le succès d'un emprunt obligataire et par l'accumulation d'arriérés de paiement sur la dette publique (BALLO, 2008).

Durant la période 1999-2003, les évolutions positives constatées durant la période 1994-1998 n'ont pu se prolonger en liaison avec l'instabilité politique et la récession économique dès la fin des années 1999. En conséquence, la qualité du portefeuille s'est fortement dégradée et l'État a accumulé de nouveaux arriérés vis-à-vis du système bancaire. Depuis 2000, des efforts importants sont faits pour réformer le secteur financier public fortement perturbé par les tensions sociopolitiques. Il s'agit principalement de la restructuration de la CAA (Caisse Autonome d'Amortissement) par la redéfinition de ses activités essentielles et l'ouverture de son capital à des partenaires privés dans le but de réduire la participation de l'État à moins de

20%, et la transformation de la CECP (Caisse d'Épargne et des Chèques Postaux) en une banque (BALLO, 2008).

2.2.2.2.4- Une timide reprise de 2004 à 2009

Sur cette période, le taux de croissance réel de l'économie est ressorti positif (01,80%). Cependant, il est resté modéré par rapport à la croissance moyenne des pays de l'Afrique Subsaharienne, du fait de la crise sociopolitique survenue en septembre 2002.En 2006, l'économie ivoirienne a bénéficié d'un environnement international favorable, marqué par la poursuite de la croissance mondiale et surtout par le raffermissement des cours des matières premières et le reflux du prix du baril de pétrole. Au niveau interne, la croissance a été bridée par le retard pris dans le processus de normalisation du contexte sociopolitique et par les difficultés liées aux déchets toxiques et à la grippe aviaire. Le taux de croissance réel, établi à 01,20%, a été tiré par la vigueur de la production de pétrole brut et par la bonne tenue des télécommunications et du commerce. En dépit du retrait de 06,10% de la production de cacao, le secteur primaire a poursuivi sa progression à un rythme élevé de 05,50%, grâce à l'expansion de l'extraction pétrolière et minière (+36,40%). Le secteur industriel hors extraction s'est particulièrement contracté de 06.20%, en raison de la chute des productions de l'agroalimentaire de 16,40%, du textile de 27,50%, du bois de 38,70% et de la chimie de 01,30%. Le secteur tertiaire a enregistré une hausse de 01,90% sous l'impulsion des télécommunications (+12,50%) et du commerce (03,60%) (BALLO, 2008).

Du point de vue de la demande, la croissance a été essentiellement alimentée par la hausse des exportations (+01,70%) dans un contexte de baisse des investissements (-04,90%). La consommation finale est ressortie en hausse de 00,60%, en relation avec la consommation publique (+15,60%) (BALLO, 2008).L'inflation s'est établie à 02,50% en moyenne annuelle, en lien avec la modération de la hausse des prix des produits alimentaires (+02,80%), de la composante logement (+01,70%) et des réceptifs hôteliers (+00,70%) (BALLO, 2008).

L'année 2007 s'est achevée sur un rythme de croissance positif de 01,50%. Comme le note TRAORE (2011), la période 2007-2009 est caractérisée par une croissance à la hausse. Plusieurs facteurs pourraient expliquer cet état de fait dont les plus importants sont la normalisation progressive de la situation sociopolitique consécutivement aux Accords Politiques de Ouagadougou, la bonne tenue des cours des matières premières et le niveau de la production. Cette période de 2007-2009 se caractérise par une évolution régulière de la contribution du secteur tertiaire à l'économie. Amorcée depuis 2006, elle est passée de 1.1 point en 2007 à 2.3 point en 2009. Les deux autres secteurs ont connu des évolutions irrégulières. En 2007 et 2008, la croissance était principalement assurée par les secteurs tertiaire (1.1 point) et secondaire (0.3 point) tandis qu'en 2009, elle reposait sur les secteurs tertiaire (2.3 point) et primaire (1.8 point).

La consommation finale connait une relative hausse avec un poids moyen de 73.70% des emplois. La consommation moyenne des ménages représente 54.30% des emplois quand celle des administrations publiques passe à 19.20%. En termes de contribution à la croissance de la production, l'apport de la sous-composante consommation des ménages est la plus importante. Les investissements représentent en moyenne 09.50% des emplois. Ils sont encore portés par le secteur privé, les administrations publiques et les ménages avec respectivement 04.90%, 02.80% et 01.80%. En termes de contribution, les investissements ont eu un apport globalement positif à hauteur de 0.8 point, 1.0 et 0.4 respectivement en 2007, 2008 et 2009. Les sous-composantes motrices ont été le secteur privé, les administrations publiques et les ménages. Les exportations représentent toujours une proportion importante des emplois avec en moyenne 43.70%. Leur contribution à la croissance de la production est positive seulement en 2009 de l'ordre de 4.8 point. Les importations se situent à un niveau moyen de 28.70% et elles concourent positivement à la croissance sur cette période.

2.2.3- Les manifestations de la crise économique

Les manifestations de la crise économique se voient essentiellement au plan politique, au plan économique et au plan social.

2.2.3.1- Au plan politique

Toute politique de développement étant le fruit d'une décision politique, c'est à ce niveau aussi que se trouvent les premières conséquences. Au niveau de la crise économique ivoirienne, ses manifestations s'observent par les limites de la politique interventionniste et le remaniement de 1977.

2.2.3.1.1- Les limites du "Tout-État"

À partir de 1978, un certain nombre de difficultés va occasionner la révision par l'État, de sa politique dans la conduite du développement du pays. En effet, à partir de cette date, les termes de l'échange vont commencer à se détériorer, provoquant une chute brutale de l'épargne publique. L'État va devoir recourir, avec des taux de remboursement élevés, aux emprunts, pour financer les investissements et soutenir l'activité intérieure. De là, l'économie ivoirienne se désarticule, et les conséquences seront très visibles dans tous les compartiments de la vie de la Nation. La politique du "Tout-État" venait ainsi de montrer ses limites. Sur cette politique, GRANRUT (1994) dit à juste titre que : « Même s'il ne faut pas oublier que l'État est le seul à disposer de la capacité financière pour les grands travaux d'investissement et du pouvoir de réguler et de contrôler les actions des collectivités locales, il n'en reste pas moins que (…) le « Tout-État » n'est pas un mode d'organisation satisfaisant. C'est fonctionnellement inefficace, économiquement suicidaire et socialement dangereux ».

2.2.3.1.2- Le remaniement ministériel de 1977

Pour compatir à la douleur de l'opinion qui grognait de plus en plus, HOUPHOUËT-BOIGNY procède en 1977 à un remaniement qui fera tâche d'huile, pour la simple raison que le Ministre de l'Économie et des Finance d'alors qu'on disait intouchable, était la tête de liste des sept ministres limogés. Ces ministres étaient accusés, à tort ou à raison, d'être impliqués dans les détournements et autres gabegies financières décriées. La fameuse expression utilisée par HOUPHOUËT-BOIGNY pour justifier ces limogeages restera gravée dans la mémoire : « À quoi sert la compétence si les ministres ne sont pas honnêtes ? » (BÉDIÉ, 1999).

2.2.3.1.3- De l'embrigadement des compétences à l'aspiration à la liberté

Le pouvoir fort et centralisé initié par la Côte d'Ivoire indépendante n'a pas eu que des effets positifs. Dans bien des cas, il est à l'origine de la crise économique que le pays connaitra à partir de la fin des années 1970. En effet, la concentration de tous les pouvoirs entre les mains de l'État central a créé le culte de l'État-providence et une mentalité d'assistée chez la population ; toutes choses qui sont des obstacles au développement. Le parti unique a eu pour effet néfaste de ne pas mobiliser et susciter la participation des populations. Une véritable promotion de la participation des populations locales au développement national n'a pas été faite. Les élites se sont senties embrigadées, et les compétences emprisonnées, comprimées. Dès lors, les critiques se font jour quant à la libération de ces énergies ; une bonne part des jeunes cadres exprimant de plus en plus leur désir de participer à la gestion des affaires. La création, dans cette période, à travers tout le pays, de nombreuses associations de développement régional a semblé être le signe d'une attente populaire généralisée que le Gouvernement n'a pas manqué de percevoir très tôt (Les Villes africaines d'hier, d'aujourd'hui et de demain, "Histoire de la décentralisation en Côte d'Ivoire").

2.2.3.2- Au plan économique

2.2.3.2.1- Une explosion de la dette

Pendant les années fastes, tous les secteurs de l'économie ont bénéficié de l'intervention de l'État, soutenu par un marché financier extérieur des plus favorables. L'investissement public s'est vu de plus en plus renforcé, ce qui a engendré une hausse du déficit extérieur de 01 à 10% pour les opérations courantes. Les encours de la dette publique extérieure ont progressé de 24% en 1979 et de 30% en 1980. La «manne cacaoyère» produit deux effets simultanés. D'une part, elle enclenche un phénomène de désépargne au profit, notamment, d'une hausse exponentielle de la consommation de biens importés, hausse qui a pour effet immédiat d'accroître le déficit extérieur.

D'autre part, les gros programmes d'investissements publics débloqués par les ressources du cacao accroissent les dépenses publiques dans des proportions spectaculaires: 42,40% du PIB en 1978. La hausse de la demande intérieure accroît également le prix des biens et services produits localement, réduisant sensiblement leur exportabilité. Les exportations ivoiriennes, hors café-cacao, chutent de 02% par an entre 1976 et 1981, phénomène aggravé par une politique commerciale protectionniste: en cherchant à favoriser une industrialisation de substitution aux importations, par l'établissement de quotas d'importations et la mise en place de barrières douanières, le gouvernement affecte l'échangeabilité des productions locales, ce qui a un effet dépressif sur les exportations non-traditionnelles. Le poids du café et du cacao dans les exportations s'en trouve renforcé, accroissant mécaniquement la vulnérabilité de l'économie aux fluctuations exogènes. La chose est connue: cette dépendance vis-à-vis de quelques produits phares, exportés vers des marchés que la Côte d'Ivoire ne maîtrise pas, nuit gravement à la stabilité des recettes d'exportation, et, partant, à l'activité économique du pays.

2.2.3.2.2- La fermeture des sociétés d'État et l'arrêt des gros projets d'investissement

Comme il fallait s'y attendre, les conséquences de la démesure dans les investissements, les surfacturations, les détournements de deniers publics, etc. ne se sont pas fait entendre. Bien de projets ont vu leur mission arrêtée sans qu'ils aient atteint leurs objectifs. L'arrêt brutal des Autorités pour l'Aménagement (AVB, ARSO), la fermeture de certains complexes sucriers (Marabadiassa, Sérébou) et l'abandon du projet de chemin de fer de l'Ouest (reliant San-Pédro au Mali, et qui devrait, entre autres, favoriser l'exploitation du minerai de fer du Mont Klahoyo à Man) furent spectaculaires. À titre d'exemple, les complexes sucriers ont engloutis au moins 100 milliards F CFA (certains parlent même de 300 milliards F CFA).

Quant aux sociétés d'État (SODE), elles ont connu, au fil du temps, quatre principales fortunes. Les premières, les plus nombreuses, ont été dissoutes pour diverses raisons (mauvaise gestion, changement de politique). C'est le cas de la CAISTAB, la Caisse de Péréquation, la BNDA (Banque Nationale pour le Développement de l'Agriculture), la SODEPRA (Société de Développement de la Production Animale), la SODERIZ (Société de Développement de la Riziculture), la SODEFEL (Société de Développement des Fruits et Légumes), les MOTORAGRI (Moteurs Agricoles), la SATMACI (Société d'Assistance Technique pour la Modernisation de l'Agriculture), etc. Les deuxièmes sont privatisées (SODEPALM : Société de Développement du Palmier à Huile, SAPH : Société Africaine des Plantations d'Hévéa, SODESUCRE : Société de Développement de la Canne à Sucre, etc.). Les troisièmes sont toujours restées publiques avec des changements de dénomination (BNETD : Bureau National d'Études Techniques et de Développement, etc.). Les rares qui constituent le quatrième lot sont celles qui ont résisté à toutes ces intempéries et continuent leurs activités (SODEMI : Société de Développement Minier, SODEFOR : Société de Développement des Forêts, IRHO : Institut de Recherche sur les Huiles et Oléagineux, ANADER : Agence Nationale d'Appui au Développement Rural, CNPS : Caisse Nationale de Prévoyance Sociale, BNETD, CIDT : Compagnie Ivoirienne pour le Développement du Textile, etc.).

2.2.3.3- Au plan social

Ceci expliquant cela, la fermeture des sociétés d'État et l'arrêt des gros projets d'investissement auront pour conséquences immédiates, de nombreux licenciements et dégraissages de personnels qui ont accru le chômage. L'abandon de Sérébou-Famienkro (15 000 hbt en 1982) après la fermeture du complexe sucrier est, à cet égard, édifiant. Aussi, cette précarité de l'emploi augmentera la pauvreté et la paupérisation, la marginalisation sociale, les difficultés d'accès aux infrastructures de premier contact (écoles, eau courante, centre de santé, électricité, etc.), la prolifération de l'habitat précaire, la dégradation des cadres de vie, les pathologies sociales (insécurité, violence, violations flagrantes des droits de l'Homme, délinquance, vol, prostitution, escroquerie, trafics de drogue, etc.).

2.2.3.4- La crise armée de 2002, conséquence de la crise économique

Bien que la conséquence immédiate de la crise économique soit l'apparition de la décentralisation comme politique censée la combattre, il y a que les différentes mutations sociopolitiques que connait le pays en sont des résultantes.

2.2.3.4.1- De la crise économique à la crise sociale

Le chômage de 1980, consécutif à la dissolution des Sociétés d'État, et celui de 1985, suite à la fermeture des usines, entraînent une crise sociale dans le pays. En effet, les multiples compressions, licenciements et autres mesures d'austérité mettent la population dans une situation sociale précaire, incertaine. Elle n'arrive plus à assurer ses besoins élémentaires comme l'assurance de la pitance quotidienne. Le mécontentement est donc grandissant.

2.2.3.4.2- De la crise sociale à la crise politique

C'est pour résoudre le mécontentement généralisé que le Ministre de l'Économie d'alors, Koffi KOUMOUE, va tenter d'appliquer son plan baptisé "Plan KOUMOUE". Malheureusement, ce plan se voulait une réduction des salaires déguisée ; alors que ceux-ci, déjà dérisoires, sont bloqués depuis 1980. Le Ministre KOUMOUE ignorait l'adage qui dit que, « Tu peux tout faire à l'ivoirien, mais évite de toucher à son salaire ». Aussi, ce plan était-il vu par les étudiants et les opposants au régime comme une sorte d'impôt ; alors que le taux de pression fiscale était déjà lourd. Ainsi, la "Théorie de l'offre" des nouveaux économistes va-t-elle s'appliquer en Côte d'Ivoire. Les gens descendent dans la rue pour réclamer moins d'impôts. La révolte sociale exige, dès lors, plus de démocratie. Les tenants de cette thèse pensent que c'est le manque de démocratie qui a occasionné la mauvaise gestion des sociétés et usines fermées. La rue continue de bouillir, et la quasi-totalité des couches sociales est de plus en plus dans la rue. La pression de la rue va déboucher sur la rupture du consensus des ivoiriens depuis 1960 autour d'un seul parti (PDCI-RDA). C'est ainsi que HOUPHOUËT-BOIGNY "active" l'article 7 de la Constitution et instaure le multipartisme le 05 mai 1990. Ainsi, depuis 1990, la crise sociale devient une crise politique.

2.2.3.4.3- De la crise politique à la crise militaire

L'instauration de la démocratie ne va pas calmer, pour autant, les esprits. C'est ainsi que la Côte d'Ivoire va entrer dans une spirale d'actes ignobles. Dans la nuit du 18 février 1992, un détachement de la Force d'Intervention Rapide des Para Commandos (FIRPAC), dirigée par Feu le Général Robert GUEÏ, fait une descente musclée à la Cité Universitaire de Yopougon considérée comme le bastion de la contestation estudiantine. Le bilan est lourd : d'énormes dégâts matériels, des blessés graves, des morts auraient été annoncés, etc. Mais, à la surprise générale, HOUPHOUËT-BOIGNY qui, pourtant, avait ordonné une enquête pour situer les responsabilités, se refuse, après publication des résultats de ladite enquête, de sanctionner les auteurs et complices de cette barbarie. Il dira, dans une formule restée célèbre, que « Je ne peux pas retourner mon propre couteau contre moi ».

À la mort d'HOUPHOUËT-BOIGNY le 07 décembre 1993, le dauphin constitutionnel qu'est Henri KONAN BÉDIÉ – alors Président de l'Assemblée Nationale – "s'autoproclame" Président de la République ; déjouant ainsi le piège d'Alassane OUATTARA, Premier Ministre, qui lorgnait aussi secrètement le fauteuil présidentiel. Pour lui extraire toute envie de lorgner ce fauteuil présidentiel, Alassane OUATTARA sera considéré persona non grata par ceux (le Parti Démocratique de Côte d'Ivoire - PDCI) qui défendaient jadis, becs et ongles, sa nationalité ivoirienne. Il est traqué de toute part. Ceci le rapproche de l'opposant légendaire Laurent GBAGBO. Avec le Rassemblement Des Républicains (RDR) créé par Kobinan DJENI et dont le tutorat lui (Alassane OUATTARA) est de toute évidence attribué, il forme, avec le Front Populaire Ivoirien de Laurent GBAGBO, le Front Républicain. L'acte majeur du Front Républicain reste le boycott actif des élections présidentielles de 1995. Ce boycott sera sauvagement réprimé par le pouvoir PDCI de KONAN BÉDIÉ. Là également, les morts se comptaient par dizaines ; et les dégâts matériels, énormes.

La répression contre l'opposition civile est continuelle. C'est dans cet environnement qu'au petit matin du 24 décembre 1999, les militaires sont descendus dans la rue, avec pour alibi, la réclamation de primes qui leur sont dues ; primes liées à leur intervention en République Centrafricaine sous le couvert de l'ONU. Très tôt, les événements se précipitent. Le Général Robert GUEÏ, ancien chef d'État Major des FANCI (Forces Armées Nationales de Côte d'Ivoire) - et limogé par le Président KONAN BÉDIÉ pour, dit-on, tentative de coup d'État - prend le pouvoir et se proclame Chef de l'État. Les institutions essentielles de l'État sont dissoutes ; et la Côte d'Ivoire, ce pays autrefois paisible, venait ainsi de connaître son premier coup d'État militaire.

La formation du premier gouvernement du Conseil National de Salut Public (CNSP) fait naître des divergences entre les alliés du Front Républicain. L'appétit insatiable du pouvoir supposé à la portée des uns et des autres des anciens opposants fait "casser" le Front Républicain. Le PDCI ferme les yeux et regarde les amis d'hier se déchirer. Les attaques par presses interposées se font plus virulentes. C'est dans cette atmosphère qu'est organisée l'élection présidentielle de 2000. Dans des circonstances qu'il qualifie lui-même de "calamiteuses", l'opposant Laurent GBAGBO est élu Président de la République. Le RDR qui, pourtant, n'a pas pris part à l'élection du fait de l'invalidation de la candidature de son condidat Alassane OUATTARA pour cause de nationalité douteuse, conteste cette victoire et appel ses militants à descendre dans la rue. Le FPI qui a "sa victoire" en mains n'entend pas les choses de cette oreille. La suite est sans commentaires : des centaines de morts, plusieurs blessés graves, des édifices religieux saccagés ; etc. Le FPI sort victorieux de ce bras de fer, que dis-je, de ce combat de rue, et conserve son pouvoir. Les opposants (le RDR essentiellement) à ce nouveau régime entrent en clandestinité et en exile. La suite, on la connaît. Le pays va vivre au rythme de plusieurs tentatives de coup d'État. Le summum reste celui de la nuit du 18 au 19 septembre 2002. Ce jour-là, le pays est de nouveau attaqué pendant que le chef de l'État est en visite officielle au Vatican (Rome/Italie). Le coup d'État ayant échoué, ses auteurs le transforment en une rébellion armée dont les conséquences sont, jusque là, loin d'être effacées.

Au total, c'est pour parer à toutes ces conséquences désastreuses que la décentralisation a été mise en place. Bien vrai que l'analyse a pris en compte l'évolution de la situation sociopolitique jusqu'à l'éclatement de la crise armée en 2002, mais, pour nous, celle-ci est une des conséquences de la crise économique.

2.3- Les autres fondements de la décentralisation ivoirienne

Si la crise économique est présentée comme le fondement essentiel de la décentralisation, il y a que d'autres facteurs, et non des moindres, ont milité également à la mise sur pied de cette politique de développement à la base.

2.3.1- La décentralisation, une exigence des bailleurs de fonds pour la poursuite de leurs appuis à l'État

L'analyse précédente indique que la crise économique est l'élément déclencheur de la décentralisation. N'empêche, d'autres facteurs, bien que liés à cette crise économique, expliquent le changement d'option du développement fait par la Côte d'Ivoire en faveur de la décentralisation. En effet, il y a que, loin d'être la volonté exclusive des autorités de la Côte d'Ivoire, la décentralisation fait bien partie intégrante des recommandations exigées, voire imposées, par les bailleurs de fonds aux États Africains comme panacée à la crise. En effet, confrontés à un processus sans précédent de désarticulation de leurs systèmes politique et économique, les États Africains ont vu dans la décentralisation, comme le note AFRIQUE

CONTEMPORAINE (2001), une voie de sortie de crise. Ainsi les bailleurs de fonds internationaux les incitent-ils à recentrer leurs interventions sur leurs fonctions classiques, régaliennes (sécurité, défense, éducation, santé…), et à laisser aux acteurs infra-étatiques, la responsabilité des activités de développement. Les méthodes proposées sont, principalement, la libéralisation et la décentralisation. La première est censée faire participer les opérateurs privés aux activités du secteur économique jusque-là monopolisé par l'État, tandis que la deuxième appelle à une prise en charge, par les populations, des principales taches de service public dans les domaines qui touchent directement à leur vie quotidienne (AFRIQUE CONTEMPORAINE, 2001).

C'est ainsi qu'au regard de la persistance de la crise économique et de ses conséquences, organismes et experts internationaux se sont succédés à Abidjan pour prendre la mesure des engagements déjà passés, pour attirer l'attention sur des échéances financières plus difficiles que d'autres, et pour proposer, aussi, des formes nouvelles de coopération. Dès lors, cette politique de décentralisation qui favorise le désengagement de l'État en faveur de l'initiative privée, notamment celle des populations locales, avec pour objectif d'impulser le développement national à partir du développement local, est devenue un leitmotiv des pouvoirs publics et des principaux partenaires au développement socio-économique.

2.3.2- La décentralisation, fruit de la limite de la centralisation et de la déconcentration

Le centralisme jacobin dont a hérité la Côte d'Ivoire et qui a été un des éléments de la canalisation des aspirations des populations a vite montré ses limites car il n'a pas permis à la société ivoirienne de changer. En outre, elle a créé le culte de l'État-Providence, et une mentalité "d'assisté" chez les populations ; toutes choses qui sont des obstacles au développement. Les autorités en ont pris conscience et ont décidé de promouvoir la participation des populations locales au développement national. Par ailleurs, pour ces autorités, l'option de décentralisation pouvait aider à faire supporter l'autoritarisme du pouvoir central et les rigueurs du parti unique. L'autre enjeu politique était l'intégration d'une bonne part des jeunes cadres qui exprimaient de plus en plus leur désir de participer à la gestion des affaires. Il fallait répondre à cette aspiration ; et ce, d'autant plus que les postes de responsabilité étaient devenus rares du fait de la crise économique et de la dissolution de la plupart des SODE (Sociétés de Développement).

Conclusion du Chapitre 2

Au moment de l'indépendance, le choix lucide et courageux d'une croissance rapide était un impératif. Ainsi, le café et le cacao, principales potentialités agricoles héritées de la colonisation, ont été promus dans la zone forestière plus apte à ces cultures. Les résultats d'une telle option ont été patents. Ces deux produits agricoles ont effectivement permis de réunir, durant deux décennies (1960-1980), les bases matérielles d'un développement en profondeur du pays. Ce succès de la politique de croissance a fait penser au « miracle ivoirien ». Mais très vite, ce « miracle » s'est transformé en « mirage ». La plus en vue des raisons est la dépendance du pays des cours mondiaux du café et du cacao. En effet, l'État ivoirien, en cette période, a pêché par optimisme. Il a considéré la hausse des prix de ces matières comme un phénomène de long terme et a vécu au-dessus de ses moyens. Ainsi, la chute des prix desdits produits a automatiquement entrainé la chute de toute l'économie.

À côté de cette raison principale, cohabitent d'autres. La nature politique du moment (la centralisation étatique) justifiait une sur-implication de l'État dans l'économie productive. On parlait de l'État-providence, c'est-à-dire, l'État qui faisait tout et tout seul. Toute chose qui a eu pour corollaire les investissements démesurés. La politique d'industrialisation lancée l'a été au prix de quelques gouffres financiers. Certains «éléphants blancs» se sont révélés très coûteux sur le long terme, du fait de leurs faibles taux de productivité et de leur gestion souvent catastrophique. L'exemple le plus fréquemment cité est celui de la SODESUCRE qui a coûté entre 100 et 300 milliards F CFA à l'État.

Les conséquences de cette crise (fermeture d'entreprises et d'usines, arrêt de bon nombre de projets de développement, chômage, etc.) furent telles que les conditions de vie des populations s'en sont trouvées sérieusement affectées. Dès lors, leurs aspirations deviennent de plus en plus importantes. Et pour apporter des solutions à ces préoccupations, les pouvoirs publics, sur injonction (pratiquement) des bailleurs de fonds internationaux, instaurent la décentralisation à partir de 1980.

Chapitre 3 : LES BESOINS ET ATTENTES DES POPULATIONS DANS LE CADRE DE LA DÉCENTRALISATION

Depuis 1980, la Côte d'Ivoire s'est sereinement installée dans une crise économique aux conséquences désastreuses multiples. Cependant, force est de reconnaître que celles touchant de près le vécu quotidien des populations semblent être les plus préoccupantes. Quelles sont alors ces préoccupations ? Qu'attendent les populations de la décentralisation ?

Pour saisir la réalité des besoins des populations dans ce contexte de crise économique, nous avons choisi, en rappel, les départements de Soubré, Dimbokro et Bondoukou à l'intérieur desquels nous avons choisi également les communes de Soubré, Dimbokro et Bondoukou. Ce chapitre identifie les préoccupations majeures des populations de ces départements tout en faisant ressortir les priorités de développement des collectivités territoriales.

3.1- Les besoins et attentes des populations

Comme méthodologie utilisée, nous avons préalablement listé onze actions considérées comme prioritaires : eau, éducation, électricité, santé, assainissement, emploi, foncier, logement, routes et pistes, socioculturel, denrées alimentaires. Ces actions ont été soumises à la population enquêtée pour qu'elle les classe par ordre de priorité.

3.1.1- Les aspirations des populations de Soubré

Le Département de Soubré est reconnu pour son dynamisme économique. Il est l'actuel front pionnier de l'agriculture ivoirienne. Toute chose qui attire, chaque jour, de nouveaux arrivants d'autres régions de la Côte d'Ivoire (Nord, Centre, Nord-Est, Est) et surtout des pays voisins (Burkina Faso, Mali, Guinée, etc.), à la recherche d'un mieux-être. Les projections de l'INS estiment la population départementale à 949 140 en 2012. Ce volume de population, le 2ème du pays après le District d'Abidjan, ne va pas sans avoir des répercussions sur le quotidien des habitants. Et c'est un véritable drame que vit le département dans son ensemble, mais singulièrement la ville ; et ce, dans tous les compartiments de la vie quotidienne.

La synthèse des aspirations des populations de Soubré donne 21.18% à l'assainissement, 11.37% à la santé, 10.59% à l'électricité, 10.20% à l'éducation, 09.80% à l'eau potable, 09.41% aux denrées alimentaires, 08.63% aux routes et pistes, 08.23% à l'emploi, 07.84% au logement, 02.75% au foncier, et 00.00% pour le socioculturel, sport et loisir.

3.1.1.1- Au niveau urbain

L'assainissement de la ville est le problème majeur soulevé par la population urbaine rencontrée. Cette population estime que la ville a besoin d'un véritable assainissement. La proportion est de 22.22%.Après l'assainissement, d'autres priorités suivent. Mais la spécificité de ces problèmes secondaires est qu'ils s'équivalent presque dans leur proportion : 11.93% pour la santé, 11.11% pour l'électricité, 10.70% pour l'éducation,

09.88% pour les denrées alimentaires, 09.47% pour l'eau, 08.64% pour l'emploi, 08.23% pour le logement, 07.82% pour les routes et pistes.

3.1.1.1.1- Les besoins en santé et assainissement

Au niveau de l'assainissement, c'est vers un péril sanitaire que se dirige la ville de Soubré si rien n'est fait. La Mairie de Soubré ne dispose presque pas d'agents de nettoyage des rues et d'engins de ramassage des ordures. En somme, pour ce qui nous a été donné de voir, aucune politique d'entretien de la ville n'existe. Et les populations sont désemparées. Chacun gère ses ordures comme il peut. Ainsi, tous les bas-fonds de la ville sont transformés en dépotoirs, sans que cela n'émeuve quelqu'un. Le Directeur Départemental de la Santé (District Sanitaire) l'a bien expliqué quand nous lui avons demandé ses priorités en matière de santé : « Actuellement, la priorité des priorités à Soubré, c'est l'assainissement de la ville. À quoi servira-t-il de construire des structures sanitaires si les conditions de chopper les maladies sont permanentes ? Vous pouvez construire autant de structures sanitaires que vous voulez, si l'environnement est malsain comme celui de Soubré, vos efforts seront vains. Parce que dès que vous finissez de vous soigner à l'hôpital et que vous en ressortez, automatiquement vous choppez la même maladie qui vous y a amené et vous revenez ».

Au niveau sanitaire, Soubré dispose d'un Hôpital Général. Mais cette infrastructure sanitaire ne peut, de toute évidence, répondre à la demande très forte exprimée par les populations. Avec 08 médecins dont 02 gynécologues, 23 infirmiers diplômés d'État dont 06 spécialistes (anesthésistes et instrumentalistes de bloc opératoire) et 10 sages-femmes diplômées d'État, l'hôpital général ne peut aisément faire face à sa mission. Quelques-uns des inconvénients qui en découlent ont retenu notre attention. Le temps d'attente d'un patient pour être reçu est de 04h, en moyenne. La population enquêtée a relevé que, même, quand vous arrivez au petit matin (06h, voire 05h), vous êtes reçu, au plutôt à 11h. Par conséquent, décrient les malades, « Si vous espérez être reçu par un spécialiste, des gens vous proposent de passer par des circuits peu recommandables pour "déposer un caillou sur votre carnet" ». En claire, il faut corrompre certains agents véreux. Autre élément lié à cette pression démographique, les médecins, par moment, sont obligés de faire des consultations expéditives. « Dès que vous rentrez dans le bureau du médecin, il a juste le temps de vous demander ce dont vous souffrez, il vous établit une ordonnance, et vous sortez », disent les populations. Et cela, un Directeur d'Hôpital rencontré, l'a reconnu, en ces termes : « Ce n'est certes pas normal, mais c'est la seule façon de pouvoir recevoir le maximum de personnes. Nous reconnaissons que par cette méthode, aucune consultation sérieuse n'est faite sur le malade ».Cette situation fait qu'il y a une multiplication de structures sanitaires privées. On en dénombre près de 800 dans le département. Le Directeur Départemental de la Santé (District Sanitaire) dit constater ce phénomène mais avoue n'avoir aucun véritable moyen de contrôle et de répression. « Ce n'est pas mauvais en soi tant que les règles du jeu sont respectées. Malheureusement, ce n'est pas le cas. Bon nombre de ces structures, selon les informations en notre possession, évolue dans une quasi-clandestinité et dans des conditions en deçà des normes », déplore-t-il.

Les populations, elles, estiment que les médecins sont complices de la situation. « À qui appartiennent ces cliniques privées ? N'est-ce pas aux mêmes médecins qui sont à l'hôpital général ? », s'interrogent-elles. Pour elles, à la réalité, les médecins perdent le temps pour les recevoir quand elles vont à l'hôpital général. Comme cela, elles seront obligées de se rabattre vers les cliniques privées, vers leurs cliniques, où ils les reçoivent avec célérité. Côté médecin, on balaie cet argumentaire du revers de la main : « On fait ce qu'on peut. Avec le nombre que nous constituons, on ne peut faire de miracle. À cela, quand vous ajoutez le délabrement des infrastructures et la détérioration des équipements existants, on ne peut pas s'attendre à des miracles. La plus belle femme du monde ne peut donner que ce qu'elle a. ».

Mais dans le fond, tous ces maux décriés sont liés à l'insuffisance des structures sanitaires. Pour exemple, l'hôpital général de Soubré ne dispose pas de dermatologie, de pédiatrie, et d'ORL. Les capacités d'accueil sont insignifiantes : 15 lits d'hospitalisation en médecine, 18 en gynécologie, 18 en chirurgie. Les populations demandent donc, que dans l'urgence, de nouvelles structures voient le jour.

3.1.1.1.2- Les besoins en éducation et emploi

Au niveau scolaire, le département compte 07 établissements publics secondaires (la ville de Soubré n'en dispose que 02 : le Lycée Moderne (scindé en deux - Lycée 1 et Lycée 2 - juste pour caser des proviseurs nommés) et le Collège BAD). En face, nous avons une population secondaire publique de 20 603 élèves répartis dans 235 classes. Le ratio nous donne une moyenne de 87 élèves (au moins) par salle de classe. De toute évidence donc, ces structures publiques secondaires sont débordées.

Ceci expliquant cela, les établissements privés viennent en renfort. On en dénombre 23 au secondaire, avec un effectif de 16 210 élèves qui se partagent 307 classes, d'où 53 élèves par classe. Les parents, n'ayant aucun choix, se tournent vers ces écoles privées. Là aussi, comme au niveau des structures sanitaires, les normes sont à désirer. Le niveau et les aptitudes pédagogiques de bon nombre d'enseignants qui y dispensent les cours sont sujets à débat. Les cotisations abusives, l'imposition aux élèves par les enseignants de manuels confectionnés par eux, les grèves à répétition (Soubré est effectivement reconnu pour son excès en la matière. Tous les syndicats de l'enseignement secondaire étant sérieusement implantés dans cette localité, tous les mots d'ordre lancés par lesdits syndicats reçoivent des échos très favorables à Soubré), sont autant de maux qui donnent le tournis aux parents. Pour ces derniers, la solution réside en la construction de nouvelles écoles. Le regard est donc tourné vers ceux qui en ont la responsabilité : les collectivités territoriales.

Les structures scolaires n'arrivant pas à absorber tous les enfants, beaucoup se retrouvent, par conséquent, à la rue. À ceux-là, se pose le problème de l'insertion professionnelle, de l'emploi. Il est question de les encadrer, de leur donner une formation qualifiante et les aider à s'insérer dans la vie active. Là également, les collectivités territoriales sont visées.

3.1.1.1.3- Les besoins en eau, électricité, routes et logement

Ces éléments que nous regroupons dans leur analyse se recoupent dans la réalité des faits. Le poids démographique de Soubré fait que la ville pousse sans cesse. La demande est tellement forte que les maisons sont construites, à l'image des villes de la Côte d'Ivoire, sans norme urbanistique, dans des espaces (quartiers) non viabilisés. Pour les habitants de ces quartiers, le calvaire est permanent. Pas d'eau, pas d'électricité, pas de routes d'accès. Si les collectivités ont trop fait, ce sont des ouvertures sommaires de routes qui se referment aussi rapidement. Pour avoir l'eau potable et l'électricité, les habitants sont obligés de se mettre ensemble, se cotiser, et les "tirer" à des centaines de mètres, voire des kilomètres. Des tuyaux et des fils électriques serpentent ainsi rues, sols, et murs des habitations pour rejoindre leur destination finale. Partant, non seulement ces branchements donnent une image inesthétique à la vue, mais aussi et surtout font planer des risques en permanence.

Une autre situation découlant de cette pression démographique sur le logement, c'est la substitution des propriétaires terriens aux autorités en charge de l'urbanisme. Le Directeur Départemental de la Construction, de l'Urbanisme et de l'Habitat a décrit ce phénomène : « C'est le rôle régalien de l'État d'aménager les terrains avant de les mettre à la disposition de la population. Mais à Soubré ici, la pression démographique est telle que les propriétaires terriens se substituent aux autorités en charge de cela. Les propriétaires terriens, de façon unilatérale, se lèvent et prennent sur eux la responsabilité de devenir des aménageurs. Ils font des lotissements sans l'avis de l'autorité. Les terrains clandestins, on n'en compte pas. Depuis 2003, la Mairie de Soubré ne fait plus de lotissement. Ce sont les propriétaires terriens, par la complicité de géomètres dont il faut fortement même douter les compétences, qui font le lotissement. Du coup, les plans d'urbanisme ne sont pas respectés. C'est la course à l'espace : tout exploiter, ne rien laisser de côté. Pour exemple, au quartier "Gabon", près de 800 lots ont été découpés et attribués à des personnes sans qu'on ne prévoie une école, un marché, un espace vert. Or, les règles de l'urbanisme sont claires : à partir de ce volume de lots, ce sont des éléments à prévoir absolument. Du coup, ces espaces, sans aucune viabilisation, sont pris d'assaut par les populations, elles aussi, en quête de terrains et de maisons. Nous avons, à plusieurs reprises, attiré l'attention de l'autorité municipale, puisque c'est à elle qu'incombe la charge de viabilisation. Ce sont, juste les ouvertures de rue qu'elle fait. Et ces routes, quelques temps après, deviennent impraticables. À cause du mauvais état de la route, les taxis ne desservent pas beaucoup de quartiers. Et c'est un calvaire pour les habitants d'y entrer et d'en ressortir. En définitive, à Soubré, ¾ des quartiers habités ne sont pas viabilisés. ».

3.1.1.1.4- Les besoins en denrées alimentaires

La cherté de la vie est aussi un problème caractéristique de la ville de Soubré. C'est vrai que dans l'ensemble, les populations ivoiriennes, dans toutes les contrées ont des difficultés pour se nourrir ; mais à Soubré, la situation est effrayante. « Ne vit pas à Soubré qui veut, mais qui peut », est un refrain bien connu dans cette localité. Et les populations ne savent pas à quel saint se vouer. En effet, le dynamisme économique du département fait qu'un nombre appréciable d'habitants a une surface financière importante. Cela fait qu'à Soubré, aux dires de nos enquêtés, « on ne négocie pas le prix des denrées alimentaires ; car, au moment où vous, vous négociez, quelqu'un d'autre vient, dépose l'argent, et prend le produit pour s'en aller ». Aussi, jusqu'à un passé récent, le rythme de vie des agents des Forces de Défense et de Sécurité en poste dans cette localité, y aurait contribué. Il avait fallu que le Chef d'État Major de l'armée ivoirienne vienne taper du poing sur la table pour que le rythme de vie insolent de ses éléments diminue, en cette période de crise civilo-militaro-politique.

N'empêche, Soubré, comme les autres villes de la Région du Bas-Sassandra, est dans le peloton de tête des villes les plus chères de la Côte d'Ivoire. Pour exemple, le poulet qu'on peut même avoir à 2 500 F CFA à Abidjan coûte aisément le double à Soubré. Nous en avons fait personnellement l'expérience. En périodes de fêtes comme les fins d'années, un poulet coûterait facilement 15 000 F CFA. Il est donc clair que ce niveau de vie ne peut être supporté par la grande majorité de la population. « À Soubré, tout est cher ! », crie la population enquêtée. La cherté de la ville de Soubré, et partant du département, s'explique aussi par le fait que tout vient d'ailleurs. Aux dires du Directeur Départemental de l'Agriculture, « C'est la course aux cultures industrielles. Cette zone forestière où on trouvait jadis la quasi-totalité des cultures vivrières, a délaissé ces cultures au profit des cultures pérennes. Tous les espaces, toutes les parcelles sont mis à contribution. ». Une commerçante rencontrée au marché de la ville s'est écriée : « Actuellement, même la banane plantain qu'on trouvait autrefois en quantité industrielle à Soubré vient d'Abidjan. Ce n'est pas la mort ça ? Qu'allons-nous faire si les autorités ne font rien ? ». Ce cri de cœur de cette dame, à lui seul, est la preuve des attentes des populations dans les mesures à prendre par les autorités locales pour la mise en place d'une politique agricole pour les besoins de la population.

3.1.1.2- Au niveau rural

Si les priorités accordées par les populations de Mavou peuvent se comprendre, parce qu'entrant dans le cadre des informations préétablies, celles des populations de Touagui 2 nous ont interpellé. Les populations enquêtées dans ce village nous ont unanimement dit que leur priorité au niveau des actions de développement que les collectivités doivent faire pour eux est la rétrocession de leurs terres. Tous nos efforts pour recadrer les choses ont butté sur leur volonté de nous faire comprendre que leur priorité, c'est qu'on les aide à retrouver leurs terres. Que dire de ce "sujet qui fâche" ? Les informations dont nous disposions déjà, et que nous avons complétées avec celles recueillies auprès du Préfet de Département et du Directeur Départemental de l'Agriculture, confirment qu'effectivement, le problème foncier est bel et bien réel dans ce département. Et Touagui 2, village de la Commune de Méagui (situé à 01,5 Km de la commune), vit ce réel problème.

Pour les faits, dans cette partie de la Côte d'Ivoire, les parents (Bakwé, Bhété) ont cédé leurs terres aux allochtones (Baoulé, Agni, Abron, Koulango) et aux étrangers (burkinabés, maliens, guinéens, etc.). Pendant ce temps, soit qu'ils n'avaient pas encore d'enfants, soit que les enfants n'étaient pas encore matures. Voilà que maintenant, ceux-ci devenus grands, réclament "leurs terres" pour cultiver. Pour notre part, rester dans le contexte de la paix que nous appelons tous de nos vœux, nous oblige à ne pas trop entrer dans les détails de ce sujet sensible. Mais la réalité est qu'il est posé comme préoccupation de développement d'une localité dont des collectivités territoriales ont la charge.

3.1.2- Les aspirations des populations de Dimbokro

Les vœux émis par les populations de Dimbokro quant aux actions à mener pour leur bien-être sont représentés par ordre d'importance : emploi (33.33%), santé (14.37%), éducation (11.49%), routes et pistes (09.77%), assainissement et denrées alimentaires (09.20%), eau (09.19%), électricité (03.45%), foncier, logement et socioculturel, sport et loisir (00.00%).

3.1.2.1- Au niveau urbain

3.1.2.1.1- Les besoins en éducation et emploi

La priorité qui s'est dégagée de nos entretiens dans la ville de Dimbokro, est la question de l'emploi. La proportion est de 36.71%. En effet, Dimbokro et son département étaient une zone autrefois prospère. L'essentiel des productions cacaoyères et caféières qui ont fait le "miracle ivoirien" venaient de cette localité. Dimbokro a donc fait les beaux jours du rayonnement économique de la Côte d'Ivoire, et représentait ce que l'on appelle la "boucle du cacao". Malheureusement, cette époque glorieuse est rentrée dans les oubliettes. Actuellement, Dimbokro a perdu de sa verve, et se meurt.

Les deux raisons qui suivent expliquent en partie le déclin de Dimbokro. Premièrement, la région de Dimbokro a perdu cette place de "boucle du cacao" qu'elle occupait au profit du Département de Soubré. L'intensité des activités agricoles a été telle que les terres se sont appauvries. Les productions ont commencé à baisser considérablement. Ainsi, avec l'annonce faite par le Président HOUPHOUËT-BOIGNY de ce que « La terre appartient à celui qui l'a met en valeur. », les planteurs Baoulé (ethnie de cette région du Centre de la Côte d'Ivoire), se sont rués vers le Sud-Ouest ivoirien en général, mais singulièrement vers le Département de Soubré, là où il y avait la forêt, à la recherche de nouvelles terres propices. C'est ainsi que toutes les cultures ont été "délocalisées" pour se retrouver dans ce Département de Soubré qui est devenu la "nouvelle boucle du cacao". Du coup, l'activité économique, dans son ensemble, a pris un coup ; puisque l'économie de toute la région était soutenue par les cultures pérennes que sont le café et le cacao. Deuxièmement, nonobstant cette situation, Dimbokro avait quand même une unité industrielle textile (UTEXI) sur son sol. Cette unité employait en moyenne une main d'œuvre tournant autour de 2 000 personnes. Mais comme "un malheur ne vient jamais seul", depuis 2001, UTEXI a aussi "mis la clef sous le paillasson". Ainsi, cette main d'œuvre qui constituait la survie de milliers d'individus s'est retrouvée au chômage, augmentant le nombre de sans emplois de la ville et de son environnement.

C'est donc une catastrophe que vit Dimbokro. La faiblesse économique est telle, comme nous l'a fait observer le Préfet-Secrétaire Général 2, qu'il n'y a pas de magasins tenus par des libanais dans la ville. « Pour nous qui suivons l'activité économique des régions dans lesquelles nous sommes en fonction, la présence de libanais est un indice de dynamisme économique. Or, ici à Dimbokro, promenez-vous, et vous vous rendrez compte qu'il n'y a aucun magasin libanais. Cela veut tout dire. », a commenté l'autorité déconcentrée. Nous avons, effectivement, durant notre séjour dans cette localité, vérifié qu'il n'y a vraiment aucun magasin libanais à Dimbokro. Dimbokro a donc besoin d'un souffle nouveau car la situation est critique. Elle l'est tellement que toute la population est désemparée.

À côté de ce manque d'emploi, la question scolaire de la ville est aussi à prendre en compte. Et cela, la population enquêtée l'a exprimé à 11.39%. À Dimbokro comme partout ailleurs en Côte d'Ivoire, le problème des infrastructures scolaires se pose. Le département ne compte que 02 établissements secondaires publics et 10 privés. Les effectifs sont respectivement de 7 951 élèves pour 126 classes (63 élèves/classe) et 13 314 élèves pour 116 classes (115 élèves/classe). Même si le travail abattu par ces établissements secondaires est tel que la Direction Régionale de l'Éducation Nationale (DREN) de Dimbokro se classe parmi les meilleures du pays pour les résultats aux différents baccalauréats, n'empêche, de nombreuses difficultés demeurent, aux dires du Directeur Régional de l'Éducation Nationale. Les établissements privés qui viennent au secours des publics, eux aussi, ne font pas l'affaire. Mieux, « ils participent à faire baisser le niveau », selon le DREN. Pour ce dernier, les privés ne fonctionnent pas selon les normes. Les conditions sont anormales, et certains enseignants ont des diplômes douteux. Le DREN est d'autant plus remonté contre eux qu'il les accuse d'avoir contribué à faire perdre à la DREN de Dimbokro qu'il dirige, à la Session de 2008, la première place des meilleurs résultats au Baccalauréat qu'elle occupait depuis quelques bonnes années.

3.1.2.1.2- Les besoins en santé et assainissement

La santé est la deuxième priorité exprimée par les populations urbaines de Dimbokro à hauteur de 12.66%. Tous souhaitent que, non seulement les anciennes structures soient réhabilitées et équipées ; mais aussi et surtout que de nouvelles soient construites. Car avec une population estimée à 112 997 (Projection INS en 2009), les 06 médecins, 20 infirmiers, 07 sages-femmes du Centre Hospitalier Régional (CHR) sont débordés. De même, les capacités d'hospitalisation sont réduites (84 lits fonctionnels), et certains services essentiels (Ophtalmologie, ORL, etc.) sont absents. À cela, s'ajoute un fait que la quasi-totalité des enquêtés qui fréquentent le CHR a soulevé, et qui lui donne mauvaise presse. Ce fait, c'est celui relatif aux vols répétés qui y ont court et dont, malheureusement, ce sont les pauvres patients qui en sont victimes. Et ce n'est pas le Directeur de ce CHR qui dira le contraire. Lui qui déplore avec les populations ces difficultés. Pour les vols, loin de les attribuer aux agents de santé, il soutient que c'est le manque de clôture autour de ce centre qui en est la cause. « Après cet entretien, longez ce côté (il m'indique l'endroit), et vous vous retrouverez en face d'une broussaille par laquelle des individus mal intentionnés passent pour venir commettre leurs sales besognes. Et tout cela est rendu possible par une autre situation, celle de l'obscurité totale dans laquelle baigne le CHR la nuit tombée ; simplement parce qu'il n'y a pas de lampadaires. Tous nos efforts pour interpeller les décideurs restent lettres mortes. », a-t-il commenté.

Nous avons effectivement constaté la présence de cette broussaille digne d'une forêt en reconstitution. Mais ce qu'on déplore au-delà même des vols perpétrés, ce sont les dangers que courent tous ceux qui fréquentent le CHR du fait de la proximité de ce centre d'avec cette broussaille. Car, tout y passe : serpents et autres reptiles, animaux sauvages, animaux domestiques errants, etc. Voilà pourquoi, pour le directeur, à côté de la nécessité de construire de nouvelles maternités dans les quartiers pour régler la question de l'accessibilité, il faut aussi une réhabilitation impérative du CHR qui prendra en compte son éclairage total et sa clôture.

Côté assainissement, la situation est la même que partout en Côte d'Ivoire : dépôts sauvages d'ordures ménagères, caniveaux obstrués par les ordures ménagères, artères non balayées, etc. Et ces difficultés, le Secrétaire Général de la Mairie les reconnaît en avouant que la Mairie ne dispose que de 16 filles bénévoles du Groupement à Vocation Coopérative (GVC) "Ehoukaheou" ("Aidons-nous") pour balayer des artères de la ville. « Avec cet effectif dérisoire, ces filles accordent la priorité aux points sensibles tels le marché et le centre-ville », confie-t-il. Aussi, la Mairie ne dispose-t-elle que d'un camion et d'un tracteur plus ou moins en bon état pour le ramassage des ordures.

3.1.2.1.3- Les besoins en eau, électricité, routes et logement

Si, du fait d'une relative bonne fourniture en eau et en électricité, les populations ont exprimé une faible priorité pour ces deux éléments à hauteur respectivement de 04.43% et 03.80%, ce n'est pas le cas pour les routes et les pistes qu'elles estiment, à 10.76%, être parmi les priorités. En effet, bien que Dimbokro soit reconnu pour être parmi les villes ivoiriennes les mieux loties en matière de bitume (la quasi-totalité des axes de la ville-noyau est goudronnée), cela ne doit pas cacher l'énorme déphasage qu'il y a avec les autres quartiers. La ville connaissant aussi le phénomène d'extension, les nouveaux quartiers ne sont pas viabilisés. Comme partout ailleurs, les maisons poussent dans tous les sens, mais sans une viabilisation préalable. Ces maisons, bien que ne sortant pas, au terme de notre dépouillement, comme une des priorités, elles également, poussent, sans respect de la moindre norme urbanistique. La grogne des locataires laisse de marbre autorités et propriétaires.

À l'échelle départementale, les routes sont difficilement praticables. Dans la ville, les ouvertures de routes sont sommaires, et les déplacements entres les nouveaux quartiers qu'on qualifierait de précaires, est très pénible. Partant, pour cette frange de la population, un regard sérieux se doit d'être mis sur la réhabilitation et l'entretien des routes et pistes qu'elle considère comme faisant partie des priorités.

3.1.2.1.4- Les besoins en denrées alimentaires

C'est un problème national. Ici aussi, les populations, à hauteur de 10.12%, estiment que la vie est chère. « Même l'igname qu'on est censé trouver à moindre coût est hors de prix », s'est exclamé un enquêté. Mais peut-il en être autrement vu que le déclin de la région touche tous les secteurs d'activités, surtout l'agriculture ? À propos, le Secrétaire Général du Conseil Général a raison de dire qu'il faut repenser la politique agricole du Département de Dimbokro, voire la région. Et c'est bien ce qu'a compris le conseil général, vu ses efforts dans ce domaine, efforts qui devraient, dans un avenir proche, permettre de renverser la tendance.

3.1.2.2- Au niveau rural

Au niveau rural, la priorité dégagée par les villages de Djangokro et de Soungassi est la question de l'eau potable et de l'électricité. À Djangokro, les populations ont exprimé à 50.00%, les besoins en eau potable. À Soungassi, l'eau et l'électricité se partage la poire en deux (50% pour chacune). Pour ce qui est de l'eau, dans chacun de ces villages, l'eau utilisée, et que nous avons pu observer, provient d'une pompe à motricité humaine. Ces pompes, aux dires des populations, ne couvrent pas les besoins des populations. À peine quelques mouvements de "va-et-vient", et la couleur de l'eau change pour devenir rouge, impropre à la consommation. Les installations vétustes et l'environnement dans lequel femmes et enfants luttent la place pour puiser l'eau nous ont quelque peu donné des frayeurs. « C'est constamment que nous tombons malades », affirment les villageois.

À Djangokro, le Chef dit ne même plus avoir de force, tellement il mène les démarches auprès du conseil général et tellement ce conseil lui fait des promesses, pourtant fermes, mais jamais honorées. « Cela fait plus de trois ans que je suis derrière eux pour poser le problème d'eau de mon village. J'ai même eu à prendre la parole au cours d'une réunion organisée par le conseil général. Après avoir exposé, j'ai remis main en main, un courrier de la demande du village au Président du conseil général lui-même, Monsieur N'ZI Paul. Ce dernier m'a rassuré de ce qu'effectivement, en remplacement de la seule et vieille pompe à motricité humaine, il est prévu la construction d'une Hydraulique Villageoise Améliorée (HVA) ou d'un château d'eau à Djangokro. Mais jusqu'à ce jour, je n'ai encore rien vu. Ils disent toujours qu'ils sont en route, mais ici, on ne les voit pas encore venir », a-t-il expliqué.

À Djangokro, après la question de l'eau, les populations, à hauteur de 35.71% attendent des collectivités territoriales, une maternité. Elles sont d'autant plus exigeantes que le centre de santé et la résidence de l'infirmier sont les fruits de leur labeur. À Soungassi, les populations, comme ils l'ont exprimé (50.00%), ont des besoins en matière de santé. Elles souhaitent vivement que le conseil général résolve ce problème pour eux en leur construisant un centre de santé. En effet, contrairement à Djangokro qui a un centre de santé, les populations de Soungassi, elles, sont obligées de se rendre à Soungassou, le village voisin, où existe un centre. Selon eux, si dans la journée, le calvaire est relativement supportable, ce n'est pas le cas la nuit tombée. « En cas de crise pendant la nuit, par manque de moyens de déplacement, nous sommes obligés d'appeler l'infirmier de Soungassou. Si ce dernier a son téléphone mobile cellulaire ouvert, nous lui demandons et il prend sa moto et vient, muni d'une torche, prendre le malade, le "remorquer" et retourner, soit à Soungassou, si les premiers soins peuvent y être donnés, soit à Dimbokro. Vous voyez bien que c'est un calvaire. Et c'est comme ça que nous constatons des décès. La dernière en date est celle d'une femme enceinte dont l'accouchement est survenu plutôt que prévu. L'accouchement a eu donc lieu traditionnellement, mais des complications s'en sont suivies. Il y a eu une hémorragie. Le temps de faire toutes ces gymnastiques, la pauvre a rendu l'âme avant d'arriver à l'hôpital. Nous demandons donc pardon au conseil général pour qu'il nous construise notre centre de santé. », a expliqué le Chef du village.

L'autre préoccupation des villageois, c'est l'école primaire. Les populations de Djangokro l'ont souhaité à 14.29%. Celles-ci entendent qu'au moins, leur école primaire qui date de 1956, connaisse une rénovation. Les populations de Soungassi, même si cela n'apparaît pas dans le tableau, ont exprimé leurs immenses besoins en matière d'éducation. Dans ce village, trois des six classes de l'école ont vu leurs toits "prendre le large". « En période de pluie, les classes sont inondées. Nous sommes obligés de regrouper les classes par blocs de deux, dans les trois salles disponibles : les

Cours Préparatoires ensembles, les Cours Élémentaires ensembles, et les Cours Moyens ensembles. », ont expliqué le directeur de l'école et ses deux collaboratrices. Le directeur de l'EPP de Soungassi a dénoncé une autre situation relative à l'école dans ce village : « Ici, les conditions d'existence des instituteurs sont déplorables. Ce qui fait que quand on affecte un enseignant, dès qu'il vient et constate ces conditions, il s'arrange comme il peut, et le lendemain, il est muté dans un endroit meilleur. Regardez vous-même nos maisons ! Il n'y a aucune commodité qui puisse retenir quelqu'un. À part la mienne qui est d'ailleurs dans un état de dégradation très avancée, regardez les autres ! Pas de toilettes, pas de douche. Mes deux collaboratrices font pratiquement tout chez moi. Elles ne rentrent chez elles que juste pour se coucher. L'une d'entre-elle, par exemple, est obligée de rentrer toujours sur Dimbokro pour revenir le lendemain. Et le drame, c'est que la situation est caractéristique de la zone. Si nous attendons les villageois, ils ont d'autres "chats à fouetter". Or, nous avons un devoir sacerdotal de donner le savoir à leurs enfants, que dis-je, à nos enfants. Donc, actuellement, nos espoirs ne sont mis qu'entre les mains du conseil général. Pour notre part, nous répercutons toujours nos souffrances à la DREN ».

Effectivement, comme l'a noté le directeur, nous avons pu constater que, parmi les localités villageoises visitées, les conditions de logement des instituteurs du Département de Dimbokro (Djangokro et Soungassi) sont déplorables. Nous avons visité des maisons aux constructions sans normes, des douches situées hors des habitations et presque transparentes, etc. Les toilettes, elles, n'existent pas. Les instituteurs sont obligés de se frayer un chemin dans la broussaille pour aller se débarrasser de leurs matières fécales. En un mot, ce ne sont pas des conditions faites pour donner de la motivation aux enseignants. C'est donc naturellement qu'ils appellent le conseil général au secours.

3.1.3- Les aspirations des populations de Bondoukou

La synthèse des attentes des populations bondoukoulaises vis-à-vis de leurs autorités décentralisées est la suivante : 19.91% pour l'emploi, 18.18% pour l'eau, 15.16% pour l'électricité, 10.90% pour la santé et les routes et pistes, 10.43% pour l'éducation, 08.53% pour les denrées alimentaires, 05.69% pour l'assainissement, 00.00% pour le foncier, le logement et le socioculturel, sport et loisir.

3.1.3.1- Au niveau urbain

3.1.3.1.1- Les besoins en éducation et emploi

À Bondoukou également, le problème qui saute aux yeux, c'est le chômage grandissant. Et les populations enquêtées l'ont exprimé à 22.46%. Le Nord-Est ivoirien, dans son ensemble, a croulé, et continue de crouler sous le poids de certaines pesanteurs historiques. Ces pesanteurs expliquent en partie, le retard de développement qu'a accusé cette région. À Bondoukou et sa région, jusqu'à un passé récent - et quelques foyers existent même de nos jours – la gente féminine était interdite de scolarité. Ce qui fait que devenues grandes, les filles n'ont aucune qualification qui puisse leur permettre de compétir sur le marché du travail déjà difficile. Ainsi, elles s'adonnent au métier de servantes de domicile (communément appelées "bonnes"). Et la région de Bondoukou était classée même la première pourvoyeuse de cette main-d'œuvre bon marché sur le plan national. Ces filles migrent vers les régions du Sud, principalement Abidjan et ses environs. Les garçons, eux non plus, n'étaient pas bien logés. Quand ils sont scolarisés, les parents ne les laissent pas toujours aller loin. Au niveau de l'école républicaine, à peine quelques années passées sur les bancs que les parents les retirent du système pour les travaux champêtres. Bon nombre ne terminait même pas le cycle primaire. Au niveau de l'école coranique (franco-arabe), ils y vont juste pour apprendre un arabe sommaire pour pouvoir faire les prières musulmanes. Tout cela a fait qu'une frange importante des jeunes de cette région est confrontée au chômage. On se débrouille comme on peut avec les petits métiers. Un jeune enquêté a révélé que le seul travail qui s'offre à eux est celui de "balanceur" (apprenti de camions de transport de personnes et marchandises). « Et ce métier encore, c'est quand tu as des parents transporteurs », a-t-il ajouté.

Ainsi, comme les jeunes filles, la migration vers le Sud riche, généralement, mais Abidjan et ses environs, particulièrement, s'impose comme le lieu où ils peuvent espérer trouver du boulot. En un mot, le Département de Bondoukou est confronté à une migration intense de ses forces vives vers les localités offrant plus de possibilités d'insertion. Malheureusement, la situation perdure jusqu'en ce moment, à tel point que tous les jeunes rencontrés dans le cadre de cette étude l'ont désignée comme étant la priorité des priorités. Et cela a fini de nous convaincre, au vu de la réponse que nous a donnée le directeur du CHR dans l'entretien avec lui : « Un véritable développement industriel de la région s'impose. Le chômage est tellement grandissant que même la pitance quotidienne est un problème. Alors ne demander même pas à ces gens de se soigner ». Sans commentaires !

Côté éducation, bien qu'exprimé qu'à 07.49% par les populations comme leur priorité, des problèmes demeurent. Pour le DREN, « Les besoins sont tellement immenses (insuffisance criarde d'infrastructures, déficit en équipements, pesanteurs culturelles et religieuses, etc.) que les efforts faits par les collectivités représentent "une goutte d'eau dans la mer" ».

3.1.3.1.2- Les besoins en eau, électricité, routes et logement

L'accès à l'eau et l'électricité se pose également comme une préoccupation des populations de Bondoukou. Elles l'ont exprimé avec 15.51% pour l'eau et 17.11% pour l'électricité. En effet, la ville de Bondoukou, et même toute sa région, est confrontée à des coupures très fréquentes dans la fourniture de l'eau et de l'électricité. Cette situation que nous avons pu constater durant nos séjours dans la localité, trouble le sommeil des habitants. L'un d'eux a lâché : « Que voulez-vous qu'on fasse dans une ville où il n'y a ni eau ni électricité ? ».

Au niveau de l'électricité, avec un linéaire de réseau de 139 km (89 km de basse tension et 50 km de moyenne tension), il y a que Bondoukou et son département sont en bout de connexion. Aussi, le transformateur de la CIE (Compagnie Ivoirienne d'Électricité) a-t-il une puissance faible qui ne lui permet pas de fournir le courant convenablement. Le voltage est faible et sujet à d'intenses variations. Dès 18h, la tension baisse, et l'éclairage devient flou. Dans la journée, la situation n'est pas non plus reluisante. Tout ceci a comme conséquence, des coupures intempestives dommageables pour tout ce qui fonctionne à l'électricité (équipements ménagers, machines de travail, etc.). Les populations souffrent énormément de cette situation, et appellent de tous leurs vœux que le voltage soit mis à niveau.

Au niveau de l'eau, c'est le même scénario. La ville souffre de la déficience du réseau d'eau potable. Le château d'eau est largement dépassé et le débit des forages faible, alors que la consommation est grandissante (le taux de desserte total est de 76%). Ajouté aux coupures d'électricités, la situation est invivable. L'eau étant courante, sa fourniture fluctue au rythme de l'électricité. Ainsi, là aussi, on assiste à un phénomène de quasi-délestage. Des quartiers entiers sont privés d'eau, au moment où d'autres en ont. Les quartiers situés en hauteur comme les quartiers Lycée, Zanzan, en paient le prix fort. Dans les ménages, l'eau à utiliser pour les besoins du lendemain est recueillie et conservée depuis la veille, tard dans la nuit.

Ces interruptions intempestives mettent mal à l'aise les populations à tel point que le porte-parole des administrations déconcentrées de l'État à Bondoukou a interpelé de vive voix le Préfet de Région lors de la présentation des vœux de nouvel an 2009 à ce dernier : « Dans nos services, il est impossible de travailler. Les coupures intempestives de l'électricité ont endommagé tous nos appareils de travail (ordinateurs et autres). Quand nous arrivons à la maison après ces stress quotidiens, le calvaire continue : nous ne pouvons manger parce qu'il n'y a pas d'eau eu pour cuisiner ; nous ne pouvons nous doucher parce qu'il y a coupure d'eau. En somme, nous ne pouvons rien faire parce que des éléments aussi vitaux que sont l'eau et l'électricité font défaut. Monsieur le Préfet, nous vous transmettons nos douleurs ; et nous vous prions de les transmettre aux autorités qui en ont la charge ».

La dégradation des infrastructures routières de la ville occupe également une place de choix dans les préoccupations des citadins à hauteur de 10.69%. Comme partout ailleurs, les routes et rues de Bondoukou, à part quelques Km bitumés en bon état au centre-ville, sont impraticables. Des quartiers comme Zanzan sont "impénétrables". Le drame pour ce quartier, est que, comme l'a soulevé un habitant, le Maire même y habite. Même le projet de l'Union Européenne pour un reprofilage lourd de l'axe Kamagaya-Soko, s'est arrêté.

3.1.3.1.3- Les besoins en santé et assainissement

Avec 10.69%, la santé préoccupe également les populations bondoukoulaises. Les problèmes sont les mêmes qu'ailleurs : longues attentes pour les consultations, cherté des prestations (soit vous corrompez des agents véreux pour être reçu, soit les sages-femmes prescrivent des produits pharmaceutiques dont vous n'avez besoin et qu'elles retirent après pour les revendre à d'autres femmes), indifférence des agents (quelque soit la gravité de votre mal si vous n'avez pas ou assez de moyens), insuffisance de ressources matérielles et d'intrants, etc.

L'assainissement est identifié à 06.42% comme priorité. À Bondoukou, il est tout de même important de noter les efforts de la mairie lors de notre premier passage. En son temps, de toutes les mairies visitées, c'était la seule que la salubrité semblait préoccuper, rien qu'à voir le parc d'engins de ramassage d'ordures ménagères qu'elle avait. Mais, à notre dernier passage, tous les engins étaient en panne. Pour dire qu'au vu de l'immensité du travail qu'est la gestion des ordures ménagères, les efforts entrepris par les collectivités territoriales ne représentent pratiquement rien. L'état des rues, caniveaux, bas-fonds, broussailles environnant les habitations, etc. le montrent. Ce qui fait dire au Chef de Cantonnement des Eaux et Forêts, (structure jouant de fait le rôle de la Direction Générale de l'Environnement à qui échoit cette charge, mais qui n'est pas encore représentée à Bondoukou) que : « Promenez-vous dans la ville, et vous vous rendrez compte que les ordures n'en sortent même pas. ».

3.1.3.1.4- Les besoins en denrées alimentaires

Un seul fait peut, en notre sens, expliquer cette cherté. Et c'est une habitante qui nous l'a fait observer : « Je suis très friande de l'igname, surtout l'igname "kponan" dont Bondoukou est la première productrice nationale ; alors que je ne suis pas native d'une région productrice d'igname. Ce goût pour l'igname ma même amené à l'imposer comme parmi les mets les plus consommés dans mon foyer. Et là où nous étions avant de venir ici, l'igname me paraissait coûter cher. Ainsi, quand mon mari a été affecté à Bondoukou, j'étais bien évidemment contente. Puisque pour moi, l'igname allait nous revenir moins cher, et ça irait mieux pour l'argent de la popote. Mais quelques temps seulement après notre installation, j'ai rapidement déchanté. Comme nous étions arrivés en période où l'igname se faisait rare, j'ai pensé que c'était cela la raison. Mais quand la "période des ignames" est arrivée, j'ai compris que je m'étais trompée. Et c'est là que mes connaissances m'ont confirmé que c'est comme ça ici. Tout est cher, c'est vrai. Que le poisson qui vient des zones naturellement arrosées par des cours d'eau soit cher, cela pourrait se comprendre. Mais que l'igname dont Bondoukou est la première productrice nationale soit chère à Bondoukou, j'avoue que je ne comprends rien. Je vous assure que l'igname est même moins chère à Abidjan qu'à Bondoukou ».Sur cette question, les informations recueillies ne sont pas loin de la situation décrite par cette habitante. Il y a que, quand la période de récolte arrive, les commerçant(e)s grossistes d'igname vont directement dans les villages de production pour récupérer la quasi-totalité de la production pour l'évacuer sur Abidjan. Ce qui explique donc que le peu qui reste, une fois sorti des brousses et amené à Bondoukou, coûte cher. Au-delà de cet exemple que nous avons pris, c'est le problème de la cherté des denrées alimentaires qui empêche les populations de se nourrir convenablement, que ceux-ci ont posé.

3.1.3.2- Au niveau rural

Sorobango, localité située à 20 Km de la ville de Bondoukou, vit un désastre. Ici, les problèmes sont colossaux et d'égale importance : eau, électricité, routes, téléphone fixe, etc. Dans sa totalité (100%), la priorité des priorités de ce Chef-lieu de Sous-préfecture est la résolution du problème de l'eau potable. Si la population autochtone a mis son sort entre les mains du bon Dieu, comme elle le dit ; ce n'est pas le cas des agents de l'État qui y sont en service. Du sous-préfet au médecin, en passant par les instituteurs, c'est le désarroi. Tous, cherchent à fuir la localité. « Que voulez-vous, honnêtement, que quelqu'un fasse dans une localité où il n'y a pas d'eau ? L'eau n'est-elle pas source de vie ? N'est-ce pas avec elle que l'on cuit ses aliments, que l'on se lave, que l'on fait ses besoins naturels, que l'on fait sa lessive, etc. ? Mais si un tel élément manque, et que rien n'est fait pour remédier à cela, que voulez-vous qu'on fasse ? S'il n'y a pas d'eau, vous, vous faites quoi ? », sont autant de questions rhétoriques que s'est posé le Sous-Préfet de Sorobango. Ces questions sont l'expression de ce qu'il a qualifié de « drame social » dans cette localité.

En effet, Sorobango, de toutes les localités visitées ne dispose pas d'eau ; ou du moins, d'eau potable. La source d'eau existante, et la seule, n'est pas indiquée à être utilisée par l'homme. Et pourtant, l'homme l'utilise. « Voulez-vous voir l'eau que nous utilisons ici à Sorobango ? Je vais demander au Pasteur Siméon de vous y conduire », a lâché le Sous-Préfet. Aussitôt dit, aussitôt fait ! Accompagné donc du Pasteur (Missionnaire de l'Église CEMA de Bondoukou dans cette localité), le guide que nous-nous sommes fait, nous partîmes à la "rencontre" de cette eau. Après environ 02 km de marche, nous arrivons à la fameuse source, ou du moins, le barrage (c'est l'appellation que les populations lui ont donnée).

Le spectacle observé nous a laissé stoïque, tellement insupportable : une source d'eau quasi-stagnante d'une couleur indescriptible qu'humains et animaux (bœufs) utilisent, chacun redoublant d'ingéniosité pour y avoir accès. D'un côté, des femmes font la lessive ; d'un autre côté, des enfants font étalage de leurs prouesses de nageurs. Insistant auprès de notre interlocuteur pour savoir si c'est véritablement cette eau qu'utilise cette sous-préfecture pour ses besoins quotidiens, sa réponse a été, on ne peut plus claire : « Pensez-vous que c'est pour arroser les cultures que ces gens puisent cette eau ? C'est bien cette eau que nous utilisons tous ici. Dans tous les cas, vous aurez l'occasion de le constater. » De retour au chef-lieu de sous-préfecture, nous avons pu effectivement constater que l'eau contenue dans les bidons transportés est celle qu'utilisent les ménages visités. Face à cette situation intenable, la solution trouvée par certains habitants, singulièrement les "étrangers" constitués des agents de l'État, est d'acheter de l'eau minérale en ville. « Cette eau nous sert de boisson. Mais pour ce qui est des autres besoins, y compris même la cuisson des aliments, c'est l'eau du "barrage" que nous utilisons », ont dit les instituteurs rencontrés à Sorobango.

Pour le sous-préfet, toute l'eau utilisée est achetée en ville. Il nous a conduit au coffre de son véhicule de commandement et nous a montré le lot de bidons qui y a pris toute la place : « Moi, représentant du Chef de l'État à Sorobango, voyez les conditions dans lesquelles je vis. Vous voyez bien que les bidons ont pris toute la place. Pour avoir assez de place, vous constatez que j'ai plié le siège de derrière pour y mettre les bidons, et je m'assois avec mon chauffeur devant. Chaque jour ou deux jours, je vais à Bondoukou pour remplir ces bidons d'eau potable que j'achète, je dis bien que j'achète, et je reviens avec pour mes besoins. Voilà ce que, nous les populations de Sorobango, vivons. Si ce n'est pas un drame, qu'est-ce cela peut être ? Mais ce qui me parait bizarre, c'est que la population autochtone semble s'en être accommodée. ».

Notre curiosité nous a poussé à en savoir d'avantage auprès des populations autochtones. Leur réponse, traduite par Monsieur OUATTARA ALI ou "Ali technicien", bien connu pour être au four et au moulin de toutes les activités de la localité, nous a laissé médusé : « Que voulez-vous qu'on fasse ? Pour le conseil général, nous n'existons pas. Heureusement qu'il y a un Dieu pour nous. Nous nous en accommodons, et la nature nous y aide ».

Après cette épineuse question de l'eau potable, deux autres difficultés, bien que n'apparaissant pas dans le tableau, sont des préoccupations non moins importantes pour Sorobango. Ce sont : l'électricité et les routes. Sorobango étant branché sur le réseau électrique venant de Bondoukou, ce qui est valable pour cette ville de Bondoukou, l'est aussi pour Sorobango. Mais, ici, le problème est plus crucial. Notre présence nocturne nous a fait constater cela. À partir de 18h, il se produit une baisse prononcée de la tension telle que l'éclairage produit par les ampoules est très flou. Au-delà de la détérioration des appareils ménagers, cela peut provoquer et provoque même, selon les populations, des maux d'yeux. Pour les éviter, les instituteurs, avec qui nous avons passé un moment de cette présence nocturne, et qui "s'accrochent" à posséder des appareils, préfère les éteindre la nuit tombée, pour les rallumer tard dans la nuit.

Les infrastructures routières, elles aussi, sont une préoccupation des populations de Sorobango. L'état de la route que nous avons empruntée pour aller à Sorobango, sans exagérer, peut "faire avorter une femme enceinte", tellement il est désastreux. Le Sous-Préfet ne sait à quel saint se vouer, lui qui, pour ses charges, est obligé de les emprunter fréquemment. « Pour une distance de 20 Km qu'un véhicule de type 4x4 comme mon véhicule de commandement peut faire en moins de 20 mn, je mets facilement 02 h. Et cela, c'est parce que nous sommes en saison sèche. Sinon, en saison pluvieuse, la situation est catastrophique. L'entrée de la localité se coupe carrément. Les véhicules de transport de personnes et de marchandises s'arrêtent à près d'un kilomètre, et tout le monde se débrouille, soit pour les rejoindre, soit pour rentrer au village. Moi, je ne bouge pratiquement plus, puisqu'il est impossible de sortir et d'entrer », a-t-il dit.

En définitive, comme indiqué en début, à Sorobango, les difficultés sont colossales et s'équivalent presqu'en priorité. Il est donc urgent que les autorités qui en ont la charge recadrent les choses ; car, aux dires du Sous-Préfet et des populations, ils semblent ne pas faire partie des préoccupations du conseil général.

À Gouméré, à 57.14%, les populations souhaitent la construction d'un collège. Pour une sous-préfecture, de surcroît située sur l'axe principal venant d'Abidjan pour Bondoukou, elles estiment que c'est urgent. Elles disent ne pas supporter voir leurs enfants être affectés loin d'eux ; et que Gouméré, comme les autres localités qui en reçoivent alors qu'elles ne sont pas mieux loties qu'elle, mérite d'avoir un collège. Aussi, veulent-elles, à hauteur de 21.43% pour les deux, voir le conseil général accorder une attention sérieuse aux routes et infrastructures sanitaires. Les routes, internes comme celles qui les relient aux autres localités villageoises et sous-préfectorales, sont dans un état comateux. Les infrastructures sanitaires sont, elles aussi, dépassées. Le centre de santé existant n'est pas le reflet d'une sous-préfecture comme Gouméré, vu sa capacité, ses équipements, ses conditions de travail, etc.

Avant de voir les réponses apportées par les autorités, il est utile de voir si les priorités de développement dégagées par les autorités des collectivités visitées sont en phase avec les besoins exprimés par les populations.

3.2- Les priorités de développement des autorités déconcentrées et décentralisées

Ici, l'objectif est de savoir si les attentes des populations sont celles des autorités. Il se pose donc la question de la coordination et de la concordance des actions des autorités d'avec celles des populations dans les choix des actions à mener. Nous avons pris les avis, aussi bien des autorités décentralisées que déconcentrées. Ici, la méthodologie a consisté à leur laisser le soin d'énumérer et classifier leurs priorités de développement. Au final, les actions qu'elles ont dégagées sont quasiment les mêmes que celles que nous avons listées au niveau des populations, à l'exception de deux nouvelles qui sont le changement de mentalité et la lutte contre la cherté des produits alimentaires. Nous les avons donc intégrées dans les priorités de départ, soit un total de 13 actions.

3.2.1- Les actions prioritaires des autorités déconcentrées

Bien que la décentralisation sur le terrain soit avant tout l'affaire des collectivités territoriales, il est utile de préciser que l'État central n'est pas totalement absent. À ce titre, ses représentants locaux (préfets et sous-préfets) participent ou devraient participer à la conduite de cette politique au quotidien ; et cela, dans l'objectif bien compris de l'adéquation des actions des collectivités territoriales d'avec le plan national de développement dont les autorités déconcentrées en sont les garants et d'avec les vœux des populations. À ce titre, dans bien des cas, nous avons pris langue avec les autorités déconcentrées de l'État (préfets et sous-préfets) sur leur vision du développement de leur circonscription administrative. Sur le principe, ce sont les préfets qui ont été ciblés. Mais, là où des secrétaires généraux de préfecture et des sous-préfets ont aussi été consultés (cas de Gouméré et de Sorobango dans le Département de Bondoukou), leurs avis sont combinés avec ceux des préfets pour ne donner qu'une seule et même autorité déconcentrée.

Dans le Département de Soubré, la première priorité dégagée par le préfet est l'entretien des routes. Après quoi viennent par ordre d'importance, le foncier, la santé, l'éducation, l'électricité, la sécurité, le changement de mentalité, l'eau, le logement, les denrées alimentaires, l'emploi, le socioculturel, le sport et loisir et l'assainissement. Pour le Préfet du Département de Dimbokro également, la priorité dans son département reste le problème de la route. Après celle-ci, viennent par importance, l'emploi, l'eau, l'éducation, la santé, les denrées alimentaires, l'électricité, la sécurité, le logement, l'assainissement, le changement de mentalité, le foncier, le socioculturel et le sport et loisir. De même, pour le Secrétaire Général 2 du Département de Bondoukou et les Sous-Préfets de Sorobango et de Gouméré, la priorité départementale demeure l'entretien routier. Suivent, en importance, l'eau, le changement de mentalité, la sécurité, l'éducation, l'emploi, la santé, l'électricité, les denrées alimentaires, le logement, l'assainissement, le foncier, le socioculturel et le sport et loisir.

Dans l'ensemble, les besoins de développement dégagés par les autorités déconcentrées cadrent avec les aspirations des populations. Cependant, des spécificités méritent d'être soulevées. Si l'unanimité est faite autour de la première des actions - qui est la question de la route - à entreprendre dans les trois départements étudiés, la priorité des autres actions change d'un département à un autre. Alors qu'à Soubré, le foncier et son corollaire de problèmes est la deuxième des priorités de développement, le problème de l'emploi se positionne comme seconde priorité à Dimbokro, tandis qu'à Bondoukou, c'est plutôt à un changement de mentalité de tous qu'appellent les autorités déconcentrées en troisième point. Aussi, à Soubré et à Bondoukou, la question sécuritaire occupe une position non-négligeable (respectivement en 6ème et 4ème place). À Soubré, on dira que là où il y a dynamisme économique, se trouvent aussi les grands maux. Le Département de Soubré connaît effectivement une insécurité grandissante. Des braqueurs, "coupeurs de routes" et autres acheteurs de produits véreux y sévissent. Pendant la période de la traite cacaoyère, les paysans ne savent à quel saint se vouer. Eux qui n'ont pas la culture de l'épargne bancaire, sont régulièrement dépossédés de leur argent, fruit de leur labeur, par ces individus sans foi ni loi. Et face à l'immensité du territoire, les actions des Forces de Défense et de Sécurité sont dérisoires (FDS). À Bondoukou, la position frontalière d'avec le Ghana occasionne le développement d'un commerce illicite que les FDS n'arrivent pas à canaliser. Et qu'on soit à Soubré ou à Bondoukou, les trafiquants (surtout de produits agricoles) sont prêts à tous pour ne pas être perturbés dans leurs sales besognes. Une autre raison de l'insécurité à Bondoukou est la situation de guerre que vit le pays depuis 2002. En effet, la circulation des armes liée à ce conflit - ce département étant frontalier à la partie Nord du pays occupée par la rébellion - précarise la stabilité du département.

Aussi, une autre spécificité après l'unanimité sur la route, est-elle leur classification inattendue. Alors qu'on s'attendait aux priorités habituelles (éducation, santé, assainissement, etc.), ce sont le foncier, le changement de mentalité, la sécurité qui ont été mis en exergue.

3.2.2- Les actions prioritaires des autorités décentralisées

Comme au niveau des populations et des autorités déconcentrées, il est indiqué de voir si les entités décentralisées et déconcentrées parlent le même langage - celui du développement - qui devrait être le même. En claire, les actions de développement des collectivités territoriales sont-elles en phase avec celles des autorités déconcentrées et des populations ? Les avis des autorités déconcentrées sont-ils pris en compte par les autorités décentralisées dans la détermination des projets de développement ?

La synthèse montre qu'au niveau des conseils généraux, la route est la première des priorités pour tous. Cela est en phase avec la volonté précédemment exprimée par les autorités déconcentrées. Après quoi viennent, pour tous les conseils confondus, l'éducation, la santé, l'eau, l'électricité, etc. Spécifiquement, le foncier demeure une des priorités (3ème place) de Soubré ; et cela l'a été aussi chez les autorités déconcentrées. À Dimbokro et Bondoukou, la spécificité est représentée par le problème de l'emploi (respectivement 3ème et 4ème place).

Au niveau des communes, toutes confondues, l'éducation et l'assainissement se partagent la première place. Suivent la santé, l'eau et l'éducation. L'exception vient de Dimbokro où les autorités communales ont soutenu que pour elles, le changement de mentalité de tous doit venir avant toute autre priorité. Dans la commune de Dimbokro également, le problème de l'emploi est plus important que partout ailleurs.

Conclusion du chapitre 3 :

De Soubré à Bondoukou en passant par Dimbokro, l'analyse des attentes des populations rencontrées, vis-à-vis des collectivités territoriales, montre que leurs vœux se résument en la réalisation d'équipements sociocollectifs et infrastructures de base (écoles, centres de santé, eau potable, électricité, etc.)

De leurs côtés, les autorités décentralisées et déconcentrées parlent le même langage que les populations quant aux actions de développement à entreprendre. On pourrait donc affirmer que les actions de développement souhaitées par tous les acteurs en jeu (populations, autorités déconcentrées, autorités décentralisées) se rejoignent. Tous aspirent à la mise en place d'équipements sociocollectifs de premier contact pour un mieux-être des populations.

Alors, quelles réponses les collectivités territoriales donnent-elles à cette demande sociale ?

Chapitre 4 : LES RESSOURCES MOBILISÉES POUR RÉPONDRE À LA DEMANDE SOCIALE

Pour la réalisation des actions qu'elles ont identifiées comme devant participer au bien-être de leurs populations, les collectivités territoriales ont besoin de moyens, tant financiers qu'humains. Au niveau financier, nous passerons en revue les niveaux de recouvrement des recettes (prévision et recouvrement) et les niveaux d'exécution des dépenses (prévision et exécution). Mais avant, l'homme étant au début et à la fin de toute action de développement, il est utile d'apprécier le potentiel humain dont bénéficient les collectivités territoriales pour leurs actions sur le terrain, sans oublier leurs moyens matériels et techniques.

4.1- Des ressources humaines insuffisantes et peu ou non-qualifiées

Il s'agit des personnels des différentes collectivités. Il est question de les apprécier pour voir s'ils assument convenablement leurs taches. L'analyse du cadre organique des emplois des différentes collectivités nous y amène. Le point indique que le personnel des collectivités territoriales est composé de fonctionnaires mis à leur disposition par l'État, ainsi que de non-fonctionnaires (agents recrutés par les collectivités). Les fonctionnaires sont généralement les responsables des différents services : secrétariat général, direction ou service administratif, direction ou service technique, direction ou service financier et comptable, direction ou service socioculturel. Ils sont au nombre de 05 dans chacun des conseils généraux, 05 à la Mairie de Soubré, 04 à la Mairie de Dimbokro, 06 à la Mairie de Bondoukou.

Hormis ces fonctionnaires, l'autre catégorie de personnel et constituant le gros du contingent de l'administration des collectivités territoriales est recruté directement par celles-ci : 21 au Conseil Général de Soubré, 24 au Conseil Général de Dimbokro, 32 au Conseil Général de Bondoukou, 100 à la Mairie de Soubré, 78 à la Mairie de Dimbokro et 81 à la Mairie de Bondoukou. Les effectifs des Conseils Généraux de Soubré, Dimbokro et Bondoukou sont donc respectivement de 26, 29 et 37 agents, quand ceux des Communes de Soubré, Dimbokro et Bondoukou sont respectivement de 105, 82 et 87 agents. La Commune de Soubré se dégage ainsi comme celle ayant le plus gros effectif.

Si au niveau des fonctionnaires, l'effectif est presqu'identique dans les deux types de collectivités, au niveau du personnel local, il est plus important ; alors que dans le principe - vu la taille des conseils généraux - cela devrait être le contraire. Deux raisons expliquent cela. Primo, les conseils généraux étant de création relativement récente, ils n'ont pas encore atteint leur vitesse de croisière. Et secundo, du fait de la persistance de la crise économique, toutes les directions et services que prévoit leur nomenclature ne sont pas encore créés et pourvus en personnel. N'empêche, une question essentielle se pose : En qualité ou en nombre, les agents des collectivités étudiées assument-ils pleinement et efficacement leur mission ?

L'analyse du personnel selon le grade issu du cadre organique des emplois de ces collectivités édifie. La synthèse montre que les collectivités territoriales sont pourvues des trois types d'agents dont elles ont besoin, à savoir, les agents de conception (catégorie A : BAC + 03 et plus), les agents d'application (catégorie B : BAC, BAC + 02) et les agents d'exécution (catégories C, D, E : BEPC, BEP, niveau 3ème, CEPE, niveau CM2).Au niveau des agents de conception, les Conseils Généraux de Soubré, Dimbokro et Bondoukou en disposent respectivement 06, 05 et 05. Ils sont 04 dans toutes les mairies (Soubré, Dimbokro et Bondoukou). Pour les agents d'application, ils sont 12 au Conseil Général de Soubré, 08 au Conseil Général de Dimbokro, 16 au Conseil Général de Bondoukou, 04 à la Mairie de Soubré, 06 à la Mairie de Dimbokro et 08 à la Mairie de Bondoukou. Quant aux agents d'exécution, ils sont 08 au Conseil Général de Soubré, 16 au Conseil Général de Dimbokro, 16 au Conseil Général de Bondoukou, 97 à la Mairie de Soubré, 72 à la Mairie de Dimbokro, 75 à la Mairie de Bondoukou.

Au total, toutes les collectivités étudiées ont un effectif cumulé de 366 agents dont 92 dans les conseils généraux et 274 dans les communes. Les totaux des catégories A, B, C, D et E sont respectivement de 28 (16 dans les conseils généraux et 12 dans les communes), 54 (36 dans les conseils généraux et 18 dans les communes) et 284 (40 dans les conseils généraux et 244 dans les mairies). Avec, respectivement 92 et 105 agents, le Conseil Général de Bondoukou et la Commune de Soubré sont les collectivités qui ont les plus gros effectifs selon le type.

S'il est vrai qu'on trouve dans les collectivités territoriales les trois types d'agents requis, force est de constater que des difficultés existent. Avant tout, en ce qui concerne les conseils généraux, la logique n'est pas respectée. En effet, l'efficacité d'une collectivité dépend du respect de la charpente. Celle-ci prévoit que la collectivité ait, en ordre d'importance numérique, les agents d'exécution, les agents d'application et les agents de conception. C'est bien le contraire que présentent les conseils généraux où agents d'application et agents d'exécution quasiment s'équivalent numériquement. Ces collectivités ont donc de forte chance de produire des résultats en deçà des espérances. Aussi, il y a que les agents de conception (catégorie A) sont-ils tous des fonctionnaires. Et ceux-ci occupent les premiers postes de l'administration des collectivités territoriales (secrétariat général, service financier et comptable, service technique, service socioculturel et de promotion humaine, service de la planification et de la coopération). Tout le reste du personnel est donc recruté directement par les collectivités en fonction de leurs besoins. Malheureusement, du fait de la rareté des ressources financières, les collectivités ont du mal à s'offrir le personnel exigé, en nombre et en qualité. De Soubré à Bondoukou, en passant par Dimbokro, le personnel traine plusieurs maux : il est insuffisant, il est pléthorique, il est vieillissant, il est inefficace, etc.

De même, l'insuffisance, bien que généralisée, est plus prononcée au niveau des conseils généraux. En regardant, en effet, le cadre organique des emplois des conseils généraux, on constate que celui-ci prévoit une moyenne d'une quatre vingtaine d'agents. Or, les conseils généraux étudiés ont des effectifs de moins de quarante (40) agents (26 pour le Conseil Général de Soubré, 29 pour celui de Dimbokro et 37 pour Bondoukou). Ce qui fait que toutes les directions et services prévus ne sont pas encore mis en place. Tout ceci a un impact sur l'efficacité des collectivités. Et les Maires et Présidents en sont bien conscients. Mais, « Que pouvons-nous faire ? », disent-ils. « Si vous recrutez ou embauchez des gens, il faut bien les rémunérer. Et comme nous n'avons pas les moyens de les payer, les budgets allant de régression en régression au fil des ans, nous faisons avec les moyens de bord », concluent-ils.

Le nombre pléthorique du personnel et son état vieillissant sont beaucoup observés au niveau des communes. Le nombre de plus de quatre-vingt que le personnel atteint ne se reflète pas dans les faits. Bon nombre est vieillissant et pléthorique. « À bien voir, on paye plein de gens à ne rien faire, des gens qui sont inutiles dans le système ; mais parce qu'ayant des liens avec le maire, jouissent d'une immunité », a dit un secrétaire général sous couvert d'anonymat.

Dans l'ensemble, le personnel des collectivités territoriales est très peu qualifié et outillé. Si les fonctionnaires et quelques rares agents recrutés localement ont reçu une formation adéquate dans des structures référenciées (universités, École Nationale d'Administration (ENA), École Normale Supérieure, Centres de Formation Professionnelle et Technique, Institut National Polytechnique Houphouët-Boigny), ce n'est pas le cas du gros du contingent recruté localement. Cela se comprend dans la mesure où il n'existe pas de véritable institut pour la formation des personnels des collectivités territoriales. Seulement, l'ENA dispense un cours sur « La décentralisation et l'administration locale » à ses étudiants de la filière "Administration Générale". Ainsi, les collectivités ne peuvent se payer le luxe de recruter les experts que leurs ressources ne peuvent supporter. Et là aussi, les agents recrutés par les collectivités territoriales sont régis par le code du travail. Le principe posé par la loi est que les collectivités ne peuvent donner à leurs agents des avantages supérieurs à ceux que peut consentir l'État pour ses fonctionnaires. Ce principe est destiné à éviter toute concurrence entre l'État et les collectivités dans la recherche des personnels d'élite.

De même, tout comme les agents communaux, bien d'élus locaux ne disposent pas d'un statut propre. Concernant ces élus, il est aussi capital qu'ils aient un minimum de bagage intellectuel. Nous dénonçons l'insuffisante formation des personnels des collectivités territoriales. Mais ce qui vaut pour les agents vaut aussi pour les élus. Jusqu'à ce jour, la Côte d'Ivoire continue d'avoir des élus illettrés. Et un pays qui aspire à un développement sérieux ne peut se payer un tel luxe. Que peut une collectivité quand ses acteurs (élus et agents) sont peu ou pas formés ? Et cela transparaît bien dans les actions de tous les jours. Bien d'élus ne maîtrisent pas les outils et mécanismes élémentaires de gestion municipale.

4.2- Des ressources matérielles et techniques inadaptées

Nous nous appesantissons sur le domaine de l'assainissement. Précisons que dans le cadre de la gestion des ordures ménagères, selon la nouvelle loi de transfert des compétences, c'est au conseil général de construire les décharges publiques et les centres de groupages d'ordures ou de pré-collecte. Aussi, c'est à lui que revient le transport des ordures des centres de groupage aux décharges. La mairie, elle, a pour mission de collecter les ordures des poubelles ou ménages aux centres de groupage ou de pré-collecte. Cela montre que chacune des collectivités se doit d'être dotée des éléments la concernant dans la chaine d'assainissement. Ainsi, à la question de connaître la quantité et la qualité des moyens matériels et techniques dont elles disposent pour l'assainissement de leurs localités, les réponses des six collectivités indiquent qu'elles sont sérieusement démunies. Aucun des conseils généraux n'a construit, donc ce possède de décharge publique. Chacune des commune soutient en posséder. Aucun des conseils généraux n'a également construit de centre de groupage. Les communes en possèdent : 05 à Soubré, 10 à Dimbokro et 03 à Bondoukou.

Les poubelles publiques dans les centres urbains, du ressort des communes, sont inexistantes. Quand elles existent, par extraordinaire, ce sont des œuvres d'ONG. Les camions de ramassage d'ordures ménagères ne sont, non plus, bien logés. Les conseils généraux n'en disposent pas. Peut-il en être autrement quand on sait qu'ils n'ont pas encore construit de décharges et de centres de groupage. Côté mairies, au moment de nos dernières enquêtes de terrain, Soubré, Dimbokro et Bondoukou en sont dotées, respectivement de 01, 02 et 03. Mais en novembre 2011, Soubré qui trainait les pas a refait son retard avec 02 engins tandis que Bondoukou qui faisait la fierté a tous ses engins en panne. Actuellement, c'est le tracteur de l'ONG "Cœur International" qui assure le ramassage des ordures de la commune.

Aucune des communes ne dispose d'un seul camion de vidange de puits perdus et fosses septiques. Les camions existants sont des propriétés privées. Pour les autres moyens matériels et techniques constitués de brouettes, charrettes, râteaux, balaies et pelles, leur possession est dérisoire pour toutes les collectivités.

De ce qui précède, les collectivités territoriales n'ont pas le minimum nécessaire pour l'assainissement des environnements et cadres de vie des populations dont elles ont la charge. Bien qu'aucune des collectivités ne soit bien logée, le cas de la Commune de Soubré mérite réflexion. Voilà une ville qui, avec son dynamisme économique qui ne souffre d'aucune contestation, et donc des recettes qui sont supposées entrer dans ses caisses, ne dispose pas de véritables engins de ramassage d'ordures. Le personnel chargé du nettoyage des artères, si ce ne sont les 40 agents de l'actuel projet post-crise de l'AGEROUTE, est aussi inexistant. Étonné des réponses que nous donnait le Directeur de Cabinet du Maire au cours de notre entretien, nous ne nous sommes pas empêché de lui signifier que nous voulons des réponses qui ne vont pas fausser notre travail. Ayant bien évidemment compris le sens de nos inquiétudes, il s'est exclamé avec un air d'énervement, en ces termes : « Voulez-vous que je vous mente. Vous me posez des questions auxquelles j'apporte les réponses qui sont justes, croyez-moi ! Durant votre séjour dans la ville, vous aurez sûrement l'occasion de voir le seul engin de ramassage d'ordures dont nous disposons. Nous n'avons que cet engin roulant pour le ramassage d'ordures ménagères, et nous n'avons aucun personnel chargé du balayage de la ville. Pour ce qui est du personnel de balayage, dans le passé, dans le cadre du Projet THIMO (Travaux à Haute Intensité de Main-d'Œuvre), nous en avons. Mais depuis l'arrêt dudit projet, nous n'en avons plus ».

Durant notre présence, nous avons effectivement pu voir le seul engin de ramassage d'ordures dont dispose la Mairie de Soubré. Aussi, avons-nous pu constater l'absence d'agents chargés du balayage des rues. Pour le dynamisme économique dont jouit la ville, tout cela nous semble anormal.

En définitive, avec de tels moyens inappropriés pour l'assainissement, quels résultats attendre ? Le potentiel humain et les ressources matérielles et techniques des collectivités territoriales étant passés en revue, il est indiqué d'apprécier les ressources financières dont elles disposent pour l'effectivité de leurs actions.

4.3- Des ressources financières dérisoires

Au niveau financier, nous exposerons d'abord les données recueillies afin de dégager les différentes périodes de nos échantillonnages. Ensuite, nous présenterons les différents budgets dont ont bénéficié les collectivités territoriales. Enfin, nous nous appesantirons sur les prévisions de recettes et les taux de recouvrement desdites recettes.

4.3.1- Les données

Les données sur les prévisions (recettes et dépenses) et les réalisations (recettes recouvrées et dépenses engagées) des conseils généraux et des communes sont issues de leurs comptes administratifs (ou comptes de gestion administrative ou rapports de gestion). À l'origine, les périodes délimitées pour notre étude vont de 2002 (date de leur effectivité avec les élections du 07 juillet) à 2009 pour les conseils généraux et de 2000 à 2009 pour les communes. Mais, dans la pratique, nous avons été confrontés à des difficultés qui ont modifié ces prévisions. Ainsi, l'échantillonnage disposant que pour une même année, les collectivités doivent avoir, toutes, leur compte administratif, les années 2004, 2005, 2006, 2007, 2008 et 2009 constituent l'échantillon représentatif pour les conseils généraux. Au niveau des communes, nous avons la période de 2000 à 2009 (excepté 2004) pour la

Commune de Soubré, 2000 à 2009 pour la Commune de Dimbokro et 2001 à 2009 (excepté 2002 et 2006) pour Bondoukou.

4.3.2- Les budgets des collectivités territoriales

Par définition, le budget est la somme des prévisions des recettes de fonctionnement et celles des recettes d'investissement. En d'autres termes, le budget se compose de deux chapitres : les recettes de fonctionnement et les recettes d'investissement. Il peut être primitif, modificatif ou définitif. Le budget primitif est le tout premier budget élaboré par la collectivité tenant compte des actions à entreprendre du programme triennal. En cours d'exécution, d'autres priorités peuvent être prises en compte, ou des priorités peuvent voir leurs montants augmentés ou diminués. Ainsi, le budget primitif subit des modifications pour tenir compte de ces nouvelles réalités. Le budget qui en sort est alors un budget modificatif. Aussi, autant de fois qu'il subit des modifications, est-il appelé modificatif (exemple : budget modificatif 1, budget modificatif 2, etc.). Qu'il soit primitif ou modificatif, le dernier budget avec lequel la collectivité achève son action annuelle est le budget définitif. Et ce budget est celui sur lequel la collectivité établit son compte de gestion administrative car traduisant au mieux la réalité des actions entreprises. Partant, les budgets présentés et sur lesquels porte l'analyse sont ceux inscrits dans les comptes de gestion administrative.

4.3.2.1- Structure globale du budget

La structure globale d'un budget est analysée à l'aide de la part de la section "Investissement" et de celle de la section "Fonctionnement".

4.3.2.1.1- Cas des conseils généraux

Les tableaux 1, 2 et 3 présentent les budgets des Conseils Généraux de Soubré, Dimbokro et Bondoukou.

Tableau 1 : Budgets du Conseil Général de Soubré de 2004 à 2009.

BUDGETS DU CONSEIL GENERAL DE SOUBRÉ DE 2004 A 2009						
Années	Budgets					
	Fonctionnement		Investissement		Total	
	Montant (F CFA)	Part (%)	Montant (F CFA)	Part (%)	Montant (F CFA)	Part (%)
2004	253 215 000	18,45	1 119 500 000	81,55	1 372 715 000	100.00
2005	316 218 000	21,18	1 176 500 000	78,82	1 492 718 000	100.00
2006	802 570 000	38,06	1 306 239 000	61,94	2 108 808 000	100.00
2007	971 714 000	38,67	1 540 840 000	61,33	2 512 554 000	100.00
2008	565 361 000	29,54	1 348 765 000	70,46	1 914 126 000	100.00
2009	747 219 000	35,65	1 348 770 000	64,35	2 095 989 000	100.00
Total	3 656 297 000	31,80	7 840 614 000	68,20	11 496 910 000	100.00
Moyenne	609 382 833		1 306 769 000		1 916 151 667	

Source : Nos calculs, à partir des comptes de gestion administrative du Conseil Général de Soubré de 2004 à 2009.

Tableau 2 : Budgets du Conseil Général de Dimbokro de 2004 à 2009.

BUDGETS DU CONSEIL GENERAL DE DIMBOKRO DE 2004 A 2009						
Années	Budgets					
	Fonctionnement		Investissement		Total	
	Montant (F CFA)	Part (%)	Montant (F CFA)	Part (%)	Montant (F CFA)	Part (%)
2004	177 500 000	14.75	1 025 844 000	85.25	1 203 344 000	100.00
2005	252 769 000	19.18	1 065 172 000	80.82	1 317 941 000	100.00
2006	336 136 000	27.75	875 046 000	72.25	1 211 182 000	100.00
2007	294 982 000	34.96	548 791 000	65.04	843 773 000	100.00
2008	283 373 000	36.90	484 551 000	63.10	767 924 000	100.00
2009	233 000 000	24.69	710 790 000	75.31	943 790 000	100.00
Total	1 577 760 000	25.09	4 710 194 000	74.91	6 287 954 000	100.00
Moyenne	262 960 000		785 032 333.33		1 047 992 333.33	

Source : Nos calculs, à partir des comptes de gestion administrative du Conseil Général de Dimbokro de 2004 à 2009.

Tableau 3 : Budgets du Conseil Général de Bondoukou de 2004 à 2009.

BUDGETS DU CONSEIL GENERAL DE BONDOUKOU DE 2004 A 2009						
Années	Budgets					
	Fonctionnement		Investissement		Total	
	Montant (F CFA)	Part (%)	Montant (F CFA)	Part (%)	Montant (F CFA)	Part (%)
2004	230 216 132	14.88	1 317 435 898	85.12	1 547 652 030	100.00
2005	266 251 000	15.94	1 404 398 000	84.06	1 670 649 000	100.00
2006	272 500 000	15.45	1 491 450 000	84.55	1 763 950 000	100.00
2007	287 500 000	23.35	943 850 000	76.65	1 231 350 000	100.00
2008	285 380 000	21.91	1 017 418 000	78.09	1 302 798 000	100.00
2009	289 963 000	23.49	944 395 000	76.51	1 234 358 000	100.00
Total	1 631 810 132	18.65	7 118 946 898	81.35	8 750 757 030	100.00
Moyenne	271 968 355.33		1 186 491 149.67		1 458 459 505	

Source : Nos calculs, à partir des comptes de gestion administrative du Conseil Général de Bondoukou de 2004 à 2009.

On remarque que sur toute la période de l'échantillon considéré (2004-2009), la part de la section investissement dans le budget représente plus de la moitié du budget. Pour Soubré, cette part oscille entre 61.33% et 81.55%. Au niveau de Dimbokro, elle varie entre 63.10% et 85.25%. Pour Bondoukou, les investissements vont de 76.51% à 85.12%.De ce qui précède, les conseils généraux accordent une place importante à l'investissement. Cependant, dans l'ensemble, le Conseil Général de Bondoukou est celui-là qui consacre la plus grande partie de son budget à l'investissement (81.35%), suivi de Dimbokro (74.91%) et Soubré (68.20%). Inversement, le fonctionnement représente généralement 18.65% pour Bondoukou, 25.09% pour Dimbokro et 31.80% pour Soubré.

4.3.2.1.2- Cas des communes

Les tableaux 4, 5 et 6 indiquent qu'au niveau des communes, la tendance s'inverse.

Tableau 4 : Budgets de la Commune de Soubré de 2000 à 2009, excepté 2004.

BUDGETS DE LA COMMUNE DE SOUBRÉ DE 2000 A 2009, EXCEPTE 2004						
Année	Budgets					
	Fonctionnement		Investissement		Total	
	Montant (F CFA)	Part (%)	Montant (F CFA)	Part (%)	Montant (F CFA)	Part (%)
2000	169 075 000	71.02	69 000 000	28.98	238 075 000	100.00
2001	240 000 000	84.73	43 268 000	15.27	283 268 000	100.00
2002	286 546 000	76.92	86 000 000	23.08	372 546 000	100.00
2003	285 511 000	56.09	223 503 000	43.91	509 014 000	100.00
2004	INDISPONIBLE					
2005	377 086 000	73.68	134 700 000	26.32	511 786 000	100.00
2006	374 448 000	74.51	128 111 000	25.49	502 559 000	100.00
2007	674 860 000	78.19	188 256 000	21.81	863 116 000	100.00
2008	333 910 000	71.44	133 500 000	28.56	467 410 000	100.00
2009	447 470 000	70.89	183 713 000	29.11	631 183 000	100.00
Total	3 188 906 000	72.82	1 190 051 000	27.18	4 378 957 000	100.00
Moy.	354 322 888.89		132 227 888.89		486 550 777.78	

Source : Nos calculs, à partir des comptes de gestion administrative de la Commune de Soubré de 2000 à 2009, excepté 2004.

Tableau 5 : Budgets de la Commune de Dimbokro de 2000 à 2009.

BUDGETS DE LA COMMUNE DE DIMBOKRO DE 2000 A 2009						
Années	Budgets					
	Fonctionnement		Investissement		Total	
	Montant (F CFA)	Part (%)	Montant (F CFA)	Part (%)	Montant (F CFA)	Part (%)
2000	346 991 000	81.57	78 416 000	18.43	425 407 000	100.00
2001	257 120 000	86.96	38 568 000	13.04	295 688 000	100.00
2002	268 756 000	71.87	105 180 000	28.13	373 936 000	100.00
2003	291 761 000	68.33	135 247 000	31.67	427 008 000	100.00
2004	265 291 000	65.32	140 871 000	34.68	406 162 000	100.00
2005	264 141 000	72.17	101 848 000	27.83	365 989 000	100.00
2006	251 800 000	79.87	63 480 000	20.13	315 280 000	100.00
2007	281 990 000	67.46	136 020 000	32.54	418 010 000	100.00
2008	263 070 000	79.26	68 846 000	20.74	331 916 000	100.00
2009	269 360 000	69.62	117 544 000	30.38	386 904 000	100.00
Total	2 760 280 000	73.68	986 020 000	26.32	3 746 300 000	100.00
Moy.	276 028 000		98 602 000		374 630 000	

Source : Nos calculs, à partir des comptes de gestion administrative de la Commune de Dimbokro de 2000 à 2009.

Tableau 6 : Budgets de la Commune de Bondoukou de 2001 à 2009, excepté 2002 et 2006.

BUDGETS DE LA COMMUNE DE BONDOUKOU DE 2001 A 2009, EXCEPTE 2002 et 2006						
Années	Budgets					
	Fonctionnement		Investissement		Total	
	Montant (F CFA)	Part (%)	Montant (F CFA)	Part (%)	Montant (F CFA)	Part (%)
2001	190 567 000	75.46	61 972 000	24.54	252 539 000	100.00
2002	INDISPONIBLE					
2003	212 421 000	70 .97	86 886 000	29.03	299 307 000	100.00
2004	216 006 000	56.06	169 315 000	43.94	385 321 000	100.00
2005	239 636 000	15.03	1 354 505 000	84.97	1 594 141 000	100.00
2006	INDISPONIBLE					
2007	227 060 000	78.00	64 059 000	22.00	291 119 000	100.00
2008	229 553 000	78.08	64 433 000	21.92	293 986 000	100.00
2009	258 008 000	76.63	78 701 000	23.37	336 709 000	100.00
Total	1 573 251 000	45.56	1 879 871 000	54.44	3 453 122 000	100.00
Moy.	224 750 142.86		268 553 000		493 303 142.86	

Source : Nos calculs, à partir des comptes de gestion administrative de la Commune de Bondoukou de 2001 à 2009, excepté 2002 et 2006.

À part l'année 2005 où la part du budget d'investissement de la Commune de Bondoukou dépasse 50% (84.97%), sur toutes les autres années et quelque soit la commune, cette part n'atteint pas 50%. Elle est comprise entre 15.27% et 43.91% pour Soubré, 13.04% et 34.68% pour Dimbokro, 21.92% et 84.97% pour Dimbokro. À l'opposé, les moyennes relatives au fonctionnement sont élevées : entre 56.09% et 84.73 pour Soubré, 65.32% et 86.96% pour Dimbokro, 15.03% et 78.08% pour Bondoukou. Il ressort donc que les communes engagent l'essentiel de leurs budgets (plus des 2/3) dans le fonctionnement ; ce qui est déjà anormal.

4.3.2.2- Structure du budget par type de collectivités

La comparaison concerne, d'une part, les conseils généraux, et d'autre part, les communes.

4.3.2.2.1- Comparaison des budgets des conseils généraux

A ce niveau, une comparaison d'ensemble, en pourcentage et en valeur des budgets est faite.

4.3.2.2.1.1- Comparaison d'ensemble

Sur l'ensemble de l'échantillonnage, le Conseil Général de Soubré a capitalisé 11 496 910 F CFA de budgets avec 3 656 297 F CFA (31.80%) pour le fonctionnement et 7 840 614 000 F CFA (68.20%) pour l'investissement. Le Conseil Général de Dimbokro a cumulé au niveau des budgets, 6 287 954 000 F CFA, dont 1 577 760 000 F CFA (25.09%) pour le fonctionnement et 4 710 194 000 F CFA (74.91%) pour l'investissement. Le Conseil Général de Bondoukou a enregistré 8 750 757 030 F CFA repartis comme suit : 1 631 810 132 F CFA (18.65%) pour le fonctionnement et 7 118 946 898 F CFA (81.35%) pour l'investissement. Une observation se dégage nettement de ce qui précède : les conseils généraux, dans l'utilisation de leurs budgets, respectent les normes qui voudraient qu'au plus, le 1/3 du budget soit consacré au fonctionnement, et les 2/3 à l'investissement.

4.3.2.2.1.2- Comparaison en pourcentage

a) Cas du fonctionnement

Dans l'ensemble, tous les conseils généraux consacrent moins de 32% à leur fonctionnement. Individuellement pris, le Conseil Général de Bondoukou est celui qui consacre le moins de ressources à son fonctionnement (18.655%). Il est suivi de Dimbokro avec 25.09%. Soubré est le conseil général qui dépense plus dans son fonctionnement (31.80%).

b) Cas de l'investissement

En pourcentage, nous avons l'inverse de ce qui est constaté au niveau du fonctionnement : Bondoukou consacre plus de ressources financières à ses investissements (82.35%) ; suivi de Dimbokro (74.91%) et Soubré (68.20%).

4.3.2.2.1.3- Comparaison en valeur

a) Cas du fonctionnement

En valeur également, le même ordre est respecté. Dans l'ensemble, Bondoukou a dépensé 1 631 810 132 F CFA. Dimbokro a dépensé 1 577 760 F CFA. Soubré a dépensé 3 656 297 000 F CFA.

b) Cas de l'investissement

Un changement est observé. Soubré garde la 1ère place en termes de ressources consacrées à l'investissement avec 7 840 614 000 F CFA. Bondoukou et Dimbokro suivent avec 8 750 757 030 F CFA et 6 287 954 000 F CFA.

4.3.2.2.2- Comparaison des budgets des communes

4.3.2.2.2.1- Comparaison d'ensemble

Le total des budgets de la Commune de Soubré sur les 09 années est 4 378 957 000 F CFA, dont 3 188 906 000 F CFA (72.82%) pour le fonctionnement et 1 190 051 000 F CFA (27.18%) pour l'investissement. La Commune de Dimbokro comptabilise 10 comptes administratifs (2000-2009). Sur cette période, le total des budgets est de 3 746 300 000 F CFA, dont 2 760 280 F CFA (73.68%) pour le fonctionnement et 986 020 000 F CFA (26.32%) pour l'investissement. La Commune de Bondoukou a 07 comptes administratifs disponibles. Pour ces années, les budgets enregistrés s'élèvent à 3 453 122 000 F CFA repartis comme suit : 1 573 251 000 F CFA (45.56%) pour le fonctionnement et 1 879 871 000 F CFA (54.44%) pour l'investissement.

L'interprétation qu'on fait de la nomenclature des budgets des communes est qu'ils sont déséquilibrés et ne respectent pas les normes exigées. Ils sont mêmes à l'opposé de cette norme. En d'autres termes, alors qu'il est indiqué qu'au plus le 1/3 soit consacré au fonctionnement, et les 2/3 à l'investissement, c'est le contraire qu'on observe, c'est-à-dire 2/3 pour le fonctionnement et 1/3 pour l'investissement. C'est vrai que sur la base des données dont nous disposons, Bondoukou fait l'exception. Mais cette exception est liée au budget de 2005 (1 594 141 000 F CFA avec 15.03% pour le fonctionnement et 84.97% pour l'investissement), date à laquelle l'Union Européenne, à travers le PSDAT, a contribué au boostage de cette commune dans bien de réalisations. Sinon que dans l'ensemble, la tendance est la même que dans les autres communes.

4.3.2.2.2.2- Comparaison en pourcentage

a) Cas du fonctionnement

Les communes, dans l'ensemble, consacrent près de 46% de leurs budgets au fonctionnement. Individuellement pris, Bondoukou consacre le moins de ressources à son fonctionnement (45.56%). Soubré et Dimbokro qui suivent, ont sensiblement les mêmes valeurs (72.82% et 73.68%). Ces deux dernières collectivités dépensent donc le plus en fonctionnement.

b) Cas de l'investissement

C'est l'inverse au niveau du fonctionnement qui est constaté ici : Bondoukou investit le plus (54.44%), suivie de Soubré (27.18%) et Dimbokro (26.32%).

4.3.2.2.2.3- Comparaison en valeur

a) Cas du fonctionnement

En valeur, la Commune de Bondoukou investit le moins en fonctionnement, avec 1 573 251 000 F CFA. Dimbokro a dépensé 2 760 280 000 F CFA. Soubré a dépensé 3 188 906 000 F CFA.

b) Cas de l'investissement

En investissement, avec son boom de 2005, Bondoukou occupe la 1ère place (1 879 871 000 F CFA). Soubré suit avec 1 190 051 000 F CFA. Dimbokro vient en dernière position avec 986 020 000 F CFA.

En définitive, il ressort qu'au niveau de la structure des budgets par type de collectivités, les conseils généraux et les communes ne se comportent pas de la même façon. Alors que les premiers respectent les normes requises pour l'utilisation d'un budget, c'est-à-dire 1/3 pour le fonctionnement et 2/3 pour l'investissement, les seconds en font le contraire (2/3 pour le fonctionnement et 1/3 pour l'investissement).

4.3.3- Analyse des taux de recouvrement des recettes des collectivités territoriales

Comme nous venons de le voir, pour fonctionner et pour investir, les collectivités territoriales se dotent de budget. Ce budget n'est rien d'autre que l'ensemble des ressources financières mobilisées. Il convient donc de voir ces ressources et leur mode de mobilisation. À ce titre, nous ferons l'analyse des prévisions de recettes dans le budget et celle des niveaux de recouvrement.

4.3.3.1- Les prévisions de recettes des collectivités territoriales

Examinons à présent la composition des prévisions de recettes afin d'identifier les postes qui attirent plus l'attention des collectivités territoriales étudiées. Pour faciliter l'analyse, nous avons regroupé les valeurs des parts des postes en 4 groupes: part nulle, part comprise entre 0% et 20%, part supérieure ou égale à 20% mais inférieure à 50% et part supérieure ou égale à 50%. Une telle décomposition repose sur le fait que dans la sous-section "recettes", les prévisions concernent 5 ou 6 postes. Si le même poids était accordé à ces postes, la part de chacun serait de 20% ou de 16,67%. Par souci d'harmonie, nous avons opté pour le seuil de 20%. Une part comprise entre 0% et 20% sera qualifiée de « relativement faible », tandis qu'une part supérieure ou égale à 20% mais inférieure à 50% sera dite « relativement élevée ». Une part supérieure ou égale à 50% sera qualifiée de « élevée ». Pour chacun des 4 groupes et pour chacun des postes, nous déterminons la proportion de collectivités territoriales de l'échantillon afin de dégager les parts dominantes. Les variables utilisées pour analyser les prévisions sont les parts des recettes dans le budget prévisionnel. La part des différentes recettes permet d'examiner non seulement la structure globale du budget prévisionnel mais aussi les structures des recettes figurant dans ce budget.

Les valeurs globales des budgets des collectivités indiquent que les recouvrements sont élevés dans les conseils généraux. À Soubré, les taux oscillent entre 93.99% (2004) et 115.20% (2005), d'où une moyenne de 101.01%. À Dimbokro, avec une moyenne de 100.52%, les taux varient entre 94.67% (2008) et 105.93% (2005). À Bondoukou, la moyenne est de 88.01%, et les taux vont de 74.46% à 104.17%. Au niveau des communes, à l'exception de 2004 à Bondoukou où le taux relativement faible de 14.67% fait chuter la moyenne de la commune à 49.35%, les recouvrements sont également élevés à Soubré (73.86% à 121.86%, avec une moyenne de 110.53%) et à Dimbokro (83.16% à 100.82%, avec une moyenne de 88.34%).

4.3.3.1.1- Les prévisions de recettes de fonctionnement

Nous analysons les structures des prévisions de recettes de fonctionnement en utilisant les parts des postes de recettes de fonctionnement dans le total des prévisions de recettes de fonctionnement. Les recettes de fonctionnement comprennent les postes suivants: "Recettes Fiscales", "Recettes des Prestations et Services", "Revenus du Patrimoine et du Portefeuille", "Aide de l'État, Fonds de Concours et Aides Extérieures", et "Recettes Diverses au Titre I".

4.3.3.1.1.1- Recettes fiscales

Les recettes fiscales sont constituées de l'ensemble de toutes les recettes collectées par l'administration (recettes foncières, patentes, vignettes, taxes sur les commerçants, etc.).

a) Cas des conseils généraux

Il ressort qu'en moyenne, la part des recettes fiscales dans les prévisions de recettes de fonctionnement est faible à Dimbokro et Bondoukou (18.62% et 10.30%) et relativement élevée à Soubré (34.97%). Cette part est même nulle pour tous les conseils en 2004. Cela s'explique par le fait que les conseils venaient de commencer leurs missions. Les recettes fiscales occupent donc une place faible dans les prévisions de recettes de fonctionnement des conseils généraux. Cependant, la tendance de ces recettes est à l'augmentation depuis 2005 (date à laquelle elles ont commencé à être mobilisées), suggérant une meilleure organisation et coordination des services fiscaux. Le faible intérêt accordé aux recettes fiscales peut s'expliquer par la faiblesse de l'assiette fiscale locale et par la situation de conflit armé que traverse le pays depuis septembre 2002.

b) Cas des communes

Les recettes fiscales dans les prévisions de recettes de fonctionnement sont relativement élevées au niveau des communes. Elles oscillent entre 41.06% et 51.53% à Soubré (45.65% en moyenne), entre 40.71% et 61.09 à

Dimbokro (48.32% en moyenne) et entre 29.53% et 45.20% à Bondoukou (39.31% en moyenne). Ces prévisions élevées des recettes fiscales dans les recettes de fonctionnement s'expliquent par le fait que les communes ont beaucoup plus d'expérience en la matière, vu qu'elles ont une longue longévité.

4.3.3.1.1.2- Recettes des Prestations et Services

Le poste "Recettes des Prestations et Services" enregistre les ressources générées par la tarification des services publics rendus (timbres, gares routières, repas des cantines scolaires, tickets de transports en commun, entrées de piscines, visites de musées, entrée dans les salles de spectacles, etc.).

a) Cas des conseils généraux

Les conseils généraux ont des valeurs quasi-nulles en "Recettes des Prestations et Services" dans les prévisions de recettes de fonctionnement. La moyenne générale est faible et avoisine la nullité (01.19% pour Soubré, 00.19% pour Dimbokro et 00.52% pour Bondoukou). Cette faible part s'explique essentiellement par le fait que les conseils généraux ne fournissent pas de services publics payants. En effet, créés il y a à peine 09 ans, les conseils généraux ne disposent pas encore d'infrastructures nécessaires à la fourniture des services publics.

b) Cas des communes

Avec 21.62% pour Soubré, 30.33% pour Dimbokro et 30.49% pour Bondoukou, les "Recettes des Prestations et Services" sont relativement élevées dans les prévisions de recettes de fonctionnement. Ceci s'explique par le fait que, même si la situation n'est pas reluisante que ça, les communes disposent tout de même de quelques structures de fourniture de services publics telles les musées, les cantines scolaires, etc.

4.3.3.1.1.3- Revenus du Patrimoine et du Portefeuille

Ce sont les revenus tirés par les collectivités territoriales de leur patrimoine (magasins, etc.) et de leurs parts ou participations dans les entreprises situées sur leur territoire.

a) Cas des conseils généraux

Les "Revenus du Patrimoine et du Portefeuille" sont nuls sur toute la période étudiée dans les prévisions de recettes de fonctionnement au niveau des conseils généraux. Cela suggère que, non seulement les conseils généraux n'ont pas encore de patrimoine ; mais aussi, n'ont pas dans leur espace, des entreprises dans lesquelles ils peuvent prendre des participations.

b) Cas des communes

Au niveau des communes, non plus, la situation n'est pas reluisante. Les "Revenus du Patrimoine et du Portefeuille" ont des parts faibles dans les prévisions de recettes de fonctionnement : 02.98% en moyenne pour Soubré, 03.93% en moyenne pour Dimbokro et 07.75% en moyenne pour Bondoukou.

Cela s'explique, comme au niveau des conseils généraux, par l'absence de patrimoine et l'inexistence d'entreprises sur les périmètres communaux dans lesquelles les communes peuvent prendre des actions.

4.3.3.1.1.4- Aides de l'État, Fonds de Concours et Aides Extérieures

C'est la subvention octroyée par l'État pour compléter les recettes propres de la collectivité. Elle peut avoir un caractère de subvention de l'extérieur.

a) Cas des conseils généraux

Même si la tendance est à la décroissance, les "Aides de l'État, Fonds de Concours et Aides extérieures" sont relativement élevés dans les prévisions de recettes de fonctionnement du Conseil Général de Soubré (38.55% en moyenne) et élevés pour ceux de Dimbokro (62.69% en moyenne) et Bondoukou (72.60% en moyenne).Pour leur fonctionnement, les conseils généraux comptent essentiellement sur l'État, les fonds de concours et les aides extérieures.

b) Cas des communes

Les "Aides de l'État, Fonds de Concours et Aides extérieures" sont faibles dans les prévisions de recettes de fonctionnement des communes : 12.56% en moyenne pour Soubré, 14.75% en moyenne pour Dimbokro et 18.89% en moyenne pour Bondoukou. Pour leur fonctionnement, contrairement aux conseils généraux, les communes compte moins sur l'État ; mais sur d'autres prévisions. Les données montrent qu'elles comptent beaucoup plus sur les recettes fiscales.

4.3.3.1.1.5- Recettes Diverses au Titre I

Elles représentent soit les ristournes reversées à la collectivité après la vente des vignettes, soit le surplus d'une gestion financière précédente.

a) Cas des conseils généraux

Les "Recettes Diverses au Titre I" comptent pour relativement élevées dans les prévisions des recettes de fonctionnement du Conseil Général de Soubré (25.29% avec un pic de 41.24% en 2007) et faiblement dans celles des Conseils Généraux de Dimbokro (18.50% en moyenne) et Bondoukou (16.58% en moyenne).

b) Cas des communes

Dans les communes, les "Recettes Diverses au Titre I" comptent pour relativement faibles dans les prévisions des recettes de fonctionnement : 17.19% en moyenne pour Soubré avec un pic de 39.20% en 2007, 02.67% pour Dimbokro et 03.56% pour Bondoukou. Les communes comptent très peu sur ce type de recette pour leur fonctionnement.

Au total, l'analyse des prévisions de recettes de fonctionnement indiquent que pour leur fonctionnement, les conseils généraux comptent essentiellement sur les "Aides de l'État, Fonds de Concours et Aides Extérieures" et à un degré moindre, sur les "Recettes Fiscales" et les "Recettes Diverses au Titre I ; tandis que les communes espèrent primordialement sur la mobilisation des "Recettes Fiscales" auxquelles elles ajoutent secondairement les "Recettes des Prestations et Services" et les "Aides de l'État, Fonds de Concours et Aides Extérieures".

4.3.3.1.2- Les prévisions de recettes d'investissement

Nous analysons les structures des prévisions de recettes d'investissement. Nous utilisons les parts des postes de recettes d'investissement dans le total des prévisions de recettes d'investissement. Les recettes d'investissement se subdivisent en "Produits de l'Aliénation des Biens du Patrimoine", "Prélèvements sur Fond d'Investissement", "Recettes d'Emprunt", "Subvention de l'État", "Dons et Legs" et "Recettes Diverses au Titre II".

4.3.3.1.2.1- Les Produits de l'Aliénation des Biens du Patrimoine

Ils constituent ce qu'engrange la collectivité de la vente de tout bien (meuble ou immeuble) de son patrimoine. Exemple : la vente d'un véhicule du patrimoine municipal constitue un "Produit de l'Aliénation des Biens du Patrimoine".

a) Cas des conseils généraux

Les "Produits de l'Aliénation des Biens du Patrimoine" sont nuls dans les prévisions de recettes d'investissement des conseils généraux. Comme indiqué au niveau des prévisions de recettes de fonctionnement, cette situation peut s'expliquer une fois de plus par le fait que les collectivités étudiées n'ont pas encore de patrimoine.

b) Cas des communes

Dans les communes également, ils sont nuls dans les prévisions de recettes d'investissement. La raison est la même que dans les conseils généraux : inexistence de patrimoine.

4.3.3.1.2.2- Prélèvements sur Fonds d'Investissement

Ce sont des écritures comptables qui consistent à consacrer une partie des recettes de la collectivité à l'investissement. Obligatoirement, les collectivités doivent consacrer un certain montant (fonction de la taille de la commune : 10 à 30%) à l'investissement.

a) Cas des conseils généraux

Au niveau des conseils généraux, les proportions du poste "Prélèvements sur Fonds d'Investissement" dans les prévisions de recettes d'investissement sont faibles. Les moyennes sont de 12.34% pour Soubré, 01.66% pour Dimbokro et 01.49% pour Bondoukou. Ces résultats suggèrent un manque de ressources dans le fonds d'investissement.

b) Cas des communes

Au niveau des communes, Soubré se dégage positivement avec des prévisions élevées allant de 65.12% à 100% (79.55% en moyenne). Pour Dimbokro, ces prévisions sont relativement élevées avec des valeurs oscillant entre 19.79% et 100% (37.53% en moyenne). Pour Bondoukou, les "Prélèvements sur Fonds d'Investissement" comptent faiblement dans les prévisions de recettes d'investissement (12.12% en moyenne). Dans l'ensemble, le fonds d'investissement des collectivités communales est relativement fourni avec une consistance pour Soubré et une faiblesse pour Bondoukou.

4.3.3.1.2.3- Recettes d'Emprunts

Ce sont les emprunts contractés par la collectivité à la banque ou au Fonds de Prêts aux Collectivités Locales (FPCL). La loi autorise de tels emprunts.

a) <u>Cas des conseils généraux</u>

Les "Recettes d'Emprunt" sont nulles dans les prévisions de recettes d'investissement au niveau des conseils généraux. L'absence de prévisions peut s'expliquer par la difficulté pour ces collectivités territoriales d'obtenir du financement externe, surtout en cette période de crise politico-militaro-civile.

b) <u>Cas des communes</u>

Ici également, les "Recettes d'Emprunt" sont à la traine dans les prévisions de recettes d'investissement : nulles pour Soubré et Dimbokro, faibles (02.80%) pour Bondoukou. En la matière, ce qui vaut pour les conseils généraux valant pour les communes, ces dernières ont aussi des difficultés pour obtenir du financement externe durant cette période de crise.

4.3.3.1.2.4- Subvention de l'État

Comme son nom l'indique, c'est la dotation provenant de l'État central pour compléter les ressources propres de la collectivité.

a) <u>Cas des conseils généraux</u>

Dans les conseils généraux, la part "Subvention de l'État" dans les prévisions de recettes d'investissement est relativement élevée pour Dimbokro (56.65% en moyenne avec un pic de 96.73% en 2004) et élevée pour Soubré (25.32% en moyenne) et Bondoukou (43.03%). Nous observons également que la tendance est à la baisse de 2004 à 2009. On pourrait dire qu'à l'origine, les conseils généraux comptaient sur cette recette pour son investissement. Mais avec le temps, ils ont commencé à compter sur d'autres recettes.

b) <u>Cas des communes</u>

Côté commune, la "Subvention de l'État" dans les prévisions de recettes d'investissement est relativement élevée pour Soubré et Dimbokro avec des moyennes respectives de 20.45% et 42.01%, et élevée pour Bondoukou (85.08% en moyenne). À Bondoukou, la situation s'explique par le pic exceptionnel de 96.16% en 2005 dû au financement de l'investissement par le PSDAT de l'Union Européenne. Les communes espèrent en partie sur la subvention de l'État pour le financement de leurs dépenses d'investissement.

4.3.3.1.2.5- Dons et Legs

Ce sont les fruits de la bienfaisance de toute personne morale ou physique. Tout (en nature ou en espèce) peut, soit être donné gracieusement à la collectivité, soit lui être légué.

a) Cas des conseils généraux

Les "Dons et Legs" sont totalement absents dans les prévisions de recettes d'investissement des conseils généraux. Cette absence de ce chapitre dans les recettes d'investissement peut s'expliquer par son caractère imprévisible.

b) Cas des communes

Dans les communes également, les "Dons et Legs" sont aussi inexistants dans les prévisions de recettes d'investissement. Ce n'est qu'en 2007 que Dimbokro a fait une prévision à hauteur de 28.17% (03.73% en moyenne). Comme dans les conseils généraux, cela s'explique par le caractère imprévisible de ces recettes.

4.3.3.1.2.6- Recettes Diverses au Titre II

Ce sont les surplus de recettes inscrites au niveau de la gestion financière du Titre II. Exemple : Considérons un investissement programmé à hauteur de 100 000 000 F CFA. À la fin de l'exercice, si la collectivité a utilisé 60 000 000 F CFA, le surplus de 40 000 000 F CFA est inscrit à ce chapitre.

a) Cas des conseils généraux

Les "Recettes Diverses au Titre II" sont relativement élevées dans les prévisions de recettes d'investissement de Dimbokro (41.69% en moyenne) et élevées à Soubré (62.34%) et Bondoukou (55.48%). Cette ressource est capitale pour les conseils généraux pour leurs investissements.

b) Cas des communes

À ce niveau, seule Dimbokro fait des prévisions dans ses recettes d'investissement, même si elles sont faibles (16.73% en moyenne). Soubré et Bondoukou n'en font aucune prévision dans leurs recettes d'investissement. Partant, si dans les conseils généraux, les "Recettes Diverses aux Titre II" constituent une source relativement importante de financement des investissements, ce n'est pas le cas des communes.

En définitive, dans les prévisions de recettes, les postes qui occupent une place importante sont, pour les conseils généraux et par ordre d'importance : "Aide de l'État, Fonds de Concours et Aides Extérieures", "Recettes Fiscales" et "Recettes Diverses au Titre I" pour le fonctionnement ; "Recettes Diverses au Titre II" et "Subvention de l'État" pour l'investissement. Pour les communes et par ordre d'importance : "Recettes Fiscales" et "Recettes des Prestations et Services" pour le fonctionnement ; "Prélèvement su Fonds d'Investissement" et "Subvention de l'État" pour l'investissement.

4.3.3.2- Les recettes recouvrées

Les prévisions de recettes étant analysées, nous examinons à présent le recouvrement proprement dit afin de voir si les collectivités territoriales se donnent les moyens de leur politique. Comme dans l'analyse des prévisions, nous avons regroupé les valeurs des parts des postes en 4 groupes: part nulle, part faible (entre 0% et 20%), part relativement élevée (supérieure ou égale à 20% mais inférieure à 50%) et part élevée (supérieure ou égale à 50%).

La variable utilisée pour analyser les recettes recouvrées est le taux de recouvrement. Cet indicateur nous permettra d'apprécier les recettes recouvrées par rapport aux prévisions faites. Ce taux de recouvrement des recettes est le rapport entre les recettes recouvrées et les recettes prévues dans le budget. Les recettes, comme déjà indiqué, se subdivisent en deux catégories : les recettes de fonctionnement et les recettes d'investissement.

4.3.3.2.1- Taux de recouvrement des recettes de fonctionnement

En rappel, les recettes de fonctionnement comprennent les postes suivants: "Recettes Fiscales", "Recettes des Prestations et Services", "Revenus du Patrimoine et du Portefeuille", "Aide de l'État, Fonds de Concours et Aides Extérieures" et "Recettes Diverses au Titre I".

4.3.3.2.1.1- Recettes Fiscales

a) Cas des conseils généraux

Les conseils généraux ont un taux de recouvrement général de "Recettes Fiscales" qu'on qualifie de très élevé car au-delà des prévisions : 115.93% pour Soubré, 106.22% pour Dimbokro et 109.92% pour Bondoukou. Pour leur fonctionnement, ces collectivités mobilisent donc plus qu'elles n'ont prévu de ressources. Nous constatons cependant que Soubré et Bondoukou n'ont pu mobiliser de recettes fiscales en 2004. Même Dimbokro qui en a mobilisées n'en avait pas prévues. Cela s'explique par le fait que les conseils généraux étaient au début de leur fonctionnement, et donc les recettes fiscales n'étaient pas encore incorporées dans leurs recettes de fonctionnement.

b) Cas des communes

Les communes ont certes des taux de recouvrement élevés des "Recettes Fiscales", mais seule Soubré dépasse les 100% avec 116.14%, contre 83.85% pour Dimbokro et 76.84% pour Bondoukou. Contrairement aux conseils généraux, toutes les communes ont fait des prévisions de "Recettes Fiscales" toutes les années de l'échantillon. Ici, c'est le fait que les communes ont une existence vielle de plus dune vingtaine d'années. Les communes mobilisent donc bien les ressources prévues pour leur fonctionnement.

4.3.3.2.1.2- Recettes des Prestations et Services

a) Cas des conseils généraux

Les spécificités sont à noter à ce niveau. Pour Soubré, le recouvrement est nul. Même pour les années 2007 à 2009 où des prévisions ont été faites, ces "Recettes des Prestations et Services" n'ont pu être mobilisées. Pour Dimbokro, elles n'ont pas été prévues et n'ont pas été mobilisées pour toute la période sauf en 2009 où le recouvrement a été supérieur à la prévision (154.00%). Bondoukou fait la petite exception car de 2007 à 2009, des prévisions ont été faites et les recouvrements ont été effectifs avec une moyenne de 185.25%. Malgré les efforts de Bondoukou, les conseils généraux ne fournissent pas de services payants.

b) Cas des communes

Au niveau des communes, par contre, les valeurs sont appréciables. Les moyennes donnent une mobilisation élevée des "Recettes des Prestations et Services" : 92.01% pour Soubré, 89.26% pour Dimbokro et 70.54% pour Bondoukou. Cette embellie s'explique par le fait que, contrairement aux conseils généraux, elles offrent des services payants tel l'établissement de divers documents administratifs ; toutes choses qui font entrer de l'argent dans leurs caisses. Elles font également une mobilisation exemplaire des "Recettes Fiscales". À Soubré, le taux est très élevé parce que supérieur aux prévisions (116.14%). À Dimbokro et Bondoukou, il est élevé (respectivement 83.85% et 76.84%). On conclut que conseils généraux et communes mobilisent à près de 100% et plus, leurs recettes fiscales de fonctionnement.

4.3.3.2.1.3- Revenus du Patrimoine et du Portefeuille

a) Cas des conseils généraux

Les valeurs inexistantes prouvent que les conseils généraux ne prévoient pas de recettes à ce niveau. Cela s'explique une fois encore par le fait que ceux-ci n'ont pas encore de patrimoine.

b) Cas des communes

Les communes, elles, pour fonctionner, font des prévisions qu'elles recouvrent à des moyennes élevées (93.17% pour Dimbokro et 67.57% pour Bondoukou) et très élevées (105.01% pour Soubré). Elles ont donc du patrimoine qu'il leur procure des ressources financières. Pour preuve, nous avons les divers magasins dont elles sont propriétaires.

4.3.3.2.1.4- Aides de l'État, Fonds de Concours et Aides Extérieures

a) Cas des conseils généraux

En 2006, le recouvrement de la prévision de ce poste à été de 92.78% pour Soubré. Les deux autres mobilisent la totalité des ressources venant de l'État pour leur fonctionnement. En 2005, Soubré a reçu même plus que prévu (100.21%). Ceci implique que dans la quasi-totalité des cas, les conseils généraux ont reçu la dotation de fonctionnement prévue par l'État.

b) Cas des communes

Au niveau des communes également, le soutien de l'État pour le fonctionnement est beaucoup important. Les recouvrements sont supérieurs aux prévisions pour Soubré (112.95%) et Dimbokro (106.16%). Bondoukou n'en demeure pas moins lésée puisque la mobilisation est de 99.00% ; et cela est dû à la seule année 2005 où le soutien de l'État a été honoré à 95.00%, situation qui peut une fois de plus s'expliquer par le soutien exceptionnel qu'a reçu cette commune de la part de l'Union Européenne dans le cadre du PSDAT.

En un mot, pour fonctionner, les collectivités reçoivent de l'État plus qu'elles ne prévoient.

4.3.3.2.1.5- Recettes Diverses au Titre I

a) Cas des conseils généraux

Pour leur fonctionnement, le recouvrement fait par les conseils généraux des "Recettes Diverses au Titre I" est élevé. En moyenne, nous avons 81.98% pour Soubré, 91.23% pour Dimbokro et 91.28% pour Bondoukou.

b) Cas des communes

Au niveau des communes, même si Bondoukou traine les pas, les moyennes du recouvrement des "Recettes Diverses au Titre I", dans le cadre de leur fonctionnement, restent élevées : 96.45% pour Soubré, 91.95% pour Dimbokro et 60.75% pour Bondoukou.

Au total, au niveau du recouvrement des recettes de fonctionnement, à l'exception des "Revenus du Patrimoine et du Portefeuille" et des "Recettes des Prestations et Services" inexistants ou presque pas au niveau des conseils généraux, tous les autres postes font l'objet de prévisions qui sont recouvrées de façon élevée et souvent même au-delà.

4.3.3.2.2- Taux de recouvrement des recettes d'investissement

Nous rappelons que les recettes d'investissement se subdivisent en "Produits de l'Aliénation des Biens du Patrimoine", "Prélèvement sur Fonds d'Investissement", "Recettes d'Emprunts", "Subvention de l'État", "Dons et Legs" et "Recettes Diverses au Titre II".

4.3.3.2.2.1- Produits de l'Aliénation des Biens du Patrimoine

a) Cas des conseils généraux

Les taux de recouvrement des recettes d'investissement concernant le chapitre "Produits de l'Aliénation des Biens du Patrimoine" des conseils généraux n'ont pu être calculés parce que ces recettes ne sont ni prévues ni recouvrées. Ceci expliquant cela, les conseils généraux n'ont pas encore de patrimoine.

b) Cas des communes

À ce niveau, la situation n'est non plus reluisante. La Commune de Soubré n'a fait aucune prévision et n'a mobilisé aucune ressource relativement aux "Produits de l'Aliénation des Biens du Patrimoine". Ce sont seulement en 2002 et 2005 que respectivement Dimbokro et Bondoukou ont mobilisé des ressources de 305 000 F CFA et 598 500 F CFA. Les taux de ces années et les taux moyens ne peuvent être calculés parce que les prévisions sont nulles.

Cependant, si la situation peut s'expliquer pour les conseils généraux qui n'ont actuellement véritablement pas de patrimoine, ce n'est pas le cas des communes qui en dispose relativement. Ceci nous amène à dire que le recouvrement des ressources relatives au patrimoine des communes ne sert qu'à leur fonctionnement.

4.3.3.2.2.2- Prélèvement sur Fonds d'Investissement

a) Cas des conseils généraux

Pour Soubré, seul la prévision de 2005 n'a pu être recouvrée. Sinon que pour toutes les autres années, le recouvrement a été de 100.00%, d'où une moyenne élevée de 97.57%. Bondoukou obéit aussi à cette même situation où la prévision de la même année 2005 a été recouvrée à 96.08%, d'où une moyenne élevée de 99.13%. Pour Dimbokro par contre, la moyenne élevée de 59.74%, mais moins que les deux autres, se justifie par l'absence de prévisions et de recouvrement en 2005 et 2006 et l'absence de recouvrement en 2007 et 2009.Les prévisions de recettes d'investissement sont donc bien recouvrées au niveau des conseils généraux.

b) Cas des communes

Au niveau des communes, les moyennes du recouvrement sont également élevées pour le "Prélèvement sur Fonds d'Investissement" : 83.77% pour Soubré, 73.35% pour Dimbokro et 53.98% pour Bondoukou. Le constat est que pour toutes les années, des prévisions sont faites et recouvrées à des niveaux appréciables pour toutes, sauf pour Bondoukou où on constate une absence de prévisions et de recouvrements en 2007, 2008 et 2009, ce qui justifie sa moyenne moins élevée que les autres.

4.3.3.2.2.3- Recettes d'Emprunts

a) Cas des conseils généraux

Les conseils généraux n'ont ni de prévisions ni de recouvrements au niveau des "Recettes d'Emprunts" pour leurs investissements. Cela montre que ces collectivités n'empruntent pas comme la loi le leur autorise.

b) Cas des communes

Au niveau des communes, Soubré et Dimbokro n'ont aussi ni de prévisions ni de recouvrement pour les "Recettes d'Emprunts". Seule Bondoukou a en pour 03 années (2001, 2003, 2004) sur les 07 constituant son échantillon ; ce qui lui donne une moyenne de 92.26% de recouvrement. Bondoukou est donc la seule collectivité à bénéficier de prêts. Cela peut s'expliquer par la confiance qu'elle inspire à l'État et aux partenaires extérieurs.

4.3.3.2.2.4- Subvention de l'État

a) Cas des conseils généraux

Pour Soubré et Dimbokro, les données du recouvrement sont élevées et oscillent respectivement entre 84.30% et 114.33% (98.09% en moyenne) et 100.00% et 110.76% (101.27% en moyenne). À Bondoukou aussi, la moyenne est élevée, mais moins qu'ailleurs. Cela se justifie par la faiblesse du recouvrement de la subvention de l'État en 2004 (63.48%), 2005 (41.89%) et 2006 (41.21%).

b) Cas des communes

Concernant les communes, Dimbokro a une moyenne de recouvrement de 101.01% pour la "Subvention de l'État" prévue pour son investissement. Mais cela ne doit pas cacher le fait qu'en 2000 et 2001, la commune n'a pas reçu de "Subvention de l'État". À Soubré, la moyenne est aussi élevée (74.23%). Quant à Bondoukou, la moyenne est de 19.21%. Cela s'explique par deux faits : le 1er est que sur les 1 302 500 000 prévus en 2005, seulement

35 000 000 F CFA ont été recouvrées (02.69%). Le 2ème est qu'en 2001, la commune n'a pas aussi reçu de "Subvention de l'État".

À part les exceptions soulevées, dans l'ensemble, les collectivités territoriales recouvrent l'essentiel de la "Subvention de l'État" prévue dans le cadre de leur investissement.

4.3.3.2.2.5- Dons et Legs

a) Cas des conseils généraux

Aucun des conseils généraux, dans le cadre de son investissement, n'a, ni fait de prévisions ni fait de recouvrements en "Don et Legs".

b) Cas des communes

Les communes, non plus, pour leur investissement, n'ont fait ni de prévisions ni de recouvrements en "Dons et Legs", exceptée la seule année de 2007 où Dimbokro a recouvré 26 579 720 F CFA sur 38 324 000 F CFA prévus (69.36% en moyenne).

4.3.3.2.2.6- Recettes Diverses au Titre II

a) Cas des conseils généraux

Les prévisions des "Recettes Diverses au Titre II" faites par les conseils généraux dans le cadre de l'investissement sont recouvrées à 100.00% pour Soubré et Bondoukou et à 99.97% pour Dimbokro.

b) Cas des communes

Au niveau des communes, la situation change. Bondoukou n'a fait ni de prévisions ni de recouvrement pour cette rubrique. Soubré n'a recouvré ces recettes qu'en 2002 alors qu'elles n'étaient mêmes pas prévues. Seule Dimbokro a fait soit des prévisions et des recouvrements (les prévisions de 2005 n'ont pas été recouvrées), soit des recouvrements alors que les prévisions ne sont pas faites (les taux ne peuvent être calculés dans ce cas).

En définitive, les observations suivantes peuvent être faites sur le recouvrement des recettes. En ce qui concerne les recettes de fonctionnement, alors que les conseils généraux ne se focalisent que sur les "Recettes Fiscales", les "Aides de l'État, Fonds de Concours et Aides Extérieures" et les "Recettes Diverse au Titre I", les communes, elles, font un effort pour recouvrer au mieux les recettes de tous les chapitres. Pour ce qui est des recettes d'investissement, conseils généraux et communes comptent sur le "Prélèvement sur Fonds d'Investissement", la "Subvention de l'État" et les "Recettes Diverses au Titre II".

4.3.4- Analyse des prévisions de dépenses

L'analyse des dépenses des collectivités se fera, d'une part, en analysant les prévisions de dépenses dans les budgets, et d'autre part, en analysant les niveaux d'exécution des budgets.

4.3.4.1- Les prévisions de dépenses de fonctionnement et d'investissement

Nous analyserons successivement les parts dans les prévisions de dépenses de fonctionnement et dans celles des dépenses d'investissement.

4.3.4.1.1- Les prévisions de dépenses de fonctionnement

Les dépenses de fonctionnement comprennent les postes suivants: "Dépenses des Services Généraux", "Dépenses des Services de Collectivités", "Dépenses des Services Socioculturels et de Promotion Humaine", "Dépenses des Services Économiques" et "Dépenses Diverses au Titre I".

4.3.4.1.1.1- Dépenses des Services Généraux

Sont concernées par les "Dépenses des Services Généraux", les dépenses de l'administration générale, des autorités départementales, des autres dépenses de l'administration générale, de l'administration financière et domaniale, et de la pairie départementale : salaires, indemnités de fonction et de représentation, charges sociales, transports et frais de missions, carburant et lubrifiant, matériels et fournitures, abonnements (eau, électricité, téléphone), travaux et services à l'entreprise, interventions et transferts, immeubles pris en location, etc.

a) Cas des conseils généraux

Avec des moyennes générales dépassant les 50% (50.13% pour Soubré, 67.79% pour Dimbokro et 68.79% pour Bondoukou), les "Dépenses des Services Généraux" dans les prévisions de dépenses de fonctionnement restent élevées. La cristallisation de cette rubrique dans plus de la moitié des ressources des conseils généraux dans leurs prévisions de recettes de fonctionnement peut s'expliquer par le fait qu'étant de création récente, ils essaient d'assoir leur administration.

b) Cas des communes

Au niveau des communes, quand bien même les moyennes tournent autour de 50% (41.90% pour Soubré, 50.91% pour Dimbokro et 59.48% pour Dimbokro), les "Dépenses des Services Généraux" sont élevées dans les prévisions de dépenses de fonctionnement. En 2003 par exemple, les prévisions de Bondoukou sont toutes consacrées au fonctionnement.

On peut donc conclure que les prévisions de dépenses de fonctionnement des conseils généraux et communes sont destinées à financer essentiellement les "Dépenses des Services Généraux".

4.3.4.1.1.2- Dépenses des Services de Collectivités

Les "Dépenses des Services de Collectivités" sont les dépenses des « Services Voiries et Réseaux » : salaires, indemnités, charges sociales, transports et frais de missions, carburant et lubrifiant, matériels et fournitures, travaux et services à l'entreprise, etc.

a) Cas des conseils généraux

Qu'on soit à Soubré ou Bondoukou en passant par Dimbokro, les moyennes des prévisions des "Dépenses des Services de Collectivités" dans les dépenses de fonctionnement sont faibles et n'atteignent pas 10% : 05.03% pour Soubré, 05.33% pour Dimbokro et 07.37% pour Bondoukou. Les services de collectivités sont mal logés dans les prévisions de dépenses de fonctionnement des conseils généraux.

b) Cas des communes

Là également, la situation n'est pas belle. Les prévisions de ce chapitre dans les dépenses de fonctionnement sont faibles pour Soubré et Bondoukou (moyennes respectives de 17.20% et 13.49%). Elles sont relativement élevées pour Dimbokro avec une moyenne de 22.47%.

Dans l'ensemble, qu'on soit dans les conseils généraux ou dans les communes, les prévisions des "Dépenses des Services de Collectivités" occupent une place dérisoire dans les dépenses de fonctionnement. Très peu d'actions sont donc prévues dans ce secteur.

4.3.4.1.1.3- Dépenses des Services Socioculturels et de Promotion Humaine

Les "Dépenses des Services Socioculturels et de Promotion Humaine" comprennent les dépenses d'éducation (salaires, indemnités et charges sociales de l'administration des crèches, jardins d'enfants, écoles primaires, enseignement secondaire, écoles professionnelles et techniques), de santé publique (hôpitaux et dispensaires), d'assistance sociale (aides aux familles, aux personnes âgées et aux indigents, et autres dépenses d'assistance sociale), de sports et loisirs (fêtes populaires), d'activités culturelles.

a) Cas des conseils généraux

Au niveau des conseils généraux, les prévisions de cette rubrique dans les dépenses de fonctionnement sont logées à la même enseigne que celles des "Dépenses des Services de Collectivités" (faibles), les valeurs moyennes étant presque les mêmes (05.72% pour Soubré, 06.56% pour Dimbokro et 05.80% pour Bondoukou). Là aussi, peu d'actions sont prévues.

b) Cas des communes

Dans les communes également, les valeurs moyennes des prévisions des "Dépenses des Services Socioculturels et de Promotion Humaine" dans les dépenses de fonctionnement sont faibles : 04.07% pour Soubré, 02.52% pour Dimbokro et 05.94% pour Bondoukou.

Dans les conseils généraux et communes, on ne prévoit pas assez d'initiatives dans ce secteur.

4.3.4.1.1.2- Dépenses des Services Économiques

Les "Dépenses des Services Économiques" sont relatives aux actions de promotion du développement économique et social local.

a) Cas des conseils généraux

Les valeurs moyennes de ce chapitre dans les prévisions de dépenses de fonctionnement sont faibles et mêmes quasi-nulles (00.38% pour Soubré, 00.98% pour Dimbokro et 00.41% pour Bondoukou). Aucune initiative n'est prise donc dans ce sens.

b) Cas des communes

Au niveau des "Dépenses des Services Économiques", ce qui vaut pour les conseils généraux vaut pour les communes ; les prévisions moyennes dans les dépenses de fonctionnement étant faibles : 01.28% pour Soubré, 01.13% pour Dimbokro et 02.28% pour Bondoukou.

4.3.4.1.1.5- Dépenses Diverses au Titre I

Les dépenses diverses se subdivisent en dettes du département (transports et frais de missions, matériels et fournitures) ; contributions, fonds de concours et transferts (cotisation à l'ADDCI, conférence interdépartementale et autres contributions et transferts) ; assurances du département (responsabilité civile, assurances véhicules et assurances des élus) ; cérémonies publiques, fêtes et réceptions officielles ; versements au fonds de réserve (fonds d'investissement) ; dépenses accidentelles (indemnités, frais, dommages et intérêts), etc.

a) Cas des conseils généraux

Les prévisions des "Dépenses Diverses au Titre I" dans les dépenses de fonctionnement sont relativement élevées pour Soubré (38.74% en moyenne). Elles sont faibles à Dimbokro (19.34% en moyenne) et Bondoukou (17.63%). Dans l'ensemble, cela montre que ces dépenses ne sont pas négligeables dans le fonctionnement des conseils généraux.

b) Cas des communes

Dans les communes, les prévisions de ces "Dépenses Diverses au Titre I" dans les dépenses de fonctionnement sont relativement élevées pour Soubré (35.54%) et Dimbokro (22.97%). Pour Bondoukou, elles sont faibles (18.81%). Ici aussi, les prévisions desdites dépenses occupent une place non négligeable dans les dépenses de fonctionnement.

Au titre des "Dépenses Diverses au Titre I", on retient que toutes les collectivités font des prévisions.

En somme, dans les dépenses de fonctionnement, la dépense prépondérante, aussi bien pour les conseils généraux que pour les communes, est consacrée aux services généraux. Suivent les "Dépenses Diverses au Titre I" pour les conseils généraux, et les "Dépenses des Services de Collectivités" et les "Dépenses Diverses au Titre I" pour les communes.

4.3.4.1.2- Les prévisions de dépenses d'investissement

Les dépenses d'investissement se subdivisent en "Équipement des Services Généraux", "Équipement des Services de Collectivités", "Équipement des Services Socioculturels et de Promotion Humaine", "Équipement des Services Économiques", "Transfert et Opérations Financières" et "Versements au Fonds d'Investissement".

4.3.4.1.2.1- Équipement des Services Généraux

Le poste "Équipement des Services Généraux" recense les dépenses d'équipement de l'administration générale départementale (travaux et services à l'entreprise, interventions et transferts, études et suivi des travaux, etc.), de la paierie départementale, de police et d'ordre public (brigades de gendarmerie, commissariats de police, etc.), d'autres dépenses d'équipement (plans directeurs, études techniques, etc.).

a) Cas des conseils généraux

De 2004 à 2009, pour les conseils généraux, les prévisions du chapitre "Équipement des Services Généraux" dans les dépenses d'investissement ne se comportent pas de la même façon. Si, à Bondoukou, elles restent faibles avec une moyenne de 06.61%, elles sont relativement élevées mais croissantes à Soubré (moyenne de 25.83%) et décroissantes à Dimbokro (moyenne de 20.88%).Les conseils généraux étant de création récente, les prévisions croissantes dans l'équipement de l'administration générale peuvent s'expliquer (cas de Soubré et Bondoukou). À Dimbokro, la situation s'explique par le fait que dès sa création, le conseil a choisi de se doter d'une administration (siège) digne avant l'entame de ses actions ; ce qui justifie cette part de 31.95% en 2004 qui va évoluer en décroissant.

b) Cas des communes

À part la Commune de Soubré où la moyennes des prévisions du chapitre "Équipement des Services Généraux" dans les dépenses d'investissement est relativement élevée (27.47%), elle est faible pour Dimbokro (07.45%) et Bondoukou (19.10%). Ces chiffres ne doivent pourtant pas cacher la particularité de Bondoukou qui, en 2001, a consacré toutes ses prévisions de dépenses d'investissement (100.00%) à ce secteur.

Dans l'ensemble, le poste "Équipements des Services Généraux" occupe une place faible dans les dépenses d'investissement des collectivités territoriales.

4.3.4.1.2.2- Équipement des Services de Collectivités

Le poste "Équipement des Services de Collectivités" enregistre les dépenses relatives aux voiries et réseaux, à l'urbanisme, à l'hygiène, à la salubrité publique et à l'hydraulique.

a) Cas des conseils généraux

Les moyennes des prévisions du poste "Équipement des Services de Collectivités" dans les dépenses d'investissement sont relativement élevées pour tous les conseils généraux (38.89% pour Soubré, 49.95% pour Dimbokro et 47.64% pour Dimbokro). Spécifiquement, ces prévisions sont en décroissance constante pour Bondoukou où elles passent de 61.92% en 2004 à 31.32% en 2009. Les conseils généraux prévoient donc une part relativement élevée de leurs dépenses d'investissements aux services de collectivités.

b) Cas des communes

Ici, les prévisions du poste "Équipement des Services de Collectivités" dans les dépenses d'investissement sont relativement élevées pour Soubré (32.39% en moyenne) et Dimbokro (31.26% en moyenne), et élevées pour Bondoukou (60.46% en moyenne). Ce boom de Bondoukou s'explique par le soutien de l'Union Européenne de 2005 à travers le PSDAT.

En un mot, conseils généraux et communes prévoient une part relativement élevée pour l'équipement des services de collectivités dans ses dépenses d'investissement.

4.3.4.1.2.3- Équipement des Services Socioculturels et de Promotion Humaine

Le poste "Équipement des Services Socioculturels et de Promotion Humaine" renferme les dépenses d'équipement relatives à l'éducation (crèches, jardins d'enfants, écoles primaires, enseignement secondaire, écoles professionnelles et techniques), à la santé publique (protections maternelle et infantile, maternités, hôpitaux et dispensaires), à l'assistance sociale (divers soutiens sociaux) et aux sports et loisirs.

a) Cas des conseils généraux

Dans l'ensemble, les conseils généraux font des prévisions relativement élevées de ce chapitre dans leurs dépenses d'investissement : 33.45% pour Soubré, 26.79% pour Dimbokro et 41.50% pour Bondoukou. Ces collectivités territoriales accordent donc une place importante à ces investissements qui participent à l'amélioration du bien-être des populations locales.

b) Cas des communes

Dans les communes, par contre, les prévisions du poste "Équipement des Services Socioculturels et de Promotion Humaine" dans les dépenses d'investissement sont faibles pour Soubré (08.35% en moyenne) et Bondoukou (09.08%), et relativement élevées à Dimbokro (30.91%). On retient donc que, bien que Dimbokro fasse l'exception, les prévisions sont faibles dans l'ensemble des communes.

4.3.4.1.2.4- Équipement des Services Économiques

Le poste "Équipement des Services Économiques" comprend les dépenses d'investissement dans les secteurs économiques (agriculture, élevage, industrie, commerce, etc.).

a) Cas des conseils généraux

Les prévisions qui reviennent à ce poste dans les dépenses d'investissement sont faibles (01.61% pour Soubré, 02.38% pour Dimbokro et 03.97% pour Bondoukou).

b) Cas des communes

Dans les communes, Dimbokro fait des prévisions relativement élevées pour le poste "Équipement des Services Économiques" dans ses dépenses d'investissement. Avec des moyennes respectives de 08.35% et 09.08%, ces prévisions sont, par contre, faibles pour Soubré et Bondoukou.

En somme, très peu d'attention est accordée par les collectivités territoriales aux activités créatrices de richesses censées booster leur développement.

4.3.4.1.2.5- Transfert et Opérations Financières

Les dividendes perçues des actions prises ou parts prises sur les marchés financiers (bourses) ou dans les entreprises représentent le "Transfert et Opérations Financières".

a) <u>Cas des conseils généraux</u>

Les prévisions du chapitre "Transfert et Opérations Financières" des conseils généraux dans les dépenses d'investissement sont nulles. Cela implique que ces collectivités ne réalisent pas de telles opérations.

b) <u>Cas des communes</u>

Pour les communes, la situation est également désastreuse. Les prévisions du chapitre "Transfert et Opérations Financières" dans les dépenses d'investissement sont nulles pour Dimbokro et faibles pour Soubré (05.02% en moyenne) et Bondoukou (01.33% en moyenne). Ici également, ces collectivités réalisent très peu ou pas du tout de telles opérations.

4.3.4.1.2.6- Versements au Fonds d'Investissement

Le "Versement au Fonds d'Investissement" représente la part du budget global que la collectivité est obligatoirement tenue de consacrer à l'investissement. Son taux varie selon les communes et est de 30% au maximum.

a) <u>Cas des conseils généraux</u>

Les prévisions de ce poste dans les dépenses d'investissement sont nulles pour Soubré et Dimbokro. Pour Bondoukou également, à part 2009 où elles ont été de 02.12% (00.38% en moyenne), elles sont nulles pour toutes les autres années. Comme pour le poste "Transfert et Opérations Financières", les conseils généraux ne réalisent pas ce genre d'opérations.

b) <u>Cas des communes</u>

À ce niveau également, exceptée Bondoukou où les prévisions du poste "Versement au Fonds d'Investissement" sont de 12.99% en 2007 et 12.91% en 2008 (01.33% en moyenne), elles sont nulles pour Soubré et Dimbokro. Là aussi, ce chapitre est le parent pauvre des prévisions de dépenses d'investissement.

Au total, au niveau des prévisions de dépenses d'investissement, les postes en relief sont "Équipement des Services de Collectivités" et "Équipement des Services Socioculturels et de Promotion Humaine". À un degré moindre, nous y ajoutons le poste "Équipement des Services Généraux" pour Soubré et Dimbokro. Pour ce qui est des communes, le poste "Équipement des Services de Collectivités" se dégage nettement des priorités accordées aux investissements. Viennent les postes "Équipement des Services Généraux" et "Équipement des Services Socioculturels et de Promotion Humaine".

4.3.4.2- Les niveaux d'exécution des dépenses de fonctionnement et d'investissement

Il est question d'apprécier les dépenses engagées par rapports aux dépenses prévues. Elles sont de deux types : les dépenses de fonctionnement et les dépenses d'investissement. L'indicateur (variable) utilisé ici est le taux d'exécution des dépenses. Ce taux s'obtient en faisant le rapport des dépenses engagées et des dépenses prévues dans le budget.

4.3.4.2.1- Taux d'exécution des dépenses de fonctionnement

En rappel, les postes ou chapitres des dépenses de fonctionnement sont : "Dépenses des Services Généraux", "Dépenses des Services de Collectivités", "Dépenses des Services Socioculturels et de Promotion Humaine", "Dépenses des Services Économiques", et "Dépenses Diverses au Titre I".

4.3.4.2.1.1- Dépenses des Services Généraux

a) Cas des conseils généraux

Les conseils généraux ont un taux d'exécution élevé des "Dépenses des Services Généraux" dans le cadre de l'investissement : 87.34% pour Soubré, 90.65% pour Dimbokro et 90.98% pour Bondoukou. On conclut que ces collectivités exécutent l'essentiel des investissements prévus dans le cadre de leur fonctionnement.

b) Cas des communes

Pour l'exécution des dépenses de fonctionnement des communes, le taux d'exécution des "Dépenses des Services Généraux" de celles-ci lié à l'investissement est également élevé : 94.31% pour Soubré, 92.52% pour Dimbokro et 88.28% pour Bondoukou. Là aussi, les investissements prévus pour le fonctionnement sont quasiment réalisés.

4.3.4.2.1.2- Dépenses des Services de Collectivités

a) Cas des conseils généraux

Pour Soubré, les taux oscillent entre 35.50% et 86.52% ; d'où une moyenne élevée de 71.68%. Pour Dimbokro, ces taux vont de 54.05% à 95.53%, donnant une moyenne élevée de 89.66%. Bondoukou a ses taux compris entre 82.09% et 94.39%, donc une moyenne élevée de 89.45%. Les conseils généraux exécutent au moins les ¾ de leurs "Dépenses des Services de Collectivités".

b) Cas des communes

L'exécution des "Dépenses des Services de Collectivités" de fonctionnement est également importante chez les communes où le plus bas taux, toutes les années prises ensemble, est de 81.85% pour Soubré en 2002 (entre 81.85% et 98.88% pour Soubré, entre 91.70% et 98.82% pour Dimbokro et entre 89.58% et 98.78% pour Bondoukou). Les moyennes (élevées) respectives sont de 91.64%, 95.97% et 96.40%.

4.3.4.2.1.3- Dépenses des Services Socioculturels et de Promotion Humaine

a) Cas des conseils généraux

Au niveau des conseils généraux, bien que les taux moyens soient élevés (55.87% pour Soubré, 84.43% pour Dimbokro et 85.12% pour Bondoukou), ils restent en deçà de ceux observés précédemment. À l'observation, le Conseil Général de Soubré a les taux les plus bas. Pour exemple, dans le cadre de son fonctionnement, il n'a rien exécuté des 5 500 000 F CFA prévus en 2005. Qu'à cela ne tienne, les conseils généraux font une exécution importante de leurs "Dépenses des Services Socioculturels et de Promotion Humaine" de fonctionnement.

b) Cas des communes

De même, pour les communes, les moyennes des dépenses de fonctionnement pour le poste "Dépenses des Services Socioculturels et de Promotion Humaine" restent élevées (86.55% pour Soubré, 86.24% pour Dimbokro et 87.27% pour Bondoukou).

4.3.4.2.1.4- Dépenses des Services Économiques

a) Cas des conseils généraux

Les dépenses de fonctionnement du poste "Dépenses des Services Économiques" sont exécutées à des échelles variables par les conseils généraux. Les moyennes sont relativement élevées pour Soubré (42.86%) et Bondoukou (27.57%) qui ne les ont prévues et exécutées que sur deux ans (2006 et 2007 pour Soubré, 2006 et 2009 pour Bondoukou). Seul Dimbokro a une moyenne élevée de 66.05% ; toute chose qui est due à l'exécution d'à peine 300 000 F CFA sur les 4 000 000 F CFA prévus en 2006 et à l'inexistence de prévision et d'exécution en 2004. En un mot, c'est de façon relativement élevée que les conseils généraux exécutent leurs dépenses de fonctionnement pour le poste "Dépenses des Services Économiques".

b) Cas des communes

Au niveau des communes, l'exécution des dépenses de fonctionnement pour le poste "Dépenses des Services Économiques" reste importante (élevées) et n'est pas inférieure à 70.22% toutes années comprises. Les taux oscillent, en effet, entre 88.89% et 99.88 pour Soubré (96.72% en moyenne), entre 80.94% et 99.39% pour Dimbokro (88.00% en moyenne) et entre 70.22% et 99.65% pour Bondoukou (88.90% en moyenne).

4.3.4.2.1.5- Dépenses Diverses au Titre I

a) Cas des conseils généraux

Les dépenses exécutées par les conseils généraux dans le cadre de leur fonctionnement pour le poste "Dépenses Diverses au Titre I" sont élevées : 69.57% en moyenne pour Soubré même si son taux est faible (19.02%) en 2005, 80.30% en moyenne pour Dimbokro et 86.88% en moyenne pour Bondoukou.

b) Cas des communes

Les communes maintiennent leur tendance élevée comme précédemment avec des moyennes oscillant entre 68.05% et 98.68% pour Soubré (87.48% en moyenne), entre 39.42% et 96.72% pour Dimbokro (70.51% en moyenne), et entre 27.68% et 85.39% pour Bondoukou (55.10% en moyenne).

Au total, pour tous les postes de leur fonctionnement, les dépenses exécutées par toutes les collectivités territoriales (conseils généraux et communes) sont élevées. L'exception vient des "Dépenses des Services Économiques" que certains conseils généraux n'ont pas encore intégrées dans leurs prévisions.

4.3.4.2.2- Taux d'exécution des dépenses d'investissement

Comme pour les dépenses de fonctionnement, la variable utilisée pour l'investissement est le taux d'exécution des dépenses qui est le rapport des dépenses engagées et des dépenses prévues relatives à l'investissement dans le budget. Nous rappelons que les dépenses d'investissement se fragmentent en "Équipement des Services Généraux", "Équipement des Services de Collectivités", "Équipement des Services Socioculturels et de Promotion Humaine", "Équipement des Services Économiques", "Transferts et Opérations Financières" et "Versement au Fonds d'Investissement".

4.3.4.2.2.1- Équipement des Services Généraux

Ce sont les dépenses d'équipement de l'administration générale départementale (travaux et services à l'entreprise, interventions et transferts, études et suivi des travaux, etc.), de la paierie départementale, de police et d'ordre public (brigades de gendarmerie, commissariats de police, etc.), d'autres dépenses d'équipement (plans directeurs, études techniques, etc.).

a) <u>Cas des conseils généraux</u>

C'est pour le Conseil Général de Dimbokro que l'exécution des dépenses d'investissement pour le poste "Équipement des Services Généraux" est élevée avec un taux moyen de 54.16%. Pour Soubré et Bondoukou, ce taux moyen est relativement élevé et n'atteint même pas les 30% (respectivement de 22.43% et 26.79%). Ces deux collectivités ont eu même des taux dérisoires respectivement pour les années 2008 (01.35%) et 2006 (07.97%). Dimbokro, comme au niveau des recettes, accorde du prix à ce poste.

b) <u>Cas des communes</u>

Au niveau des communes, Soubré et Dimbokro ont une exécution des dépenses d'investissement du poste "Équipement des Services Généraux" élevée (respectivement de 90.20% et 81.36%), même si pour Dimbokro, aucun investissement n'y a été fait en 2001. Pour Bondoukou, les investissements pour ce poste restent relativement élevés avec des taux allant de 02.86% à 57.41% ; ce qui lui donne un taux moyen de 22.78% moins important que les autres.

4.3.4.2.2.2- Équipement des Services de Collectivités

Ce sont les dépenses relatives aux voiries et réseaux, à l'urbanisme, à l'hygiène, à la salubrité publique et à l'hydraulique.

a) <u>Cas des conseils généraux</u>

Pour ce poste, les investissements des conseils généraux sont certes élevés mais n'atteignent pas les 50% : 23.39% pour Soubré, 41.65% pour Dimbokro et 33.09% pour Bondoukou. Cela prouve que les conseils généraux ont du mal à réaliser leurs projets relatifs aux services de collectivités.

b) <u>Cas des communes</u>

L'exécution faite par les communes du poste "Équipement des Services de Collectivités" dans le cadre de l'investissement est élevée pour Soubré (72.69% en moyenne) et Dimbokro (74.55%) quand bien cette dernière n'a rien exécuté en 2001. Pour Bondoukou, par contre, l'exécution est faible en moyenne (12.57%). Cela se comprend, d'une part, par l'absence de prévisions et de réalisations en 2001, et d'autre part, par le taux quasi-nul en 2005 et nul en 2008. Malgré ces différences, il y des années où toutes les communes ont réalisé la totalité et souvent plus de leurs prévisions pour ce poste : 2001 et 2008 pour Soubré, 2009 (101.31%) pour Dimbokro, 2003 et 2009 pour Bondoukou.

4.3.4.2.2.3- Équipement des Services Socioculturels et de Promotion Humaine

Ce sont les dépenses d'équipement relatives à l'éducation (crèches, jardins d'enfants, écoles primaires, écoles secondaires, écoles professionnelles et techniques), à la santé publique (protections maternelle et infantile, maternités, hôpitaux et dispensaires), à l'assistance sociale (divers soutiens sociaux) et aux sports et loisirs.

a) Cas des conseils généraux

Pour ce poste "Équipement des Services Socioculturels et de Promotions Humaine", seul Dimbokro a une exécution à peine élevée (50.25% en moyenne) avec des taux de 17.53% à 85.88%. L'exécution est relativement élevée à Soubré (33.49% en moyenne) et Bondoukou (24.73% en moyenne) où elle varie respectivement de 08.67% à 36.20% et 17.70% à 39.26%.

b) Cas des communes

Pour le poste "Équipement des Services Socioculturels et de Promotions Humaine", l'exécution est élevée pour Soubré et Dimbokro (respectivement 81.53% et 91.83% en moyenne). Cependant, les efforts sont plus appréciables pour Dimbokro qui, sur 04 ans, a fait une réalisation de 100.00% (2004, 2007, 2008 et 2009).

Bondoukou, elle, a un taux moyen de relativement élevé de 36.86%. Cela s'explique encore par l'absence de prévisions et de réalisations en 2001 et l'absence de réalisation en 2008.

4.3.4.2.2.4- Équipement des Services Économiques

Ce sont les dépenses d'investissement dans les secteurs économiques (agriculture, élevage, industrie, commerce, etc.).

a) Cas des conseils généraux

Toutes les années confondues pour tous, les taux d'exécution relatifs à ce poste "Équipement des Services Économiques" ne sont pas fameux. En moyenne, Soubré a un taux faible de 08.09% dû à l'absence de prévisions et de réalisation en 2006 et 2008 et à l'absence de réalisations en 2005 et 2009. Même les réalisations faites en 2004 et 2007 ne sont respectivement que de 13.85% et 22.55%. Dimbokro a un taux relativement élevé et appréciable de 47.32% qui ne doit pas cacher l'absence de réalisation en 2009 et les faibles taux de 12.72% en 2005 et de 08.28% en 2008. Bondoukou a également un taux relativement élevé mais moins important que Dimbokro. Ici, rien n'a été exécuté en 2005, et les taux de 2006 et 2009 sont faibles (respectivement

04.41% et 14.08%). En un mot, les services économiques ne sont pas véritablement promus par les conseils généraux.

b) Cas des communes

Dans les communes, si Soubré et Dimbokro font des efforts avec des taux d'exécution élevés respectivement de 53.45% et 74.02% pour le poste "Équipement des Services Économiques", ce n'est pas le cas pour Bondoukou qui a un taux relativement élevé de 27.13%. Pour ce dernier, l'absence de prévisions et de réalisations en 2001, 2003 et 2007 en est pour quelque chose même si l'exécution a été totale en 2008 et 2009. Dans l'ensemble, les communes accordent une importance à la promotion des services économiques.

4.3.4.2.2.5- Transferts et Opérations Financières

a) Cas des conseils généraux

Ce poste est à la traîne des investissements engagés par les conseils généraux. Exceptée l'année 2004 où Soubré a fait des prévisions qui n'ont même pas été exécutées, aucun des conseils généraux n'a ni fait de prévisions ni réalisé une action dans ce sens.

b) Cas des communes

Au niveau des communes, seule Soubré est à féliciter avec un taux moyen de 91.10% (100.00% de réalisation pour 06 des 07 années ayant connu des prévisions). Dimbokro n'a fait aucune prévision et aucune réalisation. Bondoukou, elle, a certes fait des prévisions sur 03 des 07 années de son échantillonnage, mais n'a malheureusement rien exécuté.

4.3.4.2.2.6- Versement au Fonds d'Investissement

a) Cas des conseils généraux

Soubré et Dimbokro n'ont fait ni de prévisions ni de réalisations. Pour Bondoukou non plus, la situation n'est reluisante. La prévision de 2009 n'a pas été réalisée. Seule l'année 2005 a connu une exécution alors que la prévision est nulle ; ce qui lui donne ce taux moyen flatteur de 3 870.97%.

b) Cas des communes

Aucune commune ne prévoit ni exécute le "Versement au Fonds d'Investissement".

En somme, pour les dépenses de fonctionnement, à part le poste "Équipement des Services Économiques" dans le cas des conseils généraux, toutes les collectivités (conseils généraux et communes) ont des taux d'exécution élevés des différents postes. Concernant les dépenses d'investissement, à l'exception des postes "Transfert et Opérations Financières" et "Versements au Fonds d'Investissement" où les prévisions et les exécutions ont des taux quasi-vides, les autres postes ("Équipement des Services Généraux", "Équipement des Services de Collectivités", "Équipement des Services Socioculturels et de Promotion Humaine", "Équipement des Services Économiques") ont des taux d'exécution qu'on pourrait qualifier de relativement élevés pour les conseils généraux et les communes.

Conclusion du chapitre 4

Le capital humain, le matériel technique et l'argent sont les fondamentaux des collectivités territoriales pour leurs missions de développement. Malheureusement, les hommes et les femmes dont disposent ces collectivités sont en nombre insuffisant, avec, en plus, une qualification approximative. Les outils techniques (engins roulants ou non) sont dérisoires et quasi-inexistants. L'argent, le "nerf de la guerre", n'est, n'ont plus, le fort des entités décentralisées étudiées.

À propos des ressources financières, d'abord, du point de vue de la structure, les budgets des deux types de collectivités (conseils généraux et communes) se présentent contradictoirement (1/3 pour le fonctionnement et 2/3 pour l'investissement dans les conseils généraux et 2/3 pour le fonctionnement et 1/3 pour l'investissement dans les communes).

Ensuite, pour les recettes, conseils généraux et communes ont des prévisions et recouvrement différents. Pour les prévisions, les conseils généraux accordent l'importance à l'"Aide de l'État, Fonds de Concours et Aides Extérieures", aux "Recettes Fiscales" et aux "Recettes Diverses au Titre I" pour le fonctionnement et aux "Recettes Diverses au Titre II" et à la "Subvention de l'État" pour l'investissement. Quant aux communes, par ordre d'importance, les prévisions de recettes concernent les "Recettes Fiscales" et les "Recettes des Prestations et Services" pour le fonctionnement, le "Prélèvement su Fonds d'Investissement" et la "Subvention de l'État" pour l'investissement. Pour le recouvrement des recettes, alors que les conseils généraux ne se focalisent que sur les "Recettes Fiscales", les "Aides de l'État, Fonds de Concours et Aides Extérieures" et les "Recettes Diverses au Titre I" pour le fonctionnement, les communes, elles, font un effort pour recouvrer au mieux les recettes de tous les chapitres. Pour ce qui est des recettes d'investissement, conseils généraux et communes comptent sur le "Prélèvement sur Fonds d'Investissement", la "Subvention de l'État" et les "Recettes Diverses au Titre II".

Enfin, pour les dépenses, les conseils généraux et les communes ont, dans l'ensemble, des taux d'exécution élevés des différents postes pour le fonctionnement. De même, pour l'investissement, à quelques exceptions ("Transfert et Opérations Financières" et "Versements au Fonds d'Investissement" ont des taux quasi-vides pour les prévisions et les exécutions), les autres postes ont des taux d'exécution relativement élevés dans les deux types de collectivités.

Au total, ce sont avec ces moyens humains, matériels et techniques et financiers que les conseils généraux et les communes vont à la conquête du développement de leurs espaces. Alors, comment se traduit concrètement sur le terrain les actions de développement des collectivités territoriales ?

Chapitre 5 : LES INVESTISSEMENTS DES COLLECTIVITÉS TERRITORIALES

Les moyens dont disposent les collectivités territoriales pour leurs actions de développement sont de trois ordres : humains, matériels et techniques, financiers. Les ressources humaines sont insuffisantes et peu qualifiées. Les moyens matériels et techniques sont dérisoires. Les ressources financières proviennent essentiellement de l'État.

Avec ce potentiel, il est maintenant question d'apprécier les actions réalisées concrètement par les collectivités territoriales. Les collectivités territoriales arrivent-elles à réaliser les aspirations de leurs populations ? Quelles réalisations font-elles concrètement ? Quels sont les domaines dans lesquels les différentes collectivités territoriales interviennent ? Et parmi ces domaines, lesquels polarisent les ressources déjà dérisoires des collectivités territoriales ? Ce sont à ces questions que tentera de répondre ce chapitre.

5.1- Les données

La synthèse des investissements des collectivités étudiées est faite sur la base de deux sources : les comptes de gestion administrative et les états d'exécution des investissements. Il est à préciser néanmoins qu'ici, nous avons fait fi de nos échantillonnages. Toutes les données disponibles pour chaque collectivité ont été exploitées. Ainsi, une commune comme Bondoukou qui n'a pas tous ses comptes administratifs au complet, a fourni tous les états d'exécution de ses investissements de 2000 à 2009.L'utilisation de ces deux sources s'explique par le fait que l'une et l'autre ne donnent pas tous les détails devant nous faire ressortir les informations recherchées. Selon qu'on considère les comptes administratifs ou les états d'exécution des investissements, soit qu'ils n'existent pas tous, soit qu'ils existent mais ne donnent pas certains détails recherchés comme la localisation des investissements. Ainsi, les données sur les investissements des Conseils Généraux de Soubré, Dimbokro et Bondoukou ont été extraites de leurs états d'exécution des investissements allant de 2003 à 2009, à l'exception de 2003 pour Dimbokro dont les informations ne sont pas disponibles. Il faut préciser que Bondoukou est certes devenu opérationnel depuis sa création (2002), mais n'a fait aucun investissement cette année.

Pour les communes, les données de Bondoukou ont été toutes tirées des états d'exécution des investissements de 2000 à 2009. Les données de Dimbokro proviennent toutes aussi de ses comptes administratifs de 2000 à 2009. Quand à Soubré, les deux sources ont été utilisées : comptes administratifs de 2000, 2003, 2006 et états d'exécution des investissements de 2001, 2002, 2005, 2007, 2008 et 2009.

En définitive, en nous appuyant sur la nomenclature des comptes administratifs, nous avons identifié seize (16) grands domaines ou secteurs d'intervention des collectivités territoriales : administration générale, éducation et formation, santé, hydraulique, électrification, action sociale, ordures et assainissement, culture, sport et loisir, logement et urbanisme, agriculture, industrie, commerce, route et transport, tourisme, sécurité. Ces seize grands secteurs sont eux-mêmes subdivisés en sous-secteurs pour faire ressortir les points saillants. Par exemple, il s'agit de voir si, au niveau de la santé, ce sont les constructions de centres qui dominent par rapport à celles des logements d'infirmiers/sages-femmes ou aux divers équipements.

5.2- Les domaines d'intervention

Pour chacun des seize (16) domaines d'intervention des collectivités territoriales, l'analyse portera d'abord sur les conseils généraux, et ensuite sur les communes.

5.2.1- Administration générale

Les réalisations sont diverses dans ce domaine : construction et/ou aménagement des locaux (sièges et bureaux annexes), construction et/ou réhabilitation des administrations déconcentrées de l'État (préfectures, sous-préfectures, etc.), construction et/ou réhabilitation des résidences d'autorités déconcentrées (préfets, sous-préfets), équipement des services départementaux et autres services publics en mobiliers, matériels et fournitures, achat et/ou réparation de véhicules et autres engins roulants (moto, vélo, etc.) du président et/ou du conseil général, études et suivis de projets (construction de siège, agropastoraux, plan de développement stratégique du département, potentialités économiques du département, etc.), et autres investissements non-définis.

5.2.1.1- Les investissements en administration générale des conseils généraux

Ici, l'interprétation fait fi de l'échantillonnage sur lequel s'est basée l'analyse antérieure (2004 à 2009). Sont considérées les années pour lesquelles les comptes administratifs et les états d'exécution des travaux sont disponibles. Ainsi, les investissements de Soubré, Dimbokro et Bondoukou vont de 2003 à 2009.Les projets représentés sont, bien évidemment, ceux qui ont connu un début d'exécution (achevé ou non). Le tableau 7 présente la proportion des domaines d'investissement des conseils généraux pour les seize domaines définis.

Tableau 7 : Proportion des domaines d'investissement des Conseils Généraux de Soubré, Dimbokro et Bondoukou de 2003 à 2009, excepté 2003 pour Dimbokro.

PROPORTION DES DOMAINES D'INVESTISSEMENT DES CONSEILS GÉNÉRAUX DE SOUBRÉ, DIMBOKRO ET BONDOUKOU DE 2003 A 2009, EXCEPTE 2003 POUR DIMBOKRO						
Domaines d'investissement	Conseil Général de Soubré		Conseil Général de Dimbokro		Conseil Général de Bondoukou	
	Montant (F CFA)	Part (%)	Montant (F CFA)	Part (%)	Montant (F CFA)	Part (%)
Administration générale	103 000 000	5.68	606 334 907	27.46	247 636 245	9.19
Éducation et formation	512 550 276	28.23	478 551 495	21.68	849 609 269	31.52
Santé	403 132 212	22.20	154 717 956	07.01	181 705 955	6.74
Hydraulique	146 922 564	08.09	294 851 376	13.36	98 964 661	3.67
Électrification	00	0.00	171 848 716	07.78	352 700 607	13.09
Action sociale	00	0.00	00	00.00	00	0.00
Ordures et assainissement	00	0.00	00	00.00	00	0.00
Culture	00	0.00	00	00.00	00	0.00
Sport et loisir	00	0.00	00	00.00	28 092 779	1.04
Logement et urbanisme	00	0.00	00	00.00	5 902 714	0.22
Agriculture	00	0.00	53 092 973	02.40	69 499 833	2.58
Industrie	00	0.00	00	00.00	00	0.00
Commerce	00	0.00	00	00.00	00	0.00
Route et transport	604 680 982	33.30	431 851 781	19.56	860 956 294	31.95
Tourisme	00	0.00	00	00.00	00	0.00
Sécurité	45 445 000	0.00	16 468 147	00.75	00	0.00
TOTAL	1 815 731 039	100,00	2 207 717 351	100,00	2 695 068 357	100,00

Sources : Nos calculs, à partir des comptes administratifs et des états d'exécution des investissements des Conseils Généraux de Soubré, Dimbokro et Bondoukou de 2003 à 2009, excepté 2003 pour Dimbokro.

% = Pourcentage.

Les investissements en administration générale du Conseil Général de Dimbokro sont plus importants (606 334 907 F CFA ; 27.46%) que partout ailleurs (247 636 245 F CFA (9.19%) pour le Conseil Général de Bondoukou et 103 000 000 F CFA (5.68%) pour le Conseil Général de Soubré). À Dimbokro, le choix de la construction d'un siège digne (photo 1) a mobilisé 258 871 487 F CFA des investissements (42.69% des investissements en administration générale et 11.73% du total des investissements).

Après, nous avons l'équipement (134 208 349 F CFA, 22.13% en administration générale et 06.08% dans l'ensemble des investissements), la construction des résidences du payeur, du secrétaire général et du gardien du siège (80 758 652 F CFA, 13.32% en administration générale et 3.66% dans l'ensemble), les études et suivis de projets (67 456 277 F CFA, 11.13% en administration générale et 03.06% dans l'ensemble), la dotation en véhicules de commandement et de liaison (50 958 000 F CFA, 08.41% en administration générale et 02.31% dans l'ensemble), les divers (3 695 881 F CFA, 00.61% administration générale et 00.17% dans l'ensemble) et l'achat et/ou réparation d'autres engins (2 500 000 F CFA, 00.41% en administration générale et 00.11% dans l'ensemble).

Ce joyau architectural (R+1) fait la fierté du département en matière de bâtiment public. Le conseil général a fait le choix d'investir ses premières ressources financières dans la dotation d'un siège digne, avant de commencer ses actions de développement.
Cliché de l'auteur, février 2009.

Photo 1 : Le siège du Conseil Général de Dimbokro.

À Bondoukou, l'achat de véhicules de commandement et de liaison se taille la part du lion (75 633 699 F CFA, 30.54% en administration générale et 02.81% dans l'ensemble des investissements), suivi des études et suivis de projets (70 268 500 F CFA, 28.38% en administration générale et 02.61% dans l'ensemble), de l'équipement (64 757 284 F CFA, 26.15% en administration générale et 02.40% dans l'ensemble), des divers (32 976 762 F CFA, 13.32% en administration générale et 01.22% dans l'ensemble), de la réhabilitation du siège (3 000 000 F CFA, 01.21% en administration générale et 00.11% dans l'ensemble).

À Soubré, les investissements concernent la construction et/ou réhabilitation des services déconcentrés de l'État, la réhabilitation des locaux servant de siège au conseil général (43 000 000 F CFA, 41.75% en administration générale et 02.37% dans l'ensemble des investissements), les divers représentés par l'électricité, l'eau, les chaises, les bâches et autres (34 000 000 F CFA, 33.01% en administration générale et 01.87% dans l'ensemble), l'équipement des services en mobiliers, matériels et fournitures (25 000 000 F CFA, 24.27% en administration générale et 01.38% dans l'ensemble), et la construction et/ou réhabilitation des résidences des autorités déconcentrées (1 000 000 F CFA, 00.97% en administration générale et 00.06% dans l'ensemble).

5.2.1.2- Les investissements en administration générale des communes

À l'exception de 2004 pour Soubré où, ni le compte administratif ni l'état d'exécution des investissements n'existe, les données pour les autres années et pour toutes les communes existent. N'empêche, nous les avons tous présentés comme un groupe homogène. Là aussi, les projets représentés sont ceux qui sont achevés et ceux qui ont connu un début d'exécution. Le tableau 8 indique les investissements en administration générale des Communes de Soubré, Dimbokro et Bondoukou.

Tableau 8 : Proportion des domaines d'investissement des Communes de Soubré, Dimbokro et Bondoukou de 2000 à 2009, excepté 2004 pour Soubré.

PROPORTION DES DOMAINES D'INVESTISSEMENT DES COMMUNES DE SOUBRÉ, DIMBOKRO ET BONDOUKOU DE 2000 A 2009, EXCEPTE 2004 POUR SOUBRÉ						
Domaines d'investissement	Commune de Soubré		Commune de Dimbokro		Commune de Bondoukou	
	Montant (F CFA)	Part (%)	Montant (F CFA)	Part (%)	Montant (F CFA)	Part (%)
Administration générale	361 064 685	37.90	79 092 543	10.81	274 558 194	13.81
Éducation et formation	138 695 787	14.55	213 951 357	29.25	93 101 000	04.68
Santé	38 841 368	04.08	00	00.00	15 000 000	00.75
Hydraulique	00	00.00	19 476 257	02.66	194 282 830	09.77
Électrification	26 401 262	02.77	63 517 571	08.68	168 225 550	08.46
Action sociale	25 969 678	02.73	00	00.00	00	00.00
Ordures et assainissement	25 969 678	02.73	00	00.00	00	00.00
Culture	38 324 000	04.02	8 570 289	01.17	00	00.00
Sport et loisir	28 846 612	03.03	34 730 950	04.75	83 386 295	04.19
Logement et urbanisme	32 295 220	03.39	26 400 000	03.61	15 212 270	00.77
Agriculture	00	00.00	00	00.00	00	00.00
Industrie	00	00.00	00	00.00	00	00.00
Commerce	00	00.00	00	00.00	00	00.00
Route et transport	174 649 303	18.33	148 930 485	20.36	831 809 410	41.83
Tourisme	00	00.00	00	00.00	7 496 300	00.38
Sécurité	00	00.00	00	00.00	00	00.00
TOTAL	952 733 947	100,00	731 536 721	100,00	1 988 364 389	100,00

Sources : Nos calculs, à partir des comptes administratifs (2000, 2003, 2006) et des états d'exécution des investissements (2001, 2002, 2005, 2007, 2008, 2009) des Communes de Soubré, Dimbokro et Bondoukou, excepté 2004 pour Soubré.

% = Pourcentage.

Au niveau des communes, les investissements dans l'administration générale sont plus importants à Soubré (361 064 685 F CFA ; 37.90% dans l'ensemble des investissements) qu'à Bondoukou (274 558 194 F CFA ; 13.81% dans l'ensemble des investissements) et Dimbokro (79 092 543 F CFA ; 10.81% dans l'ensemble des investissements).

À Soubré, 114 859 206 F CFA (31.81% en administration générale et 12.06% dans l'ensemble) des investissements concernent la réhabilitation des locaux de la mairie, 99 381 079 F CFA (27.52% en administration générale et 10.43% dans l'ensemble) à l'équipement, 51 000 000 F CFA (14.12% en administration générale et 05.35% dans l'ensemble) au remboursement des emprunts, 39 769 000 F CFA (11.01% en administration générale et 14.17% dans l'ensemble) à l'achat et/ou réparation des véhicules de commandement et/ou de liaison, 34 519 400 F CFA (09.56% en administration générale et 03.62% dans l'ensemble) aux divers et 15 536 000 F CFA (04.30% en administration générale et 01.63% dans l'ensemble) à l'achat et/ou réparation des autres engins roulants (motos).

À Bondoukou, c'est la construction et/ou réhabilitation de l'Hôtel de Ville qui vient en tête des investissements de l'administration générale avec 213 244 820 F CFA (77.67% en administration générale et 10.72% dans l'ensemble). L'équipement, les divers, l'achat et/ou réparation de motos et l'équipement de la résidence du secrétaire général sont respectivement de 51 154 299 F CFA (18.63% en administration générale et 02.57% dans l'ensemble), 4 665 075 F CFA (01.70% en administration générale et 00.23% dans l'ensemble), 2 240 000 F CFA (00.82% en administration générale et 00.11% dans l'ensemble) et 2 019 000 F CFA (00.74% en administration générale et 00.10% dans l'ensemble).

Dans l'ordre d'importance, l'achat et/ou réparation des véhicules de commandement et/ou de liaison occupe 44 749 000 F CFA (56.58% en administration générale et 06.12% dans l'ensemble) des investissements de la Commune de Dimbokro. L'équipement, l'achat et/ou réparation des motos, les divers et l'équipement de la résidence du secrétaire général suivent respectivement avec 26 351 740 F CFA (33.32% en administration générale et 03.60% dans l'ensemble), 3 873 803 F CFA (04.90% en administration générale et 00.53% dans l'ensemble), 3 118 000 F CFA 0(3.94% en administration générale et 00.43% dans l'ensemble) et 1 000 000 F CFA (01.26% en administration générale et 00.14% dans l'ensemble).

5.2.2- Éducation et Formation

5.2.2.1- Les investissements en éducation et formation des conseils généraux

Les investissements en éducation et formation, dans l'ensemble des investissements, sont plus importants au conseil Général de Bondoukou (849 609 269 F CFA, 31.52%) qu'à Soubré (512 550 276 F CFA, 28.23%) et Dimbokro (478 551 495 F CFA, 21.68%) comme l'indique le tableau 7. La construction de classes avec ou sans bureaux sont plus en exergue des investissements en éducation et formation du Conseil Général de Bondoukou (543 700 946 F CFA, 63.99% en éducation et formation et 20.17 de l'investissement total).Suivent la construction de logements de maîtres (145 980 467 F CFA, 17.18% en éducation et formation et 05.42% de l'investissement total), la réhabilitation de classes avec ou sans bureaux

(81 919 757 F CFA, 09.64% en éducation et formation et 03.04% de l'investissement total), les divers (43 472 099 F CFA, 05.12% en éducation et formation et 01.61% de l'investissement total) et l'équipement en tables-bancs et/ou autres meubles (34 536 000 F CFA, 04.06% en éducation et formation et 01.28% de l'investissement total).

La figure 3 montre une distribution spatiale disproportionnée des investissements en éducation et formation.

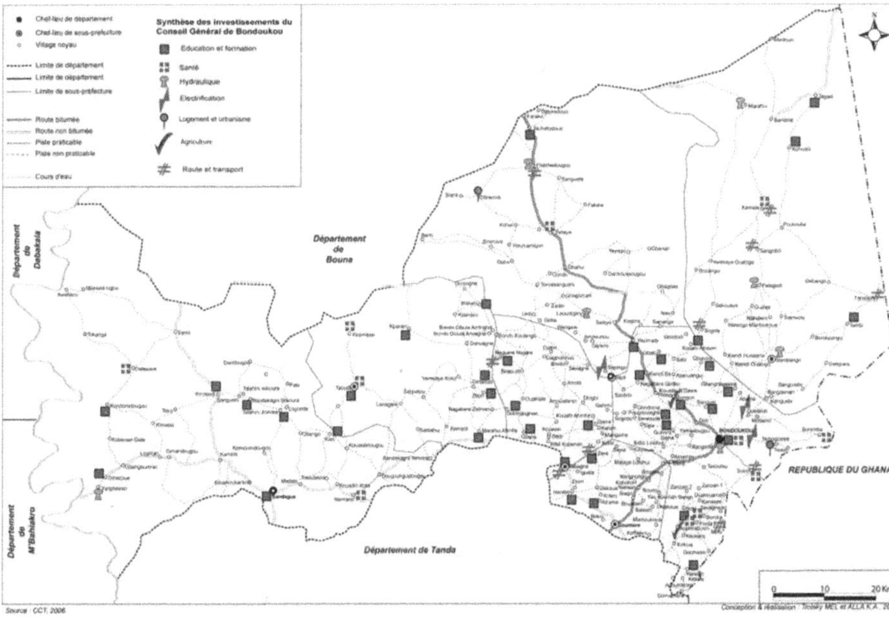

Figure 3 : Synthèse des investissements du Conseil Général de Bondoukou

La concentration des investissements se constate dans les zones densément peuplées que sont les Sous-Préfectures de Bondoukou, Sandégué, Gouméré, Tabagne et Taoudi, au détriment de Sapli-Sépingo et Sorobango. Ici, nous avons tous les types d'investissements en éducation et formation. Cependant, les investissements visibles dans les Sous-Préfectures de Sandégué et de Taoudi sont constitués dans leur quasi-totalité de construction de classes avec ou sans bureaux et de construction de logements de maîtres. C'est à Tabagne, Gouméré et dans une moindre mesure Bondoukou et Sapli-Sépingo que se concentre l'essentiel de la réhabilitation de logements de maîtres.

À Soubré, par ordre d'importance des investissements en éducation et formation, nous avons la construction des classes avec ou sans bureaux (274722 639 F CFA, 53.60% en éducation et formation et 15.13% de l'investissement total), la construction de logements de maîtres (83 864 600

F CFA, 16.36% en éducation et formation et 04.62% de l'investissement total, la réhabilitation de classes avec ou sans bureaux (82 963 037 F CFA, 16.19% en éducation et formation et 04.57% de l'investissement total), l'équipement des classes et/ou bureaux en tables-bancs et autres meubles (40 000 000 F CFA, 07.80% en éducation et formation et 02.20% de l'investissement total) et les divers (31 000 000 F CFA, 06.05% en éducation et formation et 01.71% de l'investissement total). La figure 4 montre ces réalisations.

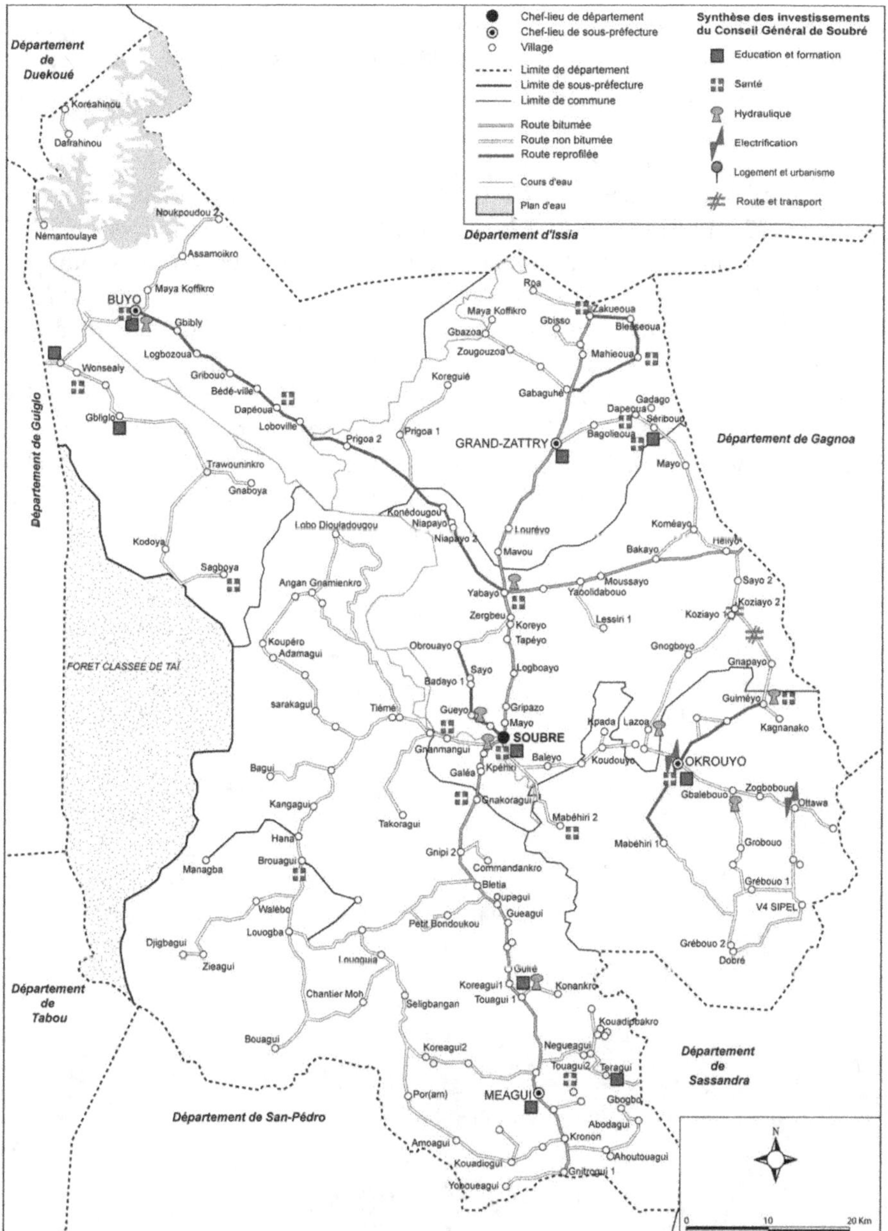

Source : BNETD / CCT, 2007.

Conception et réalisation : Trotsky MEL et ALLA K.A., 2013.

Figure 4 : Synthèse des investissements du Conseil Général de Soubré.

Cette figure indique que c'est dans les chefs-lieux de sous-préfecture (Buyo, Grand-Zattry, Soubré, Okrouyo, Méagui) que se concentrent les investissements en éducation et formation, à l'exception de quelques localités rurales (Wonséaly et Dapéoua à Buyo, Bagolieoua et Sériboua à Grand-Zattry, Koreagui et Teragui à Méagui). Aussi, excepté Buyo et ses deux localités rurales, la moitié Ouest du département n'a reçu aucun investissement.

Le Conseil Général de Dimbokro consacre, par ordre d'importance, ses investissements en éducation et formation à la construction de logements de maîtres (153 147 414 F CFA, 32.00% en éducation et formation, 06.94% de l'investissement total), à la construction de classes avec ou sans bureaux (132 413 966 F CFA, 27.67% en éducation et formation, 06.00% de l'investissement total), à la réhabilitation des classes avec ou sans bureaux (103 363 955 F CFA, 21.60% en éducation et formation, 04.68% de l'investissement total) et à l'équipement en tables-bancs et autres meubles (89 626 160 F CFA, 18.73% en éducation et formation, 04.06% de l'investissement total). Bien qu'il y ait un vide dans le Sud-Ouest, le Centre et le Centre-Est, il est constaté une répartition dans les différentes parties du département des investissements en éducation et formation (figure 5).

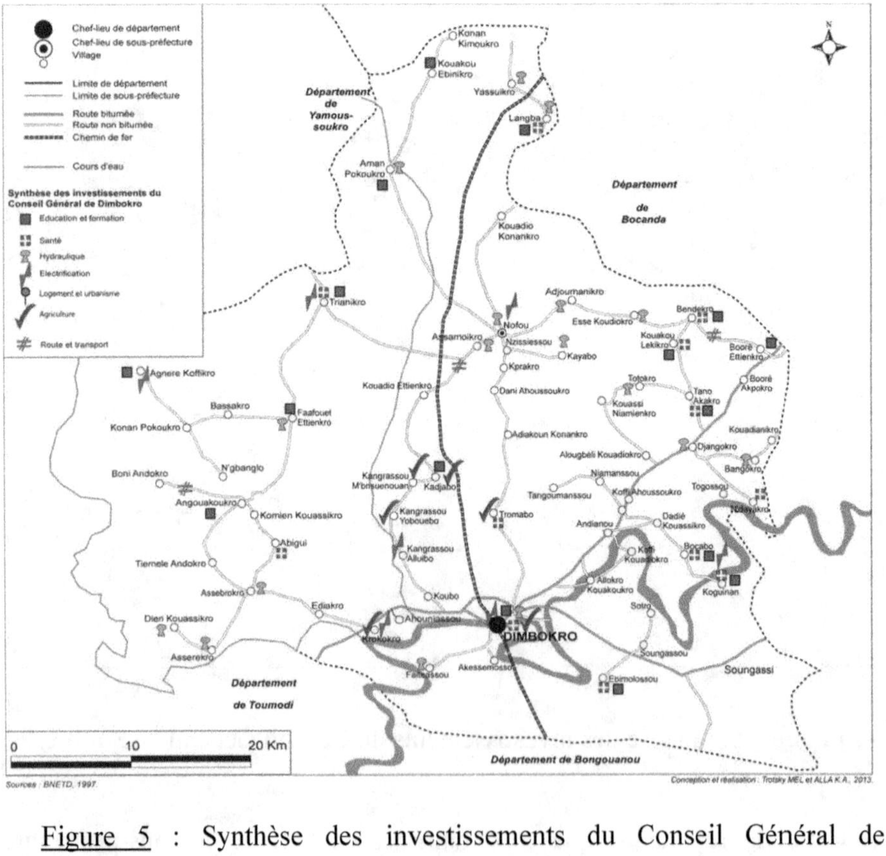

Figure 5 : Synthèse des investissements du Conseil Général de Dimbokro.

La construction de logements de maîtres se concentre dans la moitié Ouest du département ; tandis que la construction de classes avec ou sans bureaux se concentre dans la moitié Est. Quand à la réhabilitation de classes avec ou sans bureaux, elle est faite dans l'ensemble du département.

5.2.2.2- Les investissements en éducation et formation des communes

Dans l'ensemble, les investissements en éducation et formation sont plus importants dans la Commune de Dimbokro que partout ailleurs (213 951 357 F CFA, 29.25%) (tableau 8). À Dimbokro, les composantes de ces investissements en éducation et formation sont, d'une part, la construction de classes avec ou sans bureaux (164 587 973 F CFA, 76.93% en éducation et formation, 22.60% de l'investissement total).

D'autre part, il y a la réhabilitation de classes avec ou sans bureaux (21 514 033 F CFA, 10.06% en éducation et formation, 02.94% de l'investissement total), la fourniture de tables-bancs et/ou autres meubles (16 730 516 F CFA, 07.82% en éducation et formation, 02.29% de l'investissement total) et la construction et/ou réhabilitation de latrines (11 118 835 F CFA, 05.20% en éducation et formation, 01.52% de l'investissement total).

Les investissements en éducation et formation de la Commune de Dimbokro, comme le montre la figure 6, se concentrent essentiellement dans le chef-lieu de commune où trois types d'investissements sont faits (construction de classes avec ou sans bureaux, réhabilitation de classes avec ou sans bureaux, fourniture de tables-bancs et/ou autres meubles).

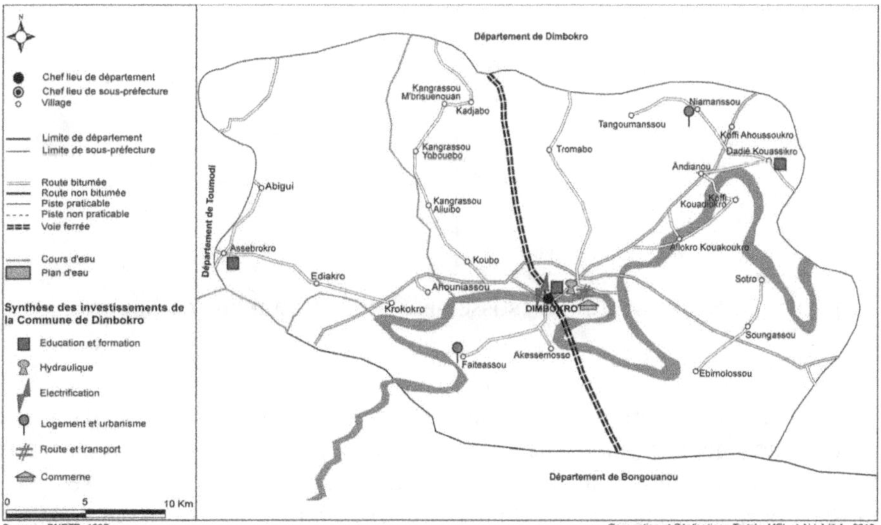

Sources : BNETD, 1997. Conception et Réalisation : Trotsky MEL et ALLA K.A., 2013.

Figure 6 : Synthèse des investissements de la Commune de Dimbokro.

Les localités rurales de Assebrokro et Dadié Kouassikro ont reçu la construction de classes aves ou sans bureaux et la fourniture de tables-bancs et/ou autres meubles.

À Soubré, la construction de classes avec ou sans bureaux est la plus en vue (109 168 846 F CFA, 78.71% en éducation et formation, 11.46% de l'investissement total). Après, nous avons la réhabilitation de classes avec ou sans bureaux (19 252 841 F CFA, 13.88% en éducation et formation, 02.02% du total investi) et l'équipement en tables-bancs et/ou autres meubles (10 274 100 F CFA, 07.41% en éducation et formation, 01.08% du total investi). L'ensemble de ces investissements communaux (figure 7) a coûté 138 695 787 F CFA (14.56% du total l'investi).

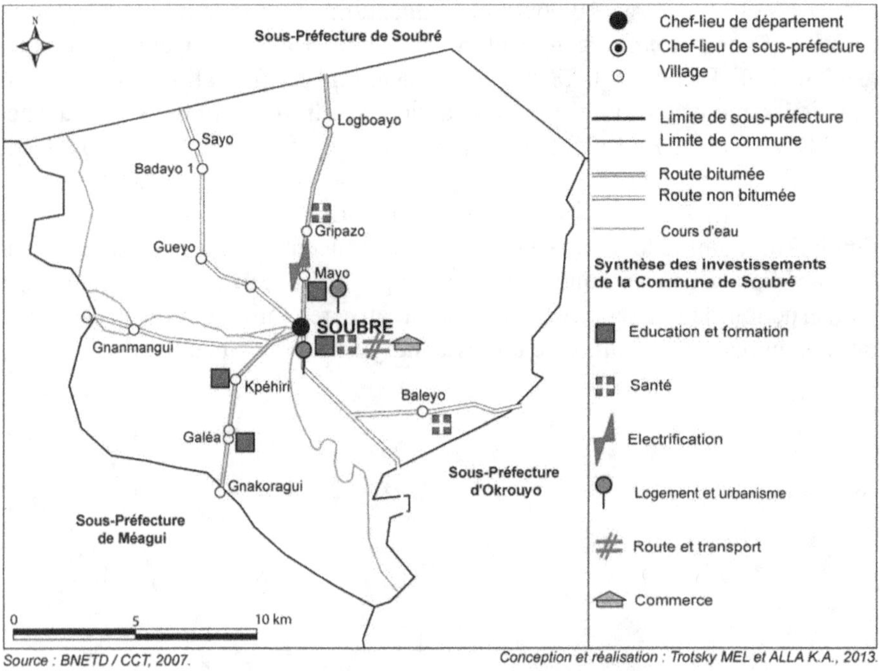

Source : BNETD / CCT, 2007. *Conception et réalisation : Trotsky MEL et ALLA K.A., 2013.*

Figure 7 : Synthèse des investissements de la Commune de Soubré.

Le Nord et l'Est de la commune sont dépourvus d'investissements. C'est au chef-lieu de commune que se concentre le gros lot des investissements (construction de classes avec ou sans bureaux, réhabilitation de classes avec ou sans bureaux, fournitures de tables-bancs et/ou autres meubles). À Mayo et Kpéhiri, nous avons la construction de classes avec ou sans bureaux. À Galéa, à la construction de classes avec ou sans bureaux, s'est ajoutée la fourniture de tables-bancs et/ou autres meubles.

À Bondoukou, le peu d'attention accordée par la commune au sous-secteur éducation et formation est représenté par la construction de classes avec ou sans bureaux (57 201 000 F CFA, 61.44% en éducation et formation, 02.88% de l'investissement total), à la construction de logements de maîtres (22 750 000 F CFA, 24.44% en éducation et formation, 01.14% de l'investissement total), à la réhabilitation de classes avec ou sans bureaux (4 150 000 F CFA, 04.46% en éducation et formation, 00.21% de l'investissement total) et à la fourniture de tables-bancs et/ou autres meubles (3 000 000 F CFA, 03.22% en éducation et formation, 00.15% de l'investissement total) ; soit un total de 93 101 000 F CFA (04.68% de l'investissement total).

Deux localités (Sanguéi et Goli) dans la moitié Nord ont reçu la construction de classes avec ou sans bureaux et la construction de logements de maîtres (figure 8).

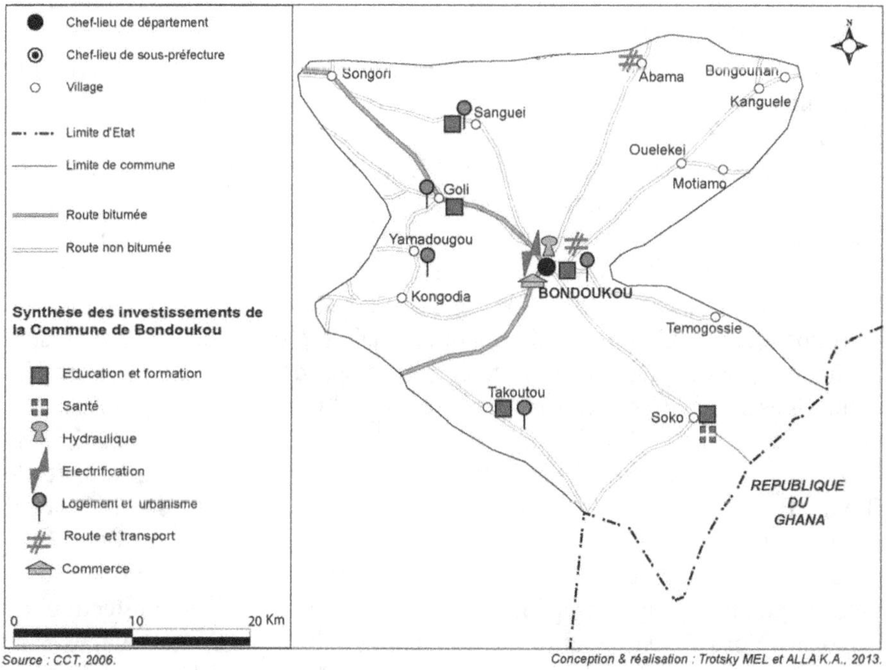

Figure 8 : Synthèse des investissements de la Commune de Bondoukou.

Deux localités situées au Sud du chef-lieu de commune ont reçu deux types d'investissements (la construction de classes avec ou sans bureaux, la construction de logements de maîtres et l'équipement en tables-bancs et/ou autres meubles à Takoutou, la réhabilitation de classes avec ou sans bureaux, la construction de logements de maîtres et l'équipement en tables-bancs et/ou autres meubles à Soko). Bondoukou a reçu la construction de classes avec ou sans bureaux, la construction de cantines scolaires et l'équipement en tables-bancs et/ou autres meubles.

5.2.3- Santé

5.2.3.1- Les investissements en santé des conseils généraux

Avec une proportion de 22.20% (403 132 217 F CFA) du total de ses investissements, la part consacrée par le Conseil Général de Soubré à la santé est plus importante que dans les deux autres conseils (tableau 7). À Soubré, les composantes de ces investissements sont la construction de logements d'infirmiers et/ou sages-femmes (148 477 000 F CFA, 36.83% en santé, 08.18% de l'investissement total), la construction de centres de santé (103 637 398 F CFA, 25.71% en santé, 05.71% de l'investissement total), l'équipement des bureaux et/ou résidences en mobiliers, matériels et fournitures (57 363 655 F CFA, 14.23% en santé, 03.16% de l'investissement total), les divers (43 654 174 F CFA, 10.83% en santé, 02.80% de l'investissement total), l'équipement en matériels biomédicaux (39 999 990 F CFA, 09.92% en santé, 02.20% de l'investissement total) et la réhabilitation de morgues (10 000 000 F CFA, 02.48% en santé et 00.55% de l'investissement total).

La figure 4 indique que l'ensemble des investissements en santé se concentre dans le Centre et le nord du département. En nombre, l'équipement des centres de santé en matériels biomédicaux est le plus en vue, et se localise dans la moitié Sud du département, excepté Dapéoua (Buyo), mais avec une prédominance dans la Sous-Préfecture de Soubré qui regroupe quatre (Gnanmangui, Soubré, Gnakoragui, Mabéhiri 2) des sept localités équipées. Quatre des six constructions de logements d'infirmiers et/ou sages-femmes se localisent dans le Nord du département : deux dans la Sous-Préfecture de Grand-Zattry (Wonsealy et Dapéoua) et deux dans la Sous-Préfecture de Buyo (Zakueoua et Mahiéoua). La Sous-Préfecture de Buyo (Buyo, Dapéoua et Sagboya) au Nord-Ouest et celle de Soubré (Soubré et Gnanmangui) au Centre sont les seules à avoir bénéficié de la construction de centres de santé. Six localités ont reçu au moins deux investissements (Buyo, Dapéoua et Sagboya dans la Sous-Préfecture de Buyo au Nord-Ouest, Soubré et Gnanmangui dans la Sous-Préfecture de Soubré au Centre et Touagui 2 dans la Sous-Préfecture de Méagui au Sud).

Le Conseil Général de Dimbokro suit avec 154 717 956 F CFA (07.01% du total de ses investissements). Ici, l'élément saillant est la construction de centres de santé avec 69 806 451 F CFA (45.12% en santé et 03.16% de l'investissement total). Après quoi, viennent 48 568 328 F CFA (31.39% en santé et 02.20% de l'investissement total) à l'équipement des bureaux et/ou résidences en mobiliers, matériels et fournitures, 30 798 357 F CFA (19.91% en santé et 01.40% de l'investissement total) à la construction de logements d'infirmiers et/ou sages-femmes et 5 544 820 F CFA (03.58% en santé et 00.25% de l'investissement total) à l'équipement en matériels biomédicaux.

Ici, le Sud-Ouest (excepté Abigui), l'Ouest et le Centre sont dépourvus en investissements (figure 5). Numériquement, la construction de centres de santé domine dans l'ensemble départemental. L'essentiel des investissements se concentre dans le quart Sud-Est du département, dans la Sous-Préfecture de Dimbokro. N'empêche, la nouvelle Sous-Préfecture de Nofou enregistre quatre localités au Nord et au Nord-Est. Une autre particularité dans les investissements en santé de ce département est que, dans l'ensemble, les localités (Langba, Trianikro, Togassou, Bocabo) qui en ont bénéficié ont reçu ce qu'on pourrait qualifier de "package" fait de trois types (construction de centres de santé, construction de logements d'infirmiers et/ou sages-femmes, équipement de bureaux/résidences).

À Bondoukou qui termine avec 181 705 955 F CFA (06.74% du total de ses investissements), les composantes des investissements en santé sont la construction de centres de santé (71 142 174 F CFA, 39.15% en santé, 02.64% de l'investissement total), l'achat d'ambulances pour le CHR et le centre de santé de Taoudi (41 800 000 F CFA, 23.00% en santé, 01.55% de l'investissement total), l'équipement en matériels biomédicaux (40 174 959 F CFA, 22.11% en santé, 01.49% de l'investissement total) et l'équipement en mobiliers, matériels et fournitures (28 588 822 F CFA, 15.73% en santé, 01.06% de l'investissement total). À Bondoukou, selon la figure 3, l'essentiel des investissements en santé est constitué d'équipement en matériels biomédicaux disséminés dans quatre sous-préfectures (Namassi à l'Est de Sandégué, Kramissé au Nord de Taoudi, Kamala au Nord de Sorobango et Boromba et Soko respectivement à l'Est et au Sud de Bondoukou). Le centre de santé de Taoudi et le CHR de Bondoukou ont reçu chacun une ambulance. Deux localités, Daleware (Ouest de Sandégué) et Peteye (Nord de Sapli-Sépingo) ont reçu la construction de centres de santé.

5.2.3.2- Les investissements en santé des communes

Les investissements en santé sont nuls pour la Commune de Dimbokro. À Soubré et Bondoukou, ils sont très insignifiants (tableau 8). Soubré totalise 38 841 368 F CFA (04.08% du total de ses investissements) dont 29 341 368 F CFA (75.54% en santé et 03.08% du total des investissements) à la construction de centres de santé, 6 000 000 F CFA (15.45% en santé et 00.63% du total des investissements) à l'équipement en mobiliers, matériels et fournitures et 3 500 000 F CFA (09.01% en santé et 00.37% du total des investissements) à la réhabilitation de morgue. Trois localités sont concernées par les investissements en santé (figure 7). Gripazo, au Centre-Nord, a reçu l'équipement de bureaux/résidences. Soubré, au Centre, a vu la morgue de son hôpital général réhabilitée. Baleyo, au Sud-Est, a reçu la construction d'un centre de santé. Quant à Bondoukou, ses 15 000 000 F CFA (00.75% du total de ses investissements) ont été consacrés essentiellement à la construction de logements d'infirmiers et/ou sages-femmes à Soko (Sud-Est) (figure 8).

5.2.4- Hydraulique

5.2.4.1- Les investissements en hydraulique des conseils généraux

Les pourcentages d'ensemble des investissements des conseils généraux en hydraulique sont de 13.36 (294 851 376 F CFA), 08.09 (146 922 564 F CFA) et 03.67 (98 964 661 F CFA) respectivement pour Dimbokro, Soubré et Bondoukou (tableau 7). À Dimbokro, les investissements sont la réalisation de l'hydraulique villageoise améliorée (HVA) et/ou forages et/ou pompes à motricité humaine (235 837 596 F CFA, 79.99% en hydraulique, 10.68% du total des investissements) et la réparation de forages et/ou pompes (59 013 780 F CFA, 20.01% en hydraulique, 02.67% du total des investissements).

La figure 5 indique une prédominance de l'hydraulique villageoise améliorée (HVA) et/ou forages et/ou pompes à motricité humaine. Ce type d'investissement est éparpillé sur l'ensemble du département avec une légère concentration à l'Est de la Sous-Préfecture de Nofou dont le chef-lieu est également concerné. Cependant, le Centre, l'extrême Ouest et le Sud-Est du département n'ont rien reçu.

À Soubré, on a l'hydraulique villageoise améliorée (HVA) et/ou forages et/ou pompes à motricité humaine (63 125 780 F CFA, 42.97% en hydraulique, 03.48% de l'investissement total), l'extension et/ou le renfoncement du réseau (61 912 940 F CFA, 42.14% en hydraulique, 03.41% de l'investissement total) et la réparation de forages et/ou pompes (21 883 844 F CFA, 14.89% en hydraulique, 01.21% de l'investissement total). À Soubré, les rares investissements concernent la réalisation de l'hydraulique villageoise améliorée (HVA) et/ou forages et/ou pompes à motricité humaine. Sept localités (figure 4) en ont bénéficié (Buyo au Nord-Ouest, Yabayo et Lazoa dans la Sous-Préfecture de Soubré au Centre, Guimeyo et Gbalebouo dans la Sous-Préfecture d'Okrouyo à l'Est, et Guiré dans la Sous-Préfecture de Méagui au Sud). Buyo a, en plus, vu l'extension de son réseau. L'extension du réseau est le seul investissement visible dans le chef-lieu de département.

À Bondoukou, en plus de la réalisation de l'hydraulique villageoise améliorée (HVA) et/ou forages et/ou pompes à motricité humaine (63 695 440 F CFA, 64.36% en hydraulique, 02.36% du total des investissements) et la réparation de forages et/ou pompes (30 269 221 F CFA, 30.59% en hydraulique, 01.12% du total des investissements) (photo 2), il y a eu la construction d'un mini château d'eau à la paierie départementale (5 000 000 F CFA, 05.05% en hydraulique, 00.19% du total des investissements).

Dans le Département de Bondoukou, la répartition spatiale des investissements en hydraulique est faible (figure 3). C'est dans la moitié Est que se concentre le peu d'investissements, au détriment de la moitié Ouest presque vide.

Pour lui assurer une bonne protection, la pompe - dont la partie visible est représentée par le dispositif métallique rouge - est entourée par une clôture. En visite sur le site, le Secrétaire Général et le Directeur Technique intérimaire du conseil général s'assurent de la fonctionnalité de l'ouvrage.

Source : Conseil Général de Bondoukou.

Photo 2 : Une pompe réhabilitée à Laoudi-Gan par le Conseil Général de Bondoukou.

L'hydraulique villageoise améliorée (HVA) et/ou forages et/ou pompes à motricité humaine à été réalisée à Yangbesso (extrême Sud-Ouest, dans la Sous-Préfecture de Sandégué) et à Flatchèdougou (au Nord, dans la Sous-Préfecture de Sapli-Sépingo). Trois localités ont vu la réparation de leur hydraulique villageoise améliorée (HVA) et/ou forages et/ou pompes à motricité humaine : deux dans la Sous-Préfecture de Sorobango (Marahui au Nord et Pelegodi au Centre) et une à Laoudigan (au Sud de la Sous-Préfecture de Sapli-Sépingo). La paierie départementale de Bondoukou et la Sous-Préfecture de Sorobango ont reçu un château d'eau.

5.2.4.2- Les investissements en hydraulique des communes

Les investissements en hydraulique ne sont pas reluisants au niveau de la Commune de Soubré qui n'a rien fait. Bondoukou et Dimbokro, elles, ont fait des efforts (tableau 8) avec respectivement 194 282 830 F CFA (09.77% du total de ses investissements) et 19 476 257 F CFA (02.66% du total de ses investissements). À Bondoukou, les efforts concernent l'extension et/ou renforcement du réseau d'adduction d'eau. Le forage Wamo et l'extension et/ou renforcement du réseau d'adduction ont englouti les 194 282 830 F CFA et se localisent dans le chef-lieu (figure 8). À Dimbokro également, c'est l'extension et/ou renforcement du réseau d'adduction d'eau, localisée au chef-lieu (figure 6), qui a coûté les 19 476 257 F CFA.

5.2.5- Électrification

5.2.5.1- Les investissements en électrification des conseils généraux

Bien que des localités aient été électrifiées, les données disponibles ne donnent aucun investissement en électrification pour Soubré. Les investissements de Bondoukou et Dimbokro (tableau 7) sont, respectivement, de 352 700 607 F CFA (13.09% du total de ses investissements) et 171 848 716 F CFA (07.78% du total de ses investissements). À Bondoukou, 310 138 000 F CFA (87.93% en électrification et 11.51% du total investi) ont été engloutis dans l'électrification et/ou réhabilitation des installations et 7 000 000 F CFA (01.98% en électrification et 00.26% du total des investissements) dans l'extension et/ou renforcement du réseau.

En ce qui est des groupes électrogènes, il est bien de préciser que, du fait des incessantes coupures d'électricité auxquelles est confronté le Département de Bondoukou, son conseil général a déboursé 35 562 607 F CFA (10.08% en électrification et 01.30% de l'investissement total) pour doter en groupes électrogènes le CHR, la paierie départementale, le corridor Est de la ville et le siège du conseil. La distribution spatiale est lâche en électrification du Département de Bondoukou (figure 3). Seules trois localités ont en reçu (Bondoukou et Wélékéi dans la Sous-Préfecture de Bondoukou au Sud-Est pour l'électrification et/ou réhabilitation des installations, et la Sous-Préfecture de Sapli-Sépingo au Centre pour le renforcement et/ou extension du réseau).

À Dimbokro, l'électrification et/ou réhabilitation des installations a coûté 156 830 933 F CFA (91.26% en électrification et 07.10% de l'investissement total). L'installation de l'énergie solaire et/ou groupes électrogènes a coûté 9 349 760 F CFA (05.44% en électrification et 00.42% de l'investissement total). L'extension et/ou renforcement du réseau a coûté 3 649 998 F CFA (02.12% en électrification et 00.17% de l'investissement total). Les divers représentés par "Autres" ont coûté 2 018 025 F CFA (01.17% en électrification et 00.09% de l'investissement total). Les investissements du conseil général en électrification sont de deux types (figure 5). La Sous-Préfecture de Nofou au Nord, Krokokro et Bocabo, tous deux de la Sous-Préfecture de Dimbokro, et situés respectivement au Sud et à l'Est, ont reçu l'électrification et/ou réhabilitation des installations. Sont concernées par l'extension et/ou renforcement du réseau, Agnere Koffikro à l'Ouest, Trianikro au Nord-Ouest, Nofou au Nord, Kangrassou Alluikro au Centre et Dimbokro au Sud du département.

La figure 4 donne de voir que dans le Département de Soubré, seule l'électrification et/ou réhabilitation des installations a été faite en électrification. Et elle concerne la seule Sous-Préfecture d'Okrouyo (le chef-lieu et Ottawa).

5.2.5.2- Les investissements en électrification des communes

Des trois communes, Bondoukou est celle qui a investi plus en électrification (tableau 8). À Bondoukou, c'est l'extension et/ou renforcement du réseau qui a mobilisé la totalité des 168 225 550 F CFA (08.46% du total investi) investis. Et le chef-lieu situé au Centre de ladite commune est le seul bénéficiaire (figure 8). À Dimbokro, les 63 5157 571 F CFA (08.68% du total investi) investis en électrification concernent l'électrification et/ou réhabilitation des installations (35 377 433 F CFA, 55.70% en électrification, 04.84% du total investi) et l'extension et/ou renforcement du réseau (28 140 138 F CFA, 44.30% en électrification, 03.85% du investi). Là également, comme le montre la figure 6, c'est le chef-lieu de commune situé au Centre de ladite commune qui concentre les investissements en électrification. La Commune de Soubré a investi 26 401 262 F CFA (02.77% du total investi) dans l'électrification représentés par 19 000 000 F CFA (71.97% en électrification et 01.99% du total investi) d'installation d'énergie solaire dans les villages et 7 401 262 F CFA (28.03% en électrification et 00.78% du total investi) d'électrification et/ou réhabilitation des installations. À Soubré, l'investissement en électrification a concerné l'énergie solaire installée dans le village de Mayo, au Centre de la commune mais au Nord du chef-lieu (figure 7).

5.2.6- Action sociale

5.2.6.1- Les investissements en action sociale des conseils généraux

Aucun conseil général n'a fait d'investissements saisissables dans l'action sociale.

5.2.6.2- Les investissements en action sociale des communes

Au niveau des communes, seule Soubré a fait des investissements dans le social (tableau 8). Chiffrés à 25 969 678 F CFA (02.73% du total de ses investissements), les investissements de cette commune se résument en la construction d'apatams dans les villages.

5.2.7- Ordures et assainissement

5.2.7.1- Les investissements en ordures et assainissement des conseils généraux

Les investissements en ordures et assainissement sont nuls au niveau de tous les conseils généraux étudiés.

5.2.7.2- Les investissements en ordures et assainissement des communes

Les communes, par contre, ont une tradition dans la gestion des ordures et de l'assainissement (tableau 8). Les investissements faits sont, par ordre d'importance en valeur, de 75 723 015 F CFA (03.81% du total de ses investissements) pour Bondoukou, 63 157 300 F CFA (06.63% du total de ses investissements) pour Dimbokro et 58 196 706 F CFA (07.96% du total de ses investissements) pour Soubré. L'essentiel des ressources investies (72 173 131 F CFA, 95.31% en ordures et assainissement, 03.63% de l'investissement total) par la Commune de Bondoukou a concerné l'achat et/ou réparation d'engins de ramassage d'ordures ; les 3 549 884 F CFA (04.69% en ordures et assainissement et 00.18% de l'investissement total) étant les dépenses diverses au titre des ordures et assainissement.

La Commune de Soubré, elle, a respectivement consacré 35 000 000 F CFA (55.42% en ordures et assainissement et 03.67% de l'investissement total) à l'achat et/ou réparation d'engins de ramassage d'ordures, 18 000 000 F CFA (28.50% en ordures et assainissement et 01.89% de l'investissement total) à la construction et/ou réhabilitation d'une décharge, 6 657 500 F CFA (10.54% en ordures et assainissement et 00.70% de l'investissement total) à la création et/ou entretien d'espaces verts et jardins et 3 499 800 (05.54% en ordures et assainissement et 00.37% de l'investissement total) aux divers.

La Commune de Dimbokro a consacré respectivement 39 772 800 F CFA (68.34% en ordures et assainissement et 05.44% de l'investissement total) à l'achat et/ou réparation d'engins de ramassage d'ordures, 10 000 000 F CFA (17.18% en ordures et assainissement et 01.37% de l'investissement total) à la construction et/ou réhabilitation d'une décharge, et 5 675 016 F CFA (09.75% en ordures et assainissement et 00.78% de l'investissement total) à la création et/ou entretien d'espaces verts et jardins. En plus, Dimbokro a investi 2 748 890 F CFA (04.72% en ordures et assainissement et 00.38% de l'investissement total) dans l'achat et/ou entretien d'autres engins comme les débroussailleuses, les tondeuses.

5.2.8- Culture

5.2.8.1- Les investissements en culture des conseils généraux

Au niveau des investissements en culture, rien n'a été fait par les Conseils Généraux de Soubré, Dimbokro et Bondoukou.

5.2.8.2- Les investissements en culture des communes

Au niveau des investissements en culture, rien ne transparait dans les données concernant la Commune de Bondoukou. Quant à Soubré et Dimbokro, les 38 324 000 F CFA (04.02% du total investi) et 8 570 289 F CFA (01.17% du total investi) ont concerné la création et/ou réhabilitation de radio (27 171 000 F CFA (70.90% en culture et 02.85% du total investi) et 3 110 289 F CFA (36.29% en culture et 00.43% du total investi)) et l'équipement de leur radio de proximité (11 153 000 F CFA (29.10% en culture et 01.17% du total investi) et 5 460 000 F CFA (63.71% en culture et 00.75 du total investi)).

5.2.9- Sport et loisir

5.2.9.1- Les investissements en sport et loisir des conseils généraux

En matière de sport et loisir, le Conseil Général de Bondoukou est le seul dont les investissements sont répertoriés. Chiffrés à 28 092 779 F CFA (01.04% du total investi), ils ont concerné spécifiquement la réhabilitation de la pelouse (19 976 220 F CFA, 71.11% en sport et loisir, 00.74% de l'investissement total) et des vestiaires (8 116 559 F CFA, 28.89% en sport et loisir, 00.30% de l'investissement total) du Stade Imam ALI TIMITE de la ville.

5.2.9.2- Les investissements en sport et loisir des communes

Au niveau des communes, pour les efforts faits en sport et loisir, l'importance suit l'ordre suivant : Bondoukou, Dimbokro et Soubré. À Bondoukou, la construction et/ou réhabilitation du foyer des jeunes (80 394 295 F CFA, 96.41% en sport et loisir, 04.04% du total investi) et l'achat d'instruments pour la fanfare municipale (2 292 000 F CFA, 03.59% en sport et loisir, 00.15% du total investi) ont mobilisé 83 386 295 F CFA (04.19% du total investi). À Dimbokro, les efforts concernent 18 731 014 F CFA (53.93% en sport et loisir et 02.56% du total investi) pour la création d'aires de jeux au foyer des jeunes et 15 999 936 F CFA (46.07% en sport et loisir et 02.19% du total investi) à la réhabilitation dudit foyer ; ce qui donne un ensemble 34 730 950 (04.75% du total investi). La Commune de Soubré a consacré 24 846 740 F CFA (86.13% en sport et loisir et 02.61% du total investi) et 3 999 872 F CFA (13.87% en sport et loisir et 00.42% du total investi), respectivement, à la réhabilitation du foyer des jeunes et à la construction de la clôture du stade municipal, soit un total de 28 846 612 F CFA (03.03% du total investi).

5.2.10- Logement et urbanisme

5.2.10.1- Les investissements en logement et urbanisme des conseils généraux

En logement et urbanisme, le Conseil Général de Bondoukou est seul à invertir. Ces investissements sont de 5 902 714 (00.22% du total de ses investissements) : 4 902 900 F CFA (83.06% en logement et urbanisme et 00.18% de l'investissement total) de lotissement et 999 814 F CFA (16.94% en logement et urbanisme et 00.04% de l'investissement total) de divers. La figure 3 montre les localités de Bracodi au Nord (Sous-Préfecture de Sapli-Sépingo) et Temogossié au Sud-Est (Sous-Préfecture de Bondoukou) comme les bénéficiaires des investissements (lotissement) en logement et urbanisme du conseil général.

5.2.10.2- Les investissements en logement et urbanisme des communes

Les trois communes ont fait des efforts en matière de logement et urbanisme. La Commune de Soubré vient en tête des investissements en matière de logement et urbanisme. Ceux-ci concernent le lotissement des quartiers et villages (25 995 220 F CFA, 80.49% en logement urbanisme, 02.73% de l'investissement total) et la construction et/ou réhabilitation de monuments (6 300 000 F CFA, 19.51% en logement et urbanisme, 00.66% de l'investissement total) tel celui immortalisant Charles BAUZA DONWAHI, ancien maire et ancien président de l'Assemblée Nationale de Côte d'Ivoire. Le total est de 32 295 220 F CFA (03.39% du total de ses investissements). Dans la Commune de Soubré (figure 7), le lotissement, seul investissement en logement et urbanisme, est visible au chef-lieu (Centre) et à Mayo (Centre, mais au Nord du chef-lieu).

À Dimbokro, ce sont les lotissements qui sont concernés par les 26 400 000 F CFA (03.61% de l'investissement total) investis. Ce sont les localités de Faiteassou (Sud-Ouest de la commune) et Namanssou (Nord-Est de la commune) qui ont été loties (figure 6).

À Bondoukou, les 15 212 270 F CFA (00.77% du total de ses investissements) investis se répartissent entre les lotissements 6 950 000 F CFA (45.69% en logement et urbanisme et 00.35% de l'investissement total) et les divers (8 262 270 F CFA, 54.31% en logement et urbanisme et 00.42% de l'investissement total). Comme à Soubré et Dimbokro, c'est le lotissement qui est le seul investissement réalisé par la Commune de Bondoukou. Et dans l'ensemble, le nombre est appréciable. Il s'agit de cinq localités (Sanguéi, Goli, Yamadougou, Bondoukou et Takoutou) situées toutes dans la moitié Ouest de la commune (figure 8).

5.2.11- Agriculture

5.2.11.1- Les investissements en agriculture des conseils généraux

Dans le domaine de l'agriculture, le Conseil Général de Soubré n'a rien fait. Les efforts sont visibles du coté de Dimbokro et Bondoukou. Les investissements dans le domaine de l'agriculture sont plus importants au Conseil Général de Bondoukou. Ce sont la construction et/ou réhabilitation de barrages hydro-agricoles et la création de plantations et/ou projets qui ont capitalisé 69 499 833 F CFA (02.58% du total des investissements), avec 59 500 000 F CFA (85.61% en agriculture et 02.21% de l'investissement total) pour la seule construction et/ou réhabilitation de barrages hydro-agricoles. Deux localités situées dans la Sous-Préfecture de Bondoukou ont bénéficié d'investissement (figure 3). Sangori, au Nord-Ouest de la sous-préfecture, a reçu la création de plantation et/ ou projet, précisément, un étang. Appimandoum, au Sud de la sous-préfecture, a reçu la construction d'un barrage hydro-agricole.

Les investissements dans le domaine de l'agriculture au niveau du Conseil Général de Dimbokro sont de 53 092 973 F CFA (02.40% du total de ses investissements). Et c'est la création de plantations et/ou projets qui se taille la part du lion avec 47 712 900 F CFA (89.87% en agriculture et 02.16% de l'investissement total) ; les 5 380 073 F CFA (10.13% en agriculture et 00.24% de l'investissement total) revenant aux divers. En ce qui est des investissements dans ce domaine, seule la création de plantation et/ou projet a fait l'objet d'attention. Et ces investissements sont encourageants car cinq localités en ont bénéficié (figure 5). Elles sont toutes de la Sous-Préfecture de Dimbokro (Dimbokro et Krokokro au Sud du département, Kangrassou Yobouekro, Kangrassou M'Brouenouan, Kadjabo et Trianikro au Centre du département).

5.2.11.2- Les investissements en agriculture des communes

Dans le domaine agricole, les investissements sont nuls pour toutes les communes.

5.2.12- Industrie

5.2.12.1- Les investissements en industrie des conseils généraux

Les conseils généraux étudiés n'ont fait aucun investissement dans le domaine de l'industrie.

5.2.12.2- Les investissements en industrie des communes

Les communes ont des investissements nuls en ce qui concerne le secteur de l'industrie.

5.2.13- Commerce

5.2.13.1- Les investissements en commerce des conseils généraux

Pour ce qui est du domaine du commerce, les investissements des conseils généraux sont nuls.

5.2.13.2- Les investissements en commerce des communes

C'est dans les communes seulement que des investissements sont saisissables dans le commerce. Ils sont plus importants à Bondoukou avec 229 569 525 F CFA (11.55% du total de ses investissements). Sont concernées, la réhabilitation des marchés (central, du quartier Zanzan et du soir à Limanasso) à hauteur de 175 828 788 F CFA (76.59% en commerce et 08.84% de l'investissement total), la construction de magasins et/ou kiosques (41 240 737 F CFA, 17.96% en commerce, 02.07% de l'investissement total) et la construction et/ou réhabilitation de l'abattoir (12 500 000 F CFA, 05.44% en commerce, 00.63% de l'investissement total). La figure 8 indique que la construction et/ou réhabilitation de marchés, la construction et/ou réhabilitation de magasins et/ou kiosques, la construction et/ou réhabilitation d'abattoirs ont toutes été réalisées au chef-lieu de commune, situé au Centre de ladite commune. Les investissements en commerce se chiffrent à 78 670 563 F CFA (10.75% du total de ses investissements) pour Dimbokro et concernent exclusivement la construction et/ou réhabilitation de magasins et/ou kiosques dans la commune (figure 6). La Commune de Soubré a investi 24 488 732 F CFA (02.57% du total investi) en commerce dont 13 000 000 F CFA (53.09% en commerce et 01.36% du total investi) aux divers, 10 488 732 F CFA (42.83% en commerce et 01.10% du total investi) dans la construction et/ou réhabilitation de l'abattoir et 1 000 000 F CFA (04.08% en commerce et 00.10% du total investi) dans la réhabilitation du marché central de la ville. Là également, c'est le chef-lieu de commune qui est concerné par les investissements réalisés (figure 7).

5.2.14- Route et transport

5.2.14.1- Les investissements en route et transport des conseils généraux

Les investissements en route et transport sont importants dans tous les conseils généraux. Mais par ordre d'importance, nous avons Bondoukou, Soubré et Dimbokro. À Bondoukou, 648 688 746 F CFA (75.35% en route et transport et 24.07% de l'investissement total) des 860 956 294 F CFA (31.95% du total de ses investissements) investis dans le secteur route et transport concernent le reprofilage (lourd et léger), 123 589 932 F CFA (14.35% en route et transport et 04.59% de l'investissement total) à l'ouverture de rues, 64 677 830 F CFA (07.51% en route et transport et 02.40% de l'investissement total) à la construction de ponts et/ou dalots et/ou ponceux et/ou pose de buses, et 23 999 786 F CFA (02.79% en route et transport et 00.89% de l'investissement total) aux autres.

Le constat qui se dégage de l'observation de la figure 3 est que les deux types d'investissements en route et transport se localisent tous dans la moitié Est du département. La construction de ponts et/ou dalots et/ou ponceux et/ou pose de buses s'observe au chef-lieu de la Sous-Préfecture de Tabagne (Sud-Est du département), à Zere au Nord de la Sous-Préfecture de Gouméré, à Pinda et Soko respectivement au Sud et au Sud-Est de la Sous-Préfecture de Bondoukou, à Kamala et Sanguabili au Nord de la Sous-Préfecture de Sorobango. L'ouverture de rues est faite à Neguéré (Nord-Ouest de la Sous-Préfecture de Tabagne), Flatchèdougou (Nord de la Sous-Préfecture de Sapli-Sépingo), Sogola et Zagala (respectivement Ouest et Est de la Sous-Préfecture de Sorobango).

À Soubré, ce secteur a mobilisé 604 680 982 F CFA (33.30% du total investi) des investissements et concerne le reprofilage (lourd et léger) et/ou traitement de points critiques (469 735 271 F CFA, 77.68% en route et transport, 25.87% du total investi) et la construction de ponts et/ou dalots et/ou ponceux et/ou pose de buses (134 945 711 F CFA, 22.32% en route et transport, 07.43% du total investi). La construction de ponts et/ou dalots et/ou ponceux et/ou pose de buses s'observe à l'Est de la Sous-Préfecture de Soubré, entre Koziayo 1 et Koziayo 2 et entre Koziayo 1 et Gnapayo (figure 4). Le reprofilage et traitement de points critiques s'observe, sans exception, dans toutes les sous-préfectures du département (Méagui au Sud, Soubré au Centre, Buyo au Nord-Ouest, Grand-Zattry au Nord, Opouyo à l'Est).

Le Conseil Général de Dimbokro a consacré ses 431 851 781 F CFA (19.56% du total investi) investis au reprofilage (lourd et léger) et/ou traitement de points critiques et la construction de ponts et/ou dalots et/ou ponceux et/ou pose de buses. Les axes Angouakoukro-Boni Andokro, Booré-Bendékro et Assamoikro-Bassa Yobouessou ont bénéficié de la construction de ponts et/ou dalots et/ou ponceux et/ou pose de buses (figure 5). Bien que le reprofilage (lourd et léger) et/ou traitement de points critiques ait été fait, il est absent sur la carte du fait que la documentation consultée n'indique pas les localités bénéficiaires.

5.2.14.2- Les investissements en route et transport des communes

Dans les communes aussi, les investissements en route et transport sont parmi les plus importants. Par ordre d'importance, nous avons Bondoukou, Soubré et Dimbokro. Dans la Commune de Bondoukou, les investissements en route et transport sont de 831 809 410 F CFA (41.83% du total investi) et se répartissent entre la quasi-totalité des sous-secteurs : 559 864 398 F CFA (67.31% en route et transport et 28.16% du total investi) de bitumage,

89 749 100 F CFA (10.79% en route et transport et 04.51% du total investi) de construction de ponts et/ou dalots et/ou ponceux et/ou pose de buses, 76 196 000 F CFA (09.16% en route et transport et 03.83% de l'investissement total) de reprofilage (lourd et léger) et/ou traitement de points critiques, 57 000 000 F CFA (06.85% en route et transport et 02.87% de l'investissement total) d'ouverture de voies, 5 000 000 F CFA (00.60% en route et transport et 00.25% de l'investissement total) de construction et/ou débouchage de caniveaux et 3 999 912 F CFA (00.48% en route et transport et 00.20% de l'investissement total) de construction d'un hangar à la gare routière d'Abidjan. À l'exception d'Abama (Nord) qui a reçu l'ouverture de rues, tous les autres investissements (bitumage, reprofilage, construction d'ouvrages, ouvertures et adressages de rues, construction de gare routière) sont faits dans le chef-lieu (figure 8).

Dans la Commune de Soubré, ces investissements cumulent 174 649 303 F CFA (18.33% du total investi) et concernent la construction de ponts et/ou dalots et/ou ponceux et/ou pose de buses (108 671 231 F CFA, 62.22% en route et transport, 11.41% du total investi), la construction et/ou débouchage de caniveaux (24 999 280 F CFA, 14.31% en route et transport, 02.62% du total investi) (photo 3), l'ouverture de voies (24 991 750 F CFA, 14.31% en route et transport, 02.62% du total investi), le reprofilage (lourd et léger) et/ou traitement de points critiques (15 987 042 F CFA, 09.15% en route et transport, 01.68% du total investi).

Ce caniveau en construction sur l'axe carrefour marché-château devrait résoudre le problème d'évacuation des eaux usées auquel est confrontée cette partie de la ville.
Cliché de l'auteur, juin 2010.

Photo 3 : Construction de caniveau dans une rue de la ville de Soubré.

La figure 7 indique la construction de ponts et/ou dalots et/ou ponceux et/ou pose de buses, reprofilage et traitement de points critiques et les ouvertures de rues comme investissements de la commune localisés au chef-lieu de commune (Centre de la commune).

Dans la Commune de Dimbokro, les investissements en route et transport ont coûté 148 930 485 F CFA (20.36% du total de ses investissements). Ici, la commune a fait l'ouverture de rues (50 800 000 F CFA, 34.11% en route et transport, 6.94% de l'investissement total) et a consacré les 98 130 485 F CFA (65.89% en route et transport et 13.41% de l'investissement total) à la construction de la nouvelle gare routière (photo 4).

Programmée sur près de dix ans dans les différents programmes triennaux, cette nouvelle gare routière de la ville de Dimbokro a englouti l'essentiel des ressources de ladite commune en matière de route et transport.

Cliché de l'auteur, juin 2010.

Photo 4 : La nouvelle gare routière de la ville de Dimbokro.

C'est au chef-lieu que sont faits les investissements en route et transport que sont la construction de la gare routière, le reprofilage, l'ouverture et l'adressage de rues (figure 6).

5.2.15- Tourisme

5.2.15.1- Les investissements en tourisme des conseils généraux

Aucun conseil général n'a fait d'investissements quantifiables dans le secteur du tourisme.

5.2.15.2- Les investissements en tourisme des communes

La Commune de Bondoukou est la seule à investir dans le tourisme à hauteur de 7 496 300 F CFA (00.38% du total investi) et cela concerne la réhabilitation de l'Hôtel Campement.

5.2.16- Sécurité

5.2.16.1- Les investissements en sécurité des conseils généraux

Les investissements en sécurité ne concernent que les Conseils Généraux de Soubré et de Dimbokro. Les données disponibles ne donnent aucun investissement du Conseil Général de Bondoukou. Les efforts de Soubré représentés par 45 445 000 F CFA (02.50% du total de ses investissements) sont relatifs à la construction de la clôture de la brigade de gendarmerie de Grand-Zattry. À Dimbokro, 13 482 500 F CFA ont servi à la dotation de véhicules et/ou matériels de sécurité, et 2 985 647 F CFA aux divers.

5.2.16.2- Les investissements en sécurité des communes

À ce niveau, aucune donnée ne transparait dans la comptabilité des communes étudiées.

5.3- Synthèse des investissements des collectivités territoriales

5.3.1- Les conseils généraux

5.3.1.1- Les montants investis

La figure 9 synthétise les seize domaines d'investissement des conseils généraux.

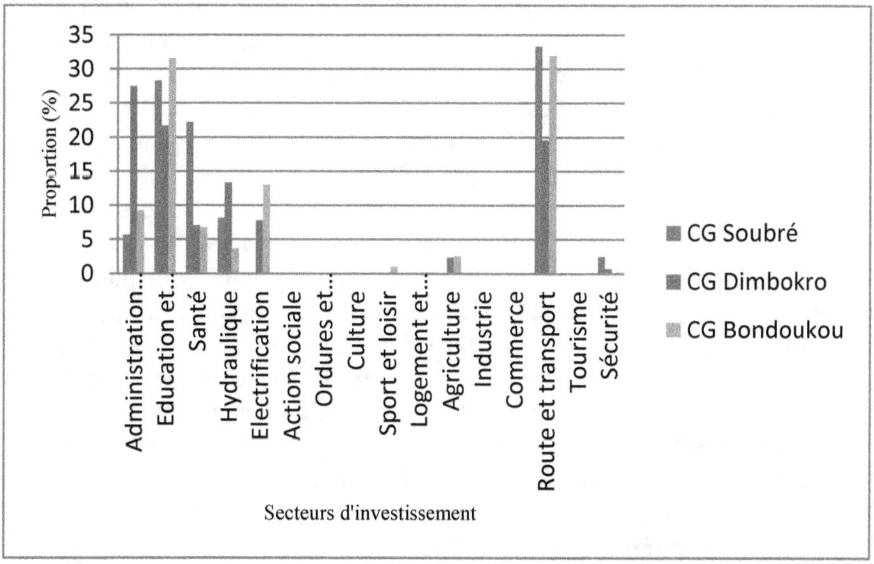

Sources : Nos calculs, à partir des comptes administratifs et des états d'exécution des investissements des Conseils Généraux de Soubré, Dimbokro et Bondoukou de 2003 à 2009, excepté 2003 pour Dimbokro.

% = Pourcentage

Figure 9 : Synthèse des investissements des Conseils Généraux de Soubré, Dimbokro et Bondoukou de 2003 à 2009, excepté 2003 pour Dimbokro.

Il ressort de cette figure sept domaines (route et transport, éducation et formation, santé, hydraulique, électrification, administration générale, agriculture) polarisant l'essentiel des ressources investies par les conseils généraux. Le Conseil Général de Bondoukou est celui qui a plus investi avec 2 695 068 357 F CFA. Il est suivi de Dimbokro avec 2 207 717 351 F CFA.

Le Conseil Général de Soubré qui vient en troisième position a consacré 1 815 731 039 F CFA.

Le domaine "Route et transport" est en tête de peloton avec par ordre d'importance, Bondoukou (860 956 294 F CFA, 31.95% des investissements), Soubré (604 680 982 F CFA, 33.30% des investissements) et Dimbokro (431 851 781 F CFA, 19.56% des investissements). Après, nous avons le secteur éducation qui suit à Bondoukou avec 849 609 269 F CFA (31.52% des investissements) et à Soubré avec 512 550 276 F CFA (28.23% des investissements). À Dimbokro, ce secteur se retrouve en troisième position avec 21.28 % des investissements, détrôné par le domaine "Administration générale" qui, du fait de la construction du siège du conseil, enregistre 606 334 907 F CFA (27.46%). L'administration générale a englouti 247 636 245 F CFA (09.19%) à Bondoukou et 103 000 000 F CFA (05.68%) à Soubré. Au niveau de la santé, le Conseil Général de Soubré se détache du lot avec un investissement de 403 132 212 F CFA (22.20%) devant les Conseils Généraux de Bondoukou (181 705 955 F CFA, 06.74%) et Dimbokro (154 717 956 F CFA, 07.01%). Pour l'hydraulique, la palme revient à Dimbokro avec 294 851 376 F CFA (13.36%). Soubré suit avec 146 922 564 F CFA (08.09%). Bondoukou termine avec 98 964 661 F CFA (03.67%). En ce qui est de l'électrification, si les données disponibles ne donnent aucune information sur Soubré, Bondoukou et Dimbokro, par ordre d'importance, ont investi 352 700 607 F CFA (13.09%) et 171 848 716 F CFA (07.78%). Les efforts faits par les Conseils Généraux de Bondoukou (69 499 833, 02.58%) et Dimbokro (53 092 973, 02.40%) dans l'agriculture sont à féliciter. Il faut tout de même indiquer que bien de domaines n'attirent pas ou presque pas l'attention des conseils généraux (action sociale, ordures et assainissement, culture, sport et loisir, industrie, commerce, tourisme).

5.3.1.2- La répartition spatiale

L'observation des figures 3, 4 et 5 montre qu'au niveau de l'éducation, non seulement les investissements à Bondoukou sont plus importants, mais aussi, la répartition spatiale est plus importante. Beaucoup de localités ont reçu, au moins, un investissement éducatif. Cependant, les parties Nord-Est et Nord-Ouest de ce département sont défavorisées dans ce partage. À Soubré et Dimbokro, la distribution des investissements en "Éducation et formation" est un peu éparse.

Au niveau "Santé", c'est à Soubré que le nombre d'équipements est relativement important. À Soubré comme à Bondoukou, la répartition des équipements en "santé" est homogène dans l'ensemble. Par contre à Dimbokro, les ¾ des investissements sont concentrés dans la partie Ouest.

En "Hydraulique", le nombre d'équipements est beaucoup plus important dans le Département de Dimbokro que partout ailleurs. Mais, la distribution spatiale se fait au détriment du Nord-Ouest de ce département. La distribution des équipements est éparse à Soubré. Dans le Département de

Bondoukou, c'est la moitié Ouest qui concentre l'essentiel des investissements en "Hydraulique".

Pour le domaine "Électrification", c'est dans le Département de Dimbokro que les équipements sont plus nombreux avec une distribution spatiale qui respecte toutes les zones. À Soubré et Bondoukou, les rares équipements sont situés dans la partie Sud de l'Est de ces départements.

En "Logement et urbanisme", le Département de Bondoukou est seul à faire des investissements localisables sur la carte. Et les deux sites concernés sont situés respectivement au Nord et au Sud-Est.

Dans le domaine "Agriculture", c'est à Dimbokro que les investissements sont beaucoup perceptibles et situés au chef-lieu et son rayon.

Les investissements en "Route et transport" de Soubré sont visibles à l'Est du département. À Bondoukou, ces investissements se concentrent dans la moitié Est du département.

5.3.2- Les communes

5.3.2.1- Les montants investis

La figure 10 fait la synthèse des seize domaines d'intervention des Communes de Soubré, Dimbokro et Bondoukou.

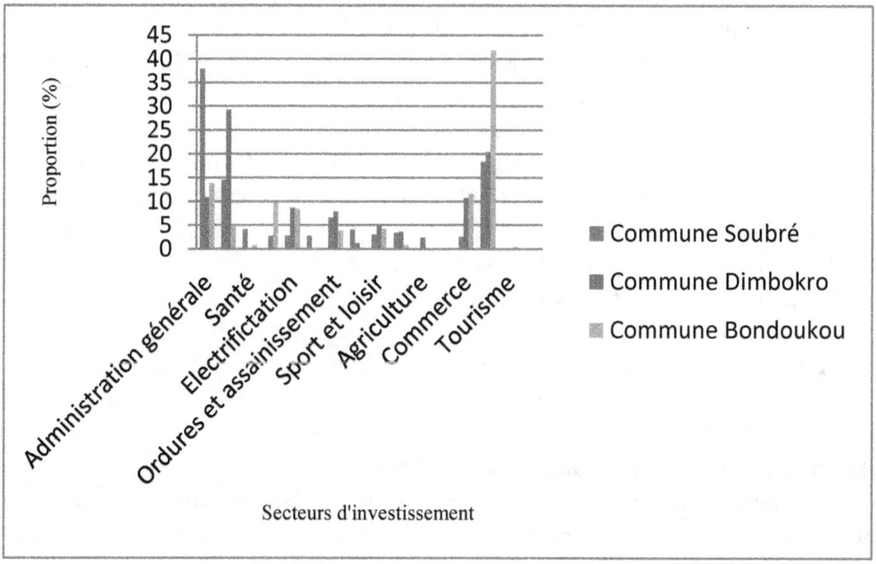

Sources : Nos calculs, à partir des comptes administratifs (2000, 2003, 2006) et des états d'exécution des investissements (2001, 2002, 2005, 2007, 2008, 2009) des Communes de Soubré, Dimbokro et Bondoukou, excepté 2004 pour Soubré.

% = Pourcentage

Figure 10 : Synthèse des investissements des Communes de Soubré, Dimbokro et Bondoukou de 2000 à 2009, excepté 2004 pour Soubré.

Sur la période étudiée, la Commune de Bondoukou est celle qui a investi plus de ressources financières dans son développement (1 988 364 389 F CFA), devant Soubré (952 733 947 F CFA) et Dimbokro (731 536 721 F CFA). Il faut déjà rappeler que Bondoukou doit ce chiffre exceptionnel au PSDAT de l'Union Européenne qu'elle a reçu en 2005.

Dans les communes, à part quelques domaines comme l'agriculture et l'industrie, tous les autres font l'objet d'attention au moins d'une commune. Le domaine dominant dans l'ensemble est celui de "Route et transport" avec un investissement énorme de 831 809 410 F CFA (41.83%) pour Bondoukou, pendant que Soubré et Dimbokro suivent par ordre d'importance avec 174 649 303 F CFA (18.33%) et 148 930 485 F CFA (20.36%).

Après, viennent les autres domaines tels "Administration générale" (Soubré en première position avec 361 064 685 F CFA (37.90%), Bondoukou en deuxième position avec 274 558 194 (13.81%) et Dimbokro en troisième position avec 79 092 543 F CFA (10.91%)), "Éducation et formation" (Dimbokro en première position avec 213 951 357 (29.25), Soubré en deuxième position avec 138 695 787 (14.55%) et Bondoukou en troisième position avec 93 101 000 F CFA (04.68%)), "Électrification" (d'abord Bondoukou avec 168 225 550 F CFA (08.46%), ensuite Dimbokro avec 63 517 571 F CFA (08.68%), enfin Soubré avec 26 401 262 F CFA (02.77%), "Ordures et assainissement" (Bondoukou d'abord avec 75 723 015 F CFA (03.81%), Soubré en suite avec 63 157 300 F CFA (06.63%) et Dimbokro enfin avec 58 196 706 F CFA (07.96%)), "Commerce" (première place pour Bondoukou avec 229 569 525 F CFA (11.55%), deuxième place pour Dimbokro avec 78 569 525 F CFA (10.75%) et troisième place pour Soubré avec 24 488 732 F CFA (02.57%)), etc.

5.3.2.2- La répartition spatiale

Dans le domaine "Éducation et formation", les communes ont pratiquement le même nombre d'équipements disséminés au chef-lieu et dans les villages : 04 à Soubré (Soubré, Mayo, Kpéhiri, Galéa), 04 à Bondoukou (Bondoukou, Goli, Takoutou, Soko) et 03 à Dimbokro (Dimbokro, Assebrokro, Dadié Kouassikro).

Au niveau "Santé", si les équipements sont visibles dans 03 localités à Soubré (Soubré, Gripazo, Baleyo), ce n'est pas le cas à Dimbokro qui n'en dispose pas du tout et à Bondoukou qui n'en dispose qu'à Soko.

En ce qui concerne le secteur "Hydraulique", seules Dimbokro et Bondoukou ont des investissements visibles dans les chefs-lieux.

Pour le secteur "Électrification", les 03 communes ont chacun fait 01 investissement (Mayo pour Soubré et le chef-lieu pour Dimbokro et Bondoukou).

En "Logement et urbanisme", les 03 communes ont viabilisé et/ou loti chacune 02 sites : Mayo et Soubré pour Soubré, Faiteassou et Niamansou pour Dimbokro, Goli et Sanguéi pour Bondoukou).

Chacune des 03 communes a construit des magasins et/ou kiosques singulièrement dans le chef-lieu de commune. En plus, Bondoukou a procédé à la réhabilitation de son marché central.

En "Route et transport", les investissements des Communes de Soubré et Dimbokro sont visibles dans le chef-lieu. À Bondoukou, à part le chef-lieu, le village d'Abema a également bénéficié d'investissement en la matière.

Au niveau des communes, on retient que le faible maillage des investissements dans l'espace est lié à la faiblesse desdits investissements. Et cela n'est que logique, puisque nous avons antérieurement montré que ces entités injectent l'essentiel de leurs ressources dans le fonctionnement au détriment des investissements sociaux.

Conclusion du Chapitre 5

L'analyse et l'interprétation des investissements des collectivités territoriales montrent que celles-ci s'emploient toutes à donner un mieux-être à leurs populations. Le problème en matière de "Route et transport" se pose avec acquitté dans tous les conseils généraux. Ce qui justifie sa 1ère place dans les investissements de Soubré et Bondoukou et sa 2ème place à Dimbokro. Après quoi, viennent l'éducation, la santé, l'hydraulique et l'électrification. Il est à noter que, du fait de son choix de se doter d'un siège digne, le Conseil Général de Dimbokro a consacré le 1er de ses investissements au secteur "Administration générale". Les efforts fournis par les Conseils Généraux de Dimbokro et Bondoukou en agriculture sont à encourager. Cependant, tous accordent peu d'égards aux secteurs des "Ordures et assainissements", "Culture", "Sport et loisir", "Logement et urbanisme", "Industrie", "Commerce", "Sécurité".

Les communes, elles, confirment leur tendance à consacrer une bonne part de leurs ressources à leur fonctionnement (Administration générale) même si les secteurs "Éducation et formation" et "Route et transport" viennent en première position respectivement à Dimbokro et Bondoukou. Cependant, la santé intéresse peu les Communes de Dimbokro et Bondoukou quand l'hydraulique subit le même sort à Soubré. Dans toutes les communes, les investissements ne sont pas reluisants dans les secteurs "Action sociale" (excepté Soubré), "Agriculture", "Industrie", "Tourisme" et "Sécurité".

Au total, les collectivités territoriales étudiées font des efforts certains pour le bien-être de leurs populations. Mais ceux-ci satisfont-ils la demande sociale en constante évolution ? Si « Non ! », pourquoi ? Mieux, quel est l'impact de la crise économique sur les actions des collectivités territoriales ?

Chapitre 6 : UNE CRISE ÉCONOMIQUE AUX INCIDENCES MULTIFORMES SUR LA DÉCENTRALISATION

L'analyse des réalisations des collectivités par rapport aux priorités de développement et à la demande sociale montre des écarts entre celles-ci. Pour exemple, les initiatives créatrices de richesses telles l'agriculture et l'industrie censées booster leur envol économique sont à la traine ou même délaissées ; ce qui fait dire que les investissements faits sont plus sociaux qu'économiques. N'empêche, les collectivités territoriales fournissent des efforts indéniables dans la mise en œuvre de leur feuille de route qui est d'apporter le bonheur aux populations locales ; et cela, à travers diverses réalisations : routes, écoles, centres de santé, eau potable, électrification, gestion des ordures, et assainissement, sport, commerce, etc. Malheureusement, tous ces efforts sont loin de satisfaire la demande sociale en constante évolution. Et la crise économique semble être la raison évidente. On se demande alors pourquoi est-ce que trente-trois ans après, la décentralisation a toujours des difficultés à trouver ses marques. Partant, quels sont les incidences de la crise économique sur la décentralisation ? Comment les actions des collectivités territoriales sont-elles contrariées sur le terrain ? Ce chapitre met en relief les pans essentiels sur lesquels impacte la crise économique ; à savoir, économique, administratif et institutionnel, organisationnel et technique, et politique.

6.1- L'impact économique

L'impact économique de la crise économique se constate au travers des ressources financières dont bénéficient les collectivités territoriales pour leur mission. L'évolution des budgets, la part des ressources propres dans ces budgets et les subventions de coopération sont les éléments retenus pour l'analyse.

6.1.1- Des budgets évoluant en dents de scie

L'analyse porte sur les budgets des conseils généraux et sur ceux des communes.

6.1.1.1- Cas des conseils généraux

Des données de nos enquêtes, il ressort que le budget du Conseil Général de Soubré a connu une baisse de 598 428 000 F CFA de 2007 à 2008. De 2004 à 2005, 2005 à 2006, 2006 à 2007 et 2008 à 2009, il a connu une augmentation, respectivement, de 120 003 000 F CFA, 616 091 000 F CFA, 403 745 000 F CFA et 181 863 000 F CFA. Ce qui vaut pour le budget dans son ensemble, vaut pour le fonctionnement et l'investissement. La part consacrée au fonctionnement a connu une baisse de 406 353 000 F CFA entre 2007-2008. Sur les autres années, c'est-à-dire entre 2004-2005, 2005-2006, 2006-2007 et 2008-2009, c'est une augmentation qui est enregistrée. Elle est respectivement de 63 003 000 F CFA, 486 352 000 F CFA, 169 144 000 F CFA et 181 858 000 F CFA. Au niveau de l'investissement, la chute concerne 2007-2008 et est de 192 072 000 F CFA. Les années 2004-

2005, 2005-2006, 2006-2007 et 2008-2009 ont connu des hausses respectives de 57 000 000 F CFA, 129 739 000 CFA, 234 601 000 F CFA et 5 000 F CFA.

En faisant maintenant une comparaison horizontale, on constate que sur toutes les années, le budget de fonctionnement de Soubré est toujours resté inférieur au budget d'investissement. Aussi, faut-il noter qu'à la création des conseils généraux, le budget initialement prévu pour celui de Soubré s'élevait à 4 070 600 000 F CFA. En comparant ce budget initial à la moyenne de l'ensemble des budgets qu'il reçoit chaque année (1 916 151 667 F CFA), nous constatons que le budget réellement octroyé représente moins de la moitié prévue.

En ce qui est du Conseil Général de Dimbokro, à part 2004-2005 et 2008-2009 où le budget a connu une augmentation de 114 597 000 F CFA et 175 866 000 F CFA, il a connu une baisse les autres années (106 759 000 F CFA en 2005-2006, 367 409 000 F CFA en 2006-2007 et 75 849 000 F CFA en 2007-2008). Le fonctionnement a connu une hausse de 75 269 000 F CFA en 2004-2005 et de 83 367 000 F CFA en 2005-2006. De 2006-2007, 2007-2008 et 2008-2009, il a chuté respectivement de 41 154 000 F CFA, 11 609 000 F CFA et 50 373 000 F CFA. L'investissement n'a connu que deux augmentations de 39 331 000 F CFA et 226 239 000 en 2004-2005 et 2008-2009. De 2005 à 2008, il a baissé (190 126 000 F CFA en 2005-2006, 326 255 000 F CFA en 2006-2007 et 64 240 000 F CFA en 2007-2008).

La comparaison horizontale indique qu'au niveau du Conseil Général de Dimbokro également, sur tous les ans, malgré les fluctuations d'une année à une autre, le budget de fonctionnement est resté inférieur au budget d'investissement. Ici aussi, pour un budget initial de 3 198 300 000 F CFA, c'est moins du tiers, en moyenne (1 047 992 333.33 F CFA), que reçoit le Conseil Général de Dimbokro.

Le Conseil Général de Bondoukou n'échappe pas à l'évolution sinusoïdale du budget. Il a connu une hausse de son budget sur les années 2004-2005 (122 996 970 F CFA), 2005-2006 (93 301 000 F CFA) et 2007-2008 (71 448 000 F CFA). En 2006-2007 et 2008-2009, il a baissé de 532 600 000 F CFA et 68 440 000 F CFA. Le fonctionnement n'a connu qu'une baisse de 2 120 000 F CFA en 2007-2008. En 2004-2005, 2005-2006, 2006-2007 et 2008-2009, il a augmenté respectivement de 36 034 868 F CFA, 6 249 000 F CFA, 15 000 000 F CFA et 4 583 000 F CFA. L'investissement a connu deux chutes (547 600 000 F CFA en 2006-2007 et 73 568 000 F CFA en 2008-2009). Il a connu une hausse de 86 962 102 F CFA en 2004-2005, 87 052 000 F CFA en 2005-2006 et 73 568 000 F CFA en 2007-2008.

Le budget de fonctionnement du Conseil Général de Bondoukou, sur tous les ans, est aussi resté inférieur au budget d'investissement. Initialement, le Conseil Général de Bondoukou devrait recevoir 3 723 200 000 F CFA de budget. Mais dans la réalité, ce qu'il reçoit en moyenne (1 458 459 505 F CFA) ne vaut même pas la moitié du prévu.

Au total, les budgets globaux des conseils généraux ont une évolution en dents de scie. Et cela a des répercussions sur le fonctionnement et l'investissement de ces collectivités ; lesquels fonctionnement et investissement voient diminuer les parts qui leurs sont allouées.

6.1.1.2- Cas des communes

À ce niveau, nous précisons que, vu l'indisponibilité des données pour toutes les années (cas des Communes de Soubré et Bondoukou), nous considérons les années disponibles comme des années qui se suivent. Aussi, pour la Commune de Bondoukou, les données de 2000, année initiale de l'échantillonnage, étant inexistantes, 2001 devient l'année de départ.

Sur toutes les années, le budget de la Commune de Soubré a chuté de 9 227 000 F CFA et 395 706 000 F CFA en 2005-2006 et 2007-2008. En 2000-2001, 2001-2002, 2002-2003, 2003-2005 (considérées comme années se suivant), 2006-2007 et 2008-2009, il a progressé respectivement de 45 193 000 F CFA, 89 278 000 F CFA, 136 468 000 F CFA, 2 772 000 F CFA, 360 557 000 F CFA et 163 773 000 F CFA. Pour le fonctionnement également, c'est entre deux années (2002-2003 et 2007-2008) qu'il a régressé de 1 035 000 F CFA et 340 950 000 F CFA. Autrement, entre 2000-2001, 2001-2002, 2003-2005, 2005-2006, 2006-2007 et 2008-2009, il a connu une progression respective de 70 925 000 F CFA, 46 546 000 F CFA, 91 575 000 F CFA, 2 638 000 F CFA, 300 412 000 F CFA et 113 560 000 F CFA. L'investissement a régressé de 2000-2001 (25 732 000 F CFA), 2003-2005 (88 803 000 F CFA), 2005-2006 (6 589 000 F CFA) et 2007-2008 (54 756 000 F CFA) ; et a augmenté de 2001-2002 (42 732 000 F CFA), 2002-2003 (137 503 000 F CFA), 2006-2007 (60 145 000 F CFA) et 2008-2009 (50 213 000 F CFA). La comparaison horizontale montre une différence d'avec ce qui a été constaté dans les conseils généraux. En effet, le budget de fonctionnement de la Commune de Soubré, sur tous les ans, est resté supérieur à l'investissement.

Pour la Commune de Dimbokro, le budget régresse plus qu'il n'augmente. Cette régression se constate même sur plusieurs années consécutives. Ainsi, de 2000-2001, 2003-2004, 2004-2005, 2005-2006 et 2007-2008, le budget a régressé respectivement de 129 719 000 F CFA, 20 846 000 F CFA, 40 173 000 F CFA, 50 709 000 F CFA et 86 094 000 F CFA. L'augmentation concerne les années 2001-2002 (78 248 000 F CFA), 2002-2003 (53 072 000 F CFA), 2006-2007 (102 730 000 F CFA) et 2008-2009 (54 988 000 F CFA). Le budget de fonctionnement respecte le même scénario que le global : chute en 2000-2001 (89 871 000 F CFA), 2003-2004 (26 470 000 F CFA), 2004-2005 (1 150 000 F CFA), 2005-2006 (12 341 000 F CFA), 2007-2008 (18 920 000 F CFA) ; et hausse en 2001-2002 (11 636 000 F CFA), 2002-2003 (23 005 000 F CFA), 2006-2007 (30 190 000 F CFA), 2008-2009 6 290 000 F CFA). Pour l'investissement, il y a quatre périodes de chute et cinq de hausse. Pour les chutes, nous avons : 2000-2001 (39 848 000 F CFA), 2004-2005 (39 023 000 F CFA), 2005-2006 (38 368 000 F CFA) et 2007-2008 (67 174 000 F CFA). Les hausses sont : 2001-2002 (66 612 000 F CFA), 2002-2003 (30 067 000 F CFA), 2003-2004 (5 624 000 F CFA), 2006-2007 (72 540 000 F CFA) et 2008-2009 (48 698 000 F CFA). Au niveau de la Commune de Dimbokro aussi, la comparaison horizontale indique que sur tous les ans, le budget de fonctionnement est resté supérieur au budget d'investissement.

À Bondoukou, excepté 2005-2007 (considérées comme des années successives) où le budget a chuté de 1 303 022 000 F CFA, il est resté en hausse sur le reste des années : 46 768 000 F CFA en 2001-2003 (considérées comme se suivant), 86 014 000 F CFA en 2003-2004, 1 208 820 000 F CFA en 2004-2005, 2 867 000 F CFA en 2007-2008, 42 723 000 F CFA en 2008-2009. Le budget de fonctionnement est resté en hausse sur tous les ans (21 854 000 F CFA en 2001-2003, 3 585 000 F CFA en 2003-2004, 23 630 000 F CFA en 2004-2005, 2 493 000 F CFA en 2007-2008, 28 455 000 F CFA en 2008-2009), sauf en 2005-2006 qui a connu une baisse de 12 576 000 F CFA. L'investissement est également resté en hausse sur toute la période (24 914 000 F CFA en 2001-2003, 82 429 000 F CFA en 2003-2004, 1 185 190 000 F CFA en 2004-2005, 374 000 F CFA en 2007-2008, 14 268 000 F CFA en 2008-2009), excepté 2005-2007 où il a chuté de 1 290 446 000 F CFA. Dans la Commune de Bondoukou également, excepté l'année 2005 où le budget d'investissement est supérieur au budget de fonctionnement, sur toutes les autres années, c'est le fonctionnement qui est resté supérieur à l'investissement.

En définitive, comme au niveau des conseils généraux, les budgets des communes ont également une évolution sinusoïdale. Cela se répercute sur les parts du fonctionnement et celles de l'investissement qui présentent les mêmes allures. Cependant, force est de noter que la Commune de Bondoukou se démarque par une évolution quasi-croissante de ses budgets (général, fonctionnement, investissement).

6.1.2- Des ressources propres insignifiantes face aux défis à relever

Dans la « Proportion des Conseils Généraux de Soubré, Dimbokro et Bondoukou suivant les valeurs de la part dans les recettes de fonctionnement et moyenne de ces recettes dans les sections du budget », les totaux des moyennes des sections "Recettes Fiscales", "Recettes des Prestations et Services", "Revenus du Patrimoine et du Portefeuille" et "Recettes Diverses au Titre I" sont respectivement de 61.45%, 37.31% et 27.40%. Ceux des Communes de Soubré, Dimbokro et Bondoukou sont respectivement de 87.12%, 85.25% et 81.11%. Dans la « Proportion des Conseils Généraux de Soubré, Dimbokro et Bondoukou suivant les valeurs de la part dans les recettes d'investissement et moyenne de ces recettes dans les sections du budget », les totaux des moyennes des sections "Produit de l'Aliénation des Biens du Patrimoine", "Prélèvement sur Fonds d'Investissement", "Recettes d'Emprunts", "Dons et Legs" et "Recettes Diverses au Titre II" sont respectivement de 74.68%, 43.35% et 56.97%. Pour les communes, les données sont de 79.55%, 57.99% et 14.92%.

Les chiffres indiquent des ressources propres appréciables pour les collectivités dans leur ensemble, singulièrement pour les communes. Mais cela ne doit pas cacher la réalité qui est que c'est un ensemble de quatre (fonctionnement) ou cinq (investissement) sections qui est considéré. À propos, État de la Décentralisation en Afrique (2003) le note si bien, en ce qui concerne les communes : « 40% de l'impôt foncier revient aux communes, et 60% à l'État, actuellement. Les patentes et licences dont 100% du droit fixe et du droit proportionnel vont en faveur des communes et 100% de la contribution nationale et des taxes complémentaires profitent à l'État. À cela, il faut ajouter l'impôt synthétique dont bénéficient les budgets communaux depuis 1994. La clé de répartition est la même que celle de l'impôt foncier. À eux seuls, ces impôts représentent près de 95% des recettes fiscales des collectivités et 60% des ressources locales. Les enquêtes et les entretiens réalisés (...) préalablement émettent des réserves tenant à la main mise de l'État sur ces ressources. Le niveau de recouvrement des recettes locales est généralement faible. Les restes à recouvrer (R.A.R) sont considérables. Nous nous en rendons compte à travers la comparaison entre ces impôts restant dus, les émissions et les recouvrements. Pour la Trésorerie Régionale d'Abidjan Sud (TRAS), la plus grande trésorerie de Côte d'Ivoire, le taux de recouvrement n'atteint jamais les 45%. Les R.A.R s'élèvent à la date du 26/06/98 à 377.707,212.049 après avoir été de 274.924.630.019 de 1975 à 1991. À partir de la tendance générale de 1999, la situation ne s'est pas améliorée. »

Tout ceci pour dire que la mobilisation des ressources propres reste à ce jour, en deçà des espérances, et souvent même, en deçà des potentialités existantes ; toute chose qui contribue à réduire à la portion congrue, le poids économique et financier des collectivités territoriales et qui pose la problématique de leur autonomie financière.

6.1.3- Une autonomie financière illusoire

La moyenne de la section "Aide de l'État, Fonds de Concours et Aides Extérieures" dans la « Proportion des Conseils Généraux de Soubré, Dimbokro et Bondoukou suivant les valeurs de la part dans les recettes de fonctionnement et moyenne de ces recettes dans les sections du budget » est respectivement de 38.55%, 62.69% et 72.60%. Celle des Communes de Soubré, Dimbokro et Bondoukou est respectivement de 12.56%, 14.75% et 18.89%. Pour ce qui est de la section "Subvention de l'État" dans la « Proportion des Conseils Généraux de Soubré, Dimbokro et Bondoukou suivant les valeurs de la part dans les recettes d'investissement et moyenne de ces recettes dans les sections du budget », les données indiquent une moyenne qui est respectivement de 25.32%, 56.65% et 43.03%. Celle des

Communes de Soubré, Dimbokro et Bondoukou est respectivement de 20.45%, 42.01% et 85.08%.

Si, au niveau des communes, les moyennes pour le fonctionnement sont relativement faibles, dans l'ensemble, les données indiquent que pour le fonctionnement et pour l'investissement, les collectivités tirent l'essentiel de leurs ressources financières de l'apport de l'État. On ne peut donc dire que les collectivités territoriales ivoiriennes ont une autonomie financière. Et ce ne sont pas les élus du FPI à qui cette politique est chère qui diront le contraire. En effet, réunis les 18 et 19 juin 2008 à l'Hôtel Ivoire pour un bilan, ils ont eu le mérite de tirer la conclusion de la politique de décentralisation : les caisses sont vides. Au cours de ce séminaire, tous les élus ont dénoncé l'insuffisance des moyens financiers mis à leur disposition. Ceci expliquant cela, aucun d'eux n'arrive à achever ses programmes triennaux. L'État ne joue pas sa partition car les financements qu'il a promis ont du mal à venir ; et quand ils le sont, c'est de loin, en déphasage avec ce qu'il faut pour amorcer le véritable développement des localités dont ils ont la charge.

C'est ce qui fait dire à Monsieur TRAORE M. Ahmed, dans son article "Entre politique et réalité du terrain", in Nord-Sud Quotidien du 15 décembre 2008, que « L'autonomie financière prônée par les textes est une chimère. Non seulement, les communes existantes sont dans le creux de la vague ; mais celles qui viennent d'être créées risquent de ne jamais voir le jour pour les mêmes problèmes financiers. La commune, ce n'est pas seulement l'acte administratif de création. C'est un Maire, une mairie, des agents de l'État, des services administratifs, des infrastructures modernes. Donc beaucoup de moyens. ».

Dans la même veine, les propos de Monsieur AKA AOUELE, Président du Conseil Général d'Aboisso, retranscrits par DIARRASSOUBA SORY dans le Nouveau Réveil du 10 novembre 2008, sont fort expressifs : « "Depuis le début de l'année, la réalisation des travaux financés sur le budget d'investissement 2007, encore moins 2008, est bloquée pour défaut de trésorerie", a constaté le Président AOUELE, qui estime que les conseils généraux, en général, qui ne reçoivent que le budget de fonctionnement, sont donc "payés à ne rien faire". Pour lui, un tel Conseil, s'il ne fait pas preuve d'imagination et d'appropriation d'opportunités, devient "ni plus ni moins qu'une charge (inutile) pour l'État..., pour le contribuable puisqu'il est improductif, inopérant...payé à ne pas faire l'essentiel" ».

Cette nécessité pour les collectivités de disposer de moyens propres est perçue par GREFFE (2002) quand il dit que « (...) l'attribution de (...) compétences reste formelle si des moyens ne sont donnés aux collectivités locales pour les exercer, ce qui expose le développement local à un double risque : être mis sous tutelle et perdre ce qui fait son pouvoir d'entraînement ; ne pas pouvoir compter sur d'autres moyens que les siens propres alors qu'ils sont notoirement insuffisants. La manière dont ces moyens seront attribués peut être déterminante pour le bon fonctionnement du développement local (…). ».

En un mot, sans autonomie financière, les collectivités territoriales auront du mal à décoller. À juste titre, Émile Le BRIS (1999) cité par ADOU (2009), dira « qu'il est possible de prétendre que la décentralisation est réelle si les collectivités locales sont véritablement maîtresses de leurs finances ; et qu'à l'inverse, la décentralisation est purement apparente lorsque les collectivités n'ont pas de liberté financière même si elles ont des compétences juridiques réelles étendues. ».

6.1.4- Des subventions de coopération et des prêts quasi-inexistants

L'Article 68 de la Loi N° 81-1129 du 30 décembre 1981 dispose que les communes peuvent contracter des emprunts aussi bien au niveau de structures privées qu'au niveau de partenaires étrangers. Et ces emprunts sont destinés à l'investissement et à l'équipement. Sur cette base, les collectivités se sont essayées à cet exercice. Malheureusement, le résultat est largement en deçà des attentes. Les collectivités qui ont pu bénéficier d'emprunts de partenaires extérieurs se comptent sur le bout des doigts. En effet, de toutes les localités étudiées, seule la Commune de Bondoukou peut se targuer de bénéficier d'un apport relativement subséquent d'un partenaire extérieur, l'Union Européenne, au travers de son PSDAT, en 2005, pour la modernisation et la construction d'un certain nombre d'infrastructures économiques. Au niveau de la section "Don et Legs", aucune des collectivités étudiées, dans le cadre de son investissement, n'a, ni fait de prévisions ni fait de recouvrements, excepté la Commune de Dimbokro qui, en 2007, a recouvré 26 579 720 F CFA sur 38 324 000 F CFA prévus (69.36% en moyenne).

Dans l'ensemble donc, la coopération internationale n'a pas encore produit de fruits palpables. Cette situation s'explique par la faiblesse de la surface financière qu'offrent les collectivités ivoiriennes. Et cela ne constitue pas une garantie suffisante pour les bailleurs de fonds. Quand, à cela, nous ajoutons les effets de la situation socio-politico-militaire que vit le pays, les choses s'empirent. Tous les responsables des collectivités locales rencontrés ont soutenu avoir entrepris des démarches dans le sens d'une coopération décentralisée, mais leurs interlocuteurs, au mieux, ont conditionné les pourparlers à la fin de la crise et à la reprise normale des activités économiques.

Au niveau des prêts, la situation reste presqu'identique. L'octroi de prêts directs de l'État aux collectivités est juridiquement possible. Mais la crise économique qu'a accentuée la crise socio-politico-militaire actuelle le rend impossible. Aussi, le financement des investissements communaux par l'emprunt se heurte-t-il aux difficultés liées au risque communal. Celles-ci ont trait à la lisibilité approximative des documents budgétaires des collectivités territoriales et à leur faible capacité d'épargne budgétaire.

6.1.5- Déperdition des ressources financières

Pour assurer leur fonctionnement et supporter les investissements qu'elles initient, les collectivités ont besoin de ressources financières. Dans l'ensemble de ces ressources, hormis les "Aides de l'État, Fonds de Concours et Aides Extérieures" et les "Dons et Legs", le reste, constitué essentiellement des taxes, doit être mobilisé par les collectivités elles-mêmes. Et sur le principe même, pour l'exécution des tâches qui leurs sont cédées par l'État, ces ressources propres-là devraient représenter l'essentiel des ressources générales des collectivités. Malheureusement, dans la pratique, les collectivités sont confrontées à des difficultés sérieuses pour le recouvrement de ces recettes. En effet, les maigres moyens dont elles disposent ne leur permettent pas, nous le répétons, non seulement de se doter d'agents en nombre et en qualité, mais aussi en moyens matériels et techniques pour le travail au quotidien. Les déperditions qui en découlent dans la mobilisation des ressources financières sont éloquentes.

6.1.5.1- Des péagers insuffisants

Pour l'illustrer, prenons le nombre des agents collecteurs de taxes ou péagers des communes visitées. Ils sont au nombre de 17, 13 et 12, respectivement dans les Communes de Soubré, Dimbokro et Bondoukou. Nous voyons clairement que pour une ville comme Soubré, avec un dynamisme économique indiscuté, 17 agents ne peuvent assurer la collecte journalière des taxes. Et ce n'est pas le Chef du Service Financier qui dira le contraire, lui qui reconnait que ses agents collecteurs sont insuffisants pour couvrir toute la commune. Et c'est la même situation dans les autres localités. Prenons l'exemple de la mobilité spatiale de bon nombre d'activités économiques. Ici, la palme revient aux activités informelles. Il s'agit des commerçants ou vendeurs ambulants qui se promènent avec leurs marchandises à travers les rues et concessions. Du fait qu'ils ne soient pas fixes à un endroit précis et saisissable, les répertorier et les identifier afin de les faire payer ce qu'ils doivent, est un casse-tête chinois pour les services de recouvrement des collectivités.

C'est également le cas des vendeurs à la sauvette qu'on retrouve aux différents carrefours, le long des routes et autoroutes. Dès qu'ils aperçoivent les agents recouvreurs ou la police municipale, c'est le "sauve qui peut !". Ils disparaissent dans la nature. Et puisque le contrôle de ces activités informelles (illégales) n'est pas régulier, ils réapparaissent dans le paysage urbain d'une commune à une autre. Et toutes les collectivités souffrent de cet état de fait.

Il y a aussi le problème des "marchés de nuit". Toutes les localités urbaines visitées ont des activités économiques et commerciales nocturnes appréciables. Si quelques rares établissements nocturnes sont connus et répertoriés, ce n'est pas le cas des véritables "marchés de nuit" que nous avons pu observer. Par moment, vous avez l'impression que vous êtes dans un marché en plein jour. Le niveau de fréquentation de ces marchés est important, car les produits offerts (vendus) sont le plus souvent moins chers. Les chiffres d'affaires sont plus ou moins salutaires, même si nous n'avons pas de statistiques pour les évaluer. Malheureusement, selon les informations recueillies auprès des collectivités territoriales (surtout communales) visitées, le recouvrement des taxes de ces "marchés de nuit" échappe totalement à leurs services par l'inexistence de personnels nocturnes de recouvrement.

6.1.5.2- Des moyens de mobilité et matériels et techniques inadaptés

Le recouvrement de toutes ces ressources précédemment décrites (vendeurs ambulants et à la sauvette, marchés de nuit) est rendu encore difficile quand nous observons les moyens par lesquels il est fait. En effet, de Soubré à Bondoukou en passant par Dimbokro, les agents collecteurs n'ont pour seul moyen de mobilité que leurs pieds, pour seul moyen matériel qu'une sacoche dans laquelle se trouvent les souches de taxes et l'argent récolté. Pour la mobilité par exemple, que peut ou doit faire un collecteur qui aperçoit un vendeur ambulant qui, à sa vue, à le temps de ramasser sa marchandise, l'emballer et se mettre à courir ? Il ne peut que constater les dégâts. Et vu que le collecteur n'a aucun moyen de dissuasion, même pas une matraque, il arrive même, au cas où il est seul, que le vendeur ne fuit pas mais décide de l'affronter, comptant surement sur ses biceps et le concours de ses collègues vendeurs. Or, si les agents collecteurs étaient équipés de moyens motorisés (voitures, motos, vélos), de défense et de répression, la donne pouvait changer.

En claire, l'insuffisance des agents collecteurs, l'inexistence de moyens motorisés et de défense occasionnent un véritable manque à gagner pour les caisses des collectivités territoriales. Et comme si cela ne suffisait pas, ces agents, parce que mal ou pas du tout formés par manque de moyens financiers des collectivités territoriales, s'en donnent à des actes peu enviables par la morale moyenne.

6.1.5.3- Des péagers à la conscience peu développée des deniers publics

C'est à ce niveau que se situe le mal le plus pernicieux dans la déperdition des recettes des collectivités territoriales. Les agents commis au recouvrement des taxes, dans la collecte et le reversement de ces fonds, font preuve de malversations récurrentes qui agissent négativement sur les finances des structures décentralisées. Nous lions ce problème au manque de formation, car, si les agents collecteurs d'impôts recevaient une formation adéquate, certains de leurs actes délictuels pouvaient être évités. Les cas les plus flagrants sont ceux décriés par les autorités des Mairies de Soubré et de Bondoukou.

À Soubré, le Directeur du Service Financier a décrit la situation dans ces termes : « À ma prise de fonction, quand j'ai observé le budget de la mairie qui est dans l'ordre de 300 millions, j'ai dit que je pouvais faire plus ; car, vu le dynamisme économique de la ville de Soubré, je comprenais mal que le budget soit aussi maigre. Mais très tôt, j'ai compris où était le mal. Selon les évaluations faites, le marché de la ville, à lui seul, génère près de huit cent mille (800 000) F CFA par jour. Mais ce sont, à peine, quatre cent mille (400 000) F CFA que les agents collecteurs versent au trésor. Quand nous nous plaignons de cet état de fait, ils nous disent que c'est parce que beaucoup de commerçants refusent de payer du fait du marché qui n'est pas nettoyé. N'empêche, nous avons mené nos investigations. Et elles ont été payantes. Nous avons effectivement découvert que les agents collecteurs, embauchés et payés par la mairie, prennent sur eux, la responsabilité de se partager les autres quatre cent mille (400 000) F CFA. Et vous savez ce qui nous a mis la puce à l'oreille ? C'est le niveau de vie de ces agents. Nous savons à combien ces agents sont payés. Mais quand vous voyez leur rythme et niveau de vie, vous vous posez forcement des questions. Certains ont des réalisations que nous, leurs chefs, ne pouvons nous offrir. Entre autres, des grands maquis et établissements de nuit. D'autres vont même jusqu'à se jouer les insubordonnés, les insolents à notre égard, convaincus qu'ils sont, de ce qu'ils ont fait des réalisations qui les mettent à l'abri du besoin, si jamais le renvoi doit s'en suivre. Vous comprenez alors à quel niveau se situe le mal ? ».

Cette même situation a été décriée par le SG et le Directeur de Cabinet de la Mairie de Bondoukou. Mais, le problème de Bondoukou prend toute une autre ampleur parce que ces agents jouissent d'une impunité incompréhensible. Et pourtant, la situation se comprend, selon le SG, en ces termes : « Quand j'ai constaté ces faits ici à Bondoukou, j'ai demandé à renvoyer ces agents véreux. Mais la difficulté, c'est qu'ici à Bondoukou, certaines pesanteurs socio-ethniques empêchent l'exécution des décisions prises. En claire, quand vous renvoyez ces genres d'individus peu recommandables, ils vont voir les Rois ou le Grand Imam de la ville. Ces derniers viendront demander pardon au maire pour la réintégration des agents mis en cause. Et soyez rassuré, c'est difficile pour le maire de refuser le pardon d'un Roi ou du Grand Imam qui sont des gens très considérés et très écoutés. Ainsi, le maire a pratiquement les mains liées quant à la résolution de certaines questions comme celle-ci. ».

Et quand nous avons demandé à cette autorité sa solution pour cette question épineuse, voici sa réponse : « Ce n'est pas honorable, mais je suis arrivé à leur faire la proposition suivante. En supposant, par exemple, que le marché peut générer, selon les prévisions, 1 000 000 F CFA/l'année, je leur demande de reverser sérieusement les taxes. Ainsi, si, en septembre, nous nous approchons de notre cible avec un recouvrement de 900 000 F CFA, je leur promets de ne pas être trop regardant sur ce qu'ils vont recouvrer durant le dernier trimestre restant. Comme conséquence, s'ils ont trop fait, ce sont les 100 000 F CFA restant qu'ils vont envoyer. Ne comptez donc pas sur eux pour qu'ils fassent des excédents. C'est dommage, mais c'est le marché que je suis emmené à leur proposer. L'objectif est qu'au moins, les prévisions faites, soient couvertes, même s'il n'y a pas d'excédents.».

À cette situation de déperdition des ressources financières due aux détournements de deniers publics, nous ajoutons deux autres rencontrées spécifiquement à Bondoukou. La première est relative à l'existence d'une "Société Civile" qui recouvre des taxes sur le marché. C'est encore le SG de la Mairie qui nous l'a décrite, en ces termes : « Les agents recouvreurs, dans leur justification de la déperdition des taxes, m'ont informé de ce que certaines commerçantes refusent de payer, sous prétexte qu'elles payent déjà leurs taxes à la "Société Civile". Étonné, j'ai cherché à mieux comprendre. Mes investigations m'ont effectivement permis de découvrir l'existence de cette fameuse organisation. Quand je les ai convoqués, ils n'ont fait aucun obstacle pour reconnaître les faits. Ils m'ont dit avoir mis cette organisation en place pour faciliter la tache aux commerçantes voyageuses. Pour eux, une partie des sommes qu'ils récoltent, leur permet de soudoyer les FDS pour que les commerçantes adhérentes à leur organisation ne subissent pas de tracasseries routières et administratives de leur part ; et que l'autre partie leur permet de vivre. Je suis resté médusé en me demandant "Dans quel pays sommes-nous pour qu'une organisation se permette de se substituer à l'autorité légale pour encaisser des taxes sur le marché ?". Ce que notre interlocuteur n'a pas dit, c'est qu'il ne serait pas insensé de penser que cette "Société Civile" bénéficie, elle aussi, d'une protection. Car, à toutes fins utiles, l'on nous a présenté le président de cette organisation, dans la salle d'attente du Maire, en attente d'être reçu par ce dernier.

La deuxième situation de déperdition des taxes que nous tenons à relever au niveau de Bondoukou est liée aux considérations socio-ethniques. Selon le Directeur de Cabinet du Maire, la gestion des commerçants d'un certain groupe ethnique se fait avec assez de doigtées. Ces derniers refusent de payer les taxes en se confortant dans une position d'intouchables. Avec cette catégorie de commerçants, l'on est obligé de prendre assez de gants. Tout ceci est lié, il le reconnaît, à des visées électoralistes, puisqu'à Bondoukou, les groupes ethniques pèsent dans la balance des élections.

Cependant, qu'on soit à Soubré, Bondoukou ou Dimbokro, les collectivités ont leur part de responsabilité dans la déperdition des ressources. Pour preuve, pour justifier leur refus de payer les taxes, les commerçants prennent prétexte de l'état d'insalubrité constante des villes visitées et leurs marchés. Comme l'ont reconnu certains commerçants, le nettoyage approximatif des marchés, l'entassement des ordures dans les rues et ruelles des villes, les confortent à refuser par moment, de payer les taxes. C'est vrai que les mairies ont du mal à assurer un entretien irréprochable des marchés. Et cela, faisant référence aux conditions sanitaires dans lesquelles les aliments sont vendus, cette dame rencontrée au marché de Soubré l'a exprimé en ces termes : « C'est Dieu qui nous sauve. Regardez vous-même les conditions dans lesquelles sont vendues la nourriture que nous mangeons !». Mais la raison est-elle suffisante et nécessaire pour refuser de payer ses taxes ? Ce refus se justifie par le fait que les commerçants "réfractaires" soutiennent payer régulièrement leurs taxes municipales ; mais qu'en retour, la mairie ne fait rien avec leur argent. Dans le fond, n'ont-ils pas raison de se comporter ainsi, vu l'état d'insalubrité dans lequel baignent les villes visitées et leurs marchés ? Toujours est-il que cette situation conduit fréquemment à l'agression verbale et même physique des collecteurs de taxes, les rendant inefficaces dans leurs taches.

6.1.6- Inadéquation compétences transférées-moyens disponibles

Les critiques sur l'immensité des tâches confiées aux collectivités territoriales comparativement aux ressources dont elles disposent ont toujours été au cœur des débats dans la problématique de la décentralisation. D'aucuns disent que c'est depuis l'ère PDCI qu'il y a cette inadéquation entre les compétences dévolues et les ressources dont les collectivités sont censées disposer. C'est ce qu'exprime Hubert OULAYE dans "La politique de décentralisation en Côte d'Ivoire", en ces termes : « En réalité, les transferts de compétences opérés n'ont aucune effectivité à ce jour du fait de l'absence de mesures d'accompagnement mais aussi du fait qu'en procédant à ces transferts de manière unilatérale, sans recueillir l'avis des communes, l'État ivoirien a commis quelques erreurs. En effet, certains des domaines transférés ne correspondent pas aux préoccupations réelles des communes tandis que dans d'autres domaines celles-ci ne disposent pas des capacités requises pour exercer efficacement les compétences transférées. Ainsi donc, l'autoritarisme du pouvoir central est-il manifeste dans la définition des compétences communales, constituant une fois de plus une gêne à la libre administration des communes ».

Notre étude, elle, montre que certaines des compétences dévolues sont, à la réalité, trop lourdes pour les ressources dont disposent les collectivités locales. À la question, « *Les compétences à vous transférées ne sont-elles pas trop lourdes pour les moyens dont vous disposez ?* », tous les responsables des collectivités territoriales ont répondu par l'affirmative. En effet, pour les moyens dont elles disposent, certaines des compétences, à eux transférées par l'État, sont effectivement lourdes. Parmi celles qui ressortent le plus souvent des discussions avec les autorités décentralisées, nous retenons les principales qui sont : la création et la gestion des routes, la gestion des ordures ménagères, le lotissement et la viabilisation des espaces avant leur occupation par l'homme.

6.1.6.1- La création et l'entretien des routes trop coûteux pour les collectivités

Le Directeur des Services Techniques et des Moyens Généraux du Conseil Général de Soubré dit des collectivités qu'aucune, en l'état actuel des choses, n'a les moyens pour s'occuper de la question des routes. Les investissements dans ce domaine sont effectivement lourds. Il ressort des données que la création et l'entretien des routes se positionne dans les 1ères places des investissements réalisés par les collectivités territoriales (1ère pour le Conseil Général de Soubré avec 33.30%, 3ème pour le Conseil Général de Dimbokro avec 19.56%, 1ère pour le Conseil Général de Bondoukou avec 31.95%, 2ème pour la Commune de Soubré avec 18.33%, 2ème pour la Commune de Dimbokro avec 20.36%, 1ère pour la Commune de Bondoukou avec 41.83%). Et le drame, c'est qu'il ne s'agit que des actions sommaires dans ce domaine (ouvertures, reprofilage, traitement de points critiques, etc.). Ainsi, à la 1ère pluie tombée, il arrive que des routes nouvellement traitées, soient impraticables. Cela donne l'impression aux autorités décentralisées de jeter l'argent du contribuable par la fenêtre. Le bitumage, par exemple, n'effleure même pas leur esprit, tellement son coût est insurmontable.

Selon l'AGEROUTE (Agence de GEstion des ROUTEs), pour les routes en terre, il faut entre 2 000 000 et 5 000 000 F CFA pour un reprofilage (léger ou lourd) sur 1 km de route ayant des petits "nids de poules" ou de grosses entailles par endroit. Pour la même distance, il faut 20 000 000 F CFA pour recharger une voie avec de grosses entailles sur toute la longueur. La réhabilitation d'une voie fermée à la circulation ou le traitement des points critiques (zones de bourbier, côtes glissantes, points bas inondables) nécessite entre 2 000 000 et 15 000 000 F CFA. Quand il faut bitumer, il faut, pour 1 km, débourser 120 000 000 à 150 000 000 F CFA. Pour les routes revêtues, 4 000 000 à 8 000 000 F CFA sont nécessaires pour réparer les nids de poules et 150 000 000 à 250 000 000 F CFA pour renforcer les routes fendillées avec des creux. Ce dernier cas montre que réparer une route revêtue revient même plus cher que bitumer une nouvelle. Ceci explique surement pourquoi les routes ivoiriennes bitumées subissent rarement des réparations.

En définitive, du reprofilage léger ou simple au bitumage, en passant par le reprofilage lourd, le rechargement, etc., la gestion des routes demande des sommes colossales qui sont, à l'état actuel des choses, loin de la portée des collectivités territoriales.

Les routes bitumées de la Région du Bas-Sassandra à laquelle appartient le Département de Soubré représentent 07.20% dans l'ensemble national des routes bitumées et 09.40% du total des routes bitumées et non-bitumées. La Région du N'Zi-Comoé qui comprend le Département de Dimbokro a 08.60% dans l'ensemble national des routes bitumées et 06.10% du total des routes bitumées et non-bitumées. La Région du Zanzan dont le Département de Bondoukou fait partie n'a que 04.80% dans l'ensemble national des routes bitumées et 07.80% du total des routes bitumées et non-bitumées. Si les chiffres donnés sont régionaux, on peut imaginer aisément la proportion des départements concernés. Cela nous enseigne aisément que la tâche à exécuter par les collectivités territoriales reste très immense. Ainsi, et ceci expliquant cela, les conséquences sont énormes. À cet effet, le Directeur Départemental de l'Agriculture de Soubré dira, à propos de l'évacuation des produits agricoles que « ce n'est même pas toute la production agricole du département qui est évacuée. Une bonne partie pourrit dans les champs par manque de routes, les transporteurs refusant d'emprunter ces routes qui sont constamment impraticables, du fait de la forte pluviométrie de la zone ».

En somme, les routes des localités visitées, comme l'ensemble du pays, sont dans état de dégradation qui n'honore pas un pays qui à emprunté le chemin du développement. Même celles qui ont reçu un bitume dans le passé, ne peuvent être entretenues (photo 5). Ne dit-on pas, à juste titre, que la route précède le développement ?

Les nombreux nids de poule et le tas de sable sur cette route témoignent de l'urgence des efforts à accomplir par la Mairie de Bondoukou.
Cliché de l'auteur, janvier-février 2009.

Photo 5 : Bondoukou, une voie bitumée en état de dégradation avancé.

6.1.6.2- L'impossible gestion des ordures ménagères

Le Président Laurent GBAGBO, au lancement de l'opération « Ville propre » d'Abidjan, le jeudi 12 mars 2009, au Forum d'Adjamé, a informé l'opinion de l'octroi de 4 milliards de F CFA pour une opération spéciale et urgente d'assainissement de la ville d'Abidjan qui, depuis quelques années, croule sous le poids des ordures ménagères. Et dans la suite de ses propos, le chef de l'État s'est inquiété sur "l'après cette opération ponctuelle". Tout ceci montre à quel point la question des ordures est préoccupante.

Vu que la question des ordures se pose à toutes les localités de la même façon, en prenant 4 milliards de F CFA pour Abidjan que nous rapportons à la population estimée à 5 millions d'habitants, après un raisonnement dans l'absolu, il faut débourser pour la gestion des ordures de chaque habitant, 800 F CFA. En appliquant les 800 F CFA/personne à toute la Côte d'Ivoire, il nous faut, pour la même opération ponctuelle 700 156 000 F CFA pour Soubré dont la population est estimée en 2009 à 875 195 habitants,

90 397 600 F CFA pour Dimbokro avec une population estimée à 112 997 habitants et 326 820 800 F CFA pour Bondoukou avec une population estimée à 408 526 habitants.

Ces calculs montrent clairement les fonds à débourser par chaque localité, pour la même opération ponctuelle et urgente. Point n'est besoin de signifier que la mobilisation de telles ressources par les collectivités locales relève de l'imaginaire. Aucune ne peut s'en payer ce luxe, vu les moyens dont elles disposent. Et c'est là que réside l'impact de la crise économique sur la gestion des ordures ménagères. En effet, aussi bien les communes étudiées que les autres non étudiées, ont toutes ont perdu la bataille contre les ordures ménagères. La rareté des moyens financiers est telle que les collectivités ne disposent pas de moyens humains, matériels et techniques pour la gestion des ordures.

6.1.6.3- L'impossible viabilisation des espaces avant l'occupation humaine

Toutes les localités visitées offrent des paysages urbains inesthétiques : routes impraticables, absence d'équipements pour la couverture en eau et électricité, occasionnant des installations anarchiques et sans normes sécuritaires par les ménages (fils électriques sur les toits, tuyaux de conduit d'eau à même le sol, etc.). Nous avons donc voulu savoir pourquoi les lots sont attribués alors que les quartiers ne sont pas viabilisés. Les responsables des mairies que nous avons interrogés ont affirmé qu'il ne pouvait être autrement, vu que les frais demandés ne représentent que les frais de bornage des lots. « Les frais demandés pour l'acquisition des lots sont, il faut l'avouer, bas. Ceci expliquant cela, les quartiers ne sont pas viabilisés. Or, si l'on veut être rigoureux, les lots coûteraient plus chers. Mais les revenus des populations sont tels qu'on est obligé de faire ainsi. En effet, dans les normes, pour viabiliser un quartier, il faut tracer les routes, les rendre praticables, les bitumer si possible ; mettre en place toutes les installations (pour l'adduction en eau potable, la couverture en électricité et en téléphone) ; prévoir un jardin public, une école primaire, un centre de santé ; etc. Les frais occasionnés par ces travaux sont additionnés et divisés par l'ensemble des lots. Et le résultat donne le coût d'un lot. Vous comprenez qu'aucune mairie ne peut disposer de tels fonds pour un tel travail. Ce sont des travaux qui nécessitent des investissements lourds. Et même si, par extraordinaire, la viabilisation était faite, le prix des lots sera, de toute évidence, au delà des possibilités financières des populations. », a justifié le SG de la Mairie de Soubré.

6.2- L'impact administratif et institutionnel

L'impact de la crise économique sur le plan administratif et institutionnel se voit par l'insuffisance du personnel et sa qualification approximative desquelles découlent d'autres maux comme le recours à l'expertise privée, la déperdition des ressources, la lenteur et l'inefficacité dans la prestation des services, l'affaissement du contrôle de l'État, etc.

6.2.1- Recours à l'expertise privée

6.2.1.1- Cas de la confection des documents de travail

Bien que des efforts soient faits, il est difficile de voir les collectivités produire des documents de travail sérieusement confectionnés tels les programmes triennaux, les plans stratégiques de développement. Au mieux, on fait appel à des cabinets privés pour la confection de certains documents de travail. Deux exemples illustrent cela. Primo, Menso Consultant a élaboré, pour le compte du Conseil Général de Dimbokro, Étude Diagnostique du Réseau Routier du Département de Dimbokro en septembre 2006. Et secundo, le Cabinet ESBTP, sis à Yamoussoukro, a produit le Plan Directeur de Développement (Phase 1 : Diagnostic de la situation économique et état des lieux des différentes infrastructures du département) en juin 2008, pour le Conseil Général de Bondoukou. Si l'expertise locale existait, ces sommes d'argent données à ces privés serviraient à des actions de développement.

6.2.1.2- Cas de la maitrise d'ouvrage

Ici, la qualité peu enviée du personnel fait que c'est à la maîtrise d'ouvrage déléguée que les collectivités recourent pour leurs travaux publics. Et dans bien des cas, cette maîtrise d'ouvrage assurée par des entreprises privées est même douteuse, vu la qualité du travail accompli. Et, comme le personnel technique des collectivités est soit insuffisant, soit non ou insuffisamment qualifié, il lui est donc difficile de suivre les travaux réalisés sur le terrain avec l'expertise recommandée. C'est donc fréquemment que l'on observe des réalisations effectuées par les sociétés privées, tomber en ruine, en un laps de temps. C'est ce qui est arrivé à Soubré. Dans cette localité, fin 2008, entre le marché et la rue menant au quartier "Gabon", a été construit un pont pour soulager les populations qui faisaient de grands détours. En moins d'un an, ce pont s'est fissuré, rendant la circulation difficile. Et cela s'est passé au cours de notre troisième passage à Soubré. Selon le SG de la Mairie, l'entrepreneur a reconnu la responsabilité de ses agents : « Je l'ai trouvé dans le bureau du maire, entrain de se justifier. Il dit qu'il reconnaît que les agents qu'il a commis à la réalisation de cet ouvrage n'ont pas respecté les règles en la matière. Ils ont utilisé des matériaux inadaptés (fer de taille plus petite que ce qui est recommandé) et n'ont pas respecté la distance entre les fers ». Conséquence de ce laisser-aller : un ouvrage construit à des milliers de francs est hors d'usage après seulement moins d'un an d'utilisation, obligeant les populations à reprendre les grands détours qu'elles faisaient par le passé. La réponse donnée par le SG à la question « Où étaient les services techniques censés suivre au quotidien la conformité de l'ouvrage durant sa construction ? », nous a fait comprendre qu'il y a quelque chose à faire à ce niveau.

6.2.2- Lenteur et inefficacité dans la prestation de services

6.2.2.1- Cas des actes administratifs

La demande de services des populations est loin d'être satisfaite dans le temps par les services des collectivités territoriales. En effet, la crise économique qui agit négativement sur la surface financière des collectivités territoriales fait que celles-ci ne peuvent embaucher des personnels en nombre et en qualité. On fait avec les moyens de bord. Selon un SG de mairie, ses secrétaires dactylographes chargés de saisir les actes administratifs sont toutes vieilles, fatiguées et ne peuvent se mettre à jour de l'évolution informatique, n'ayant pas le niveau que cela exige. Ces dames viennent en retard et ne travaillent pratiquement pas. Mais vu leur âge et pour certaines considérations sociales, il ne peut rien dire. Tous ces efforts pour les interpeller sont restés vains. À cela, il y a aussi les difficultés financières pour acquérir les moyens matériels et techniques convenables pour le travail. À propos, dans la quasi-totalité des mairies visitées, ce sont encore les vieilles machines à dactylographier qui sont utilisées. Quand nous nous inquiétons, les responsables rencontrés nous répondent : "Nous sommes conscients de la situation. Les programmations pour l'achat des matériels modernes comme les ordinateurs sont faites. Mais les ressources financières ne suivent pas". Ainsi, les longues files d'attente et les multiples va-et-vient pour l'obtention de papiers administratifs (déclaration de tout genre, extraits d'acte de naissance, légalisations, etc.) observés dans les différents services, surtout municipaux, en sont la manifestation.

6.2.2.2- Cas de l'assainissement des collectivités

L'observation du cadre organique des emplois des collectivités territoriales montre qu'aucune ne dispose d'agents commis au nettoyage des rues de leur(s) localité(s) urbaines. Selon nos enquêtes, les conseils généraux n'ont pas de personnel préposé au nettoyage de leurs centres urbains. Cela se justifie par le fait que cette tache ne relève pas de leurs attributions. Dans les textes relatifs aux transferts de compétences, c'est à la commune qu'elle incombe. Pour cela, les elles devraient disposer de personnel pour le faire. Malheureusement, la réalité est chaotique. S'il n'est pas inexistant, il est insuffisant (40, 16 et 30 agents de nettoyage des rues, respectivement pour les Communes de Soubré, Dimbokro et Bondoukou).Nos recherches indiquent 40 agents de nettoyage des rues pour la Commune de Soubré. Cependant, il faut préciser que jusqu'en novembre 2011, elle ne disposait d'aucun agent de nettoyage des rues. Le Directeur de Cabinet avec qui nous avons eu l'entretien relatif à cette situation dommageable nous a dit que par le passé, dans le cadre du Projet THIMO (Travaux à Haute Intensité de Main-d'Œuvre), ce personnel a existé. Mais depuis l'arrêt dudit projet, la mairie n'en a plus. Il n'y a donc pas de balayage des rues à Soubré. C'est seulement dans le cadre du projet post-crise piloté par l'AGEROUTE que les 40 agents indiqués ont été recrutés pour le nettoyage des rues de la commune.

Aussi, de Soubré à Bondoukou en passant par Dimbokro, ce personnel, aux dires des responsables avec qui nous avons pris langue, est insuffisant pour couvrir les localités urbaines toute une journée. À propos, le SG de la Mairie de Dimbokro a reconnu que la priorité, dans le balayage des artères de la ville, est accordée aux points sensibles que sont le marché et le rond-point. Le Chef du Service Technique de la Mairie de Bondoukou a avoué que c'est par alternance que les secteurs de la ville sont balayés.

Au-delà de l'insuffisance de leur nombre, il est à préciser que comme à Soubré, les balayeurs de Dimbokro et Bondoukou ne sont pas des agents permanents des mairies. Ce sont des bénévoles ou des personnes engagées pour des projets financés par des ONG ou des partenaires au développement (cas du projet THIMO). Aucune obligation ne pèse donc sur eux. Et cela se voit par leur temps d'occupation. À Dimbokro, c'est une ONG dénommée "Ehoukaheou" ("Aidons-nous !") qui se charge du nettoyage. À Bondoukou, c'est aussi une ONG appelée "Bikifonra" ("Nous n'aimons pas la saleté" ou "La saleté est notre totem"). Les membres de ces ONG assurent le balayage des artères des villes au petit matin, entre 05h et 06h ; car ce sont des gens qui ont leurs véritables occupations qui les font vivre. Et vu leur nombre, ils ne peuvent que faire ce qu'ils peuvent. Ainsi, comme déjà indiqué, c'est par alternance que les secteurs de la ville sont nettoyés.

6.2.3- Affaissement du contrôle de l'État sur les actes des collectivités territoriales

L'État exerce une tutelle sur les collectivités territoriales au travers de l'Article 53 de la Loi N° 2001-476 du 09 août 2001. Cette tutelle est exercée par le Ministère en charge des collectivités territoriales. Le contrôle que cette tutelle effectue est essentiellement à posteriori, sauf dans les cas limitativement énumérés des programmes des actions et des opérations de département, de la création des régies de recettes et d'avance ainsi que les registres relatifs à leur organisation, à leur fonction, les emprunts et garanties d'emprunts. L'impact de la crise économique sur le contrôle des actes des collectivités territoriales par l'État est encore et toujours lié au manque de personnels. Pour l'étayer, prenons les deux dimensions de la tutelle de l'État sur les collectivités que sont le contrôle administratif et l'appui-conseil.

6.2.3.1- Cas du contrôle administratif

Ce contrôle est rendu approximatif ou quasi-inexistant dans bien des cas. Mais nous retenons le retard dans l'approbation des budgets locaux par la tutelle. En effet, au niveau des actes, ceux-ci ne peuvent entrer en vigueur qu'après approbation de l'autorité de tutelle. Mais, comme le note État de la Décentralisation en Afrique (2003), parmi les problèmes soulevés par l'exercice de la tutelle et dont se plaignent le plus les maires, il y a les retards dans la réaction des autorités de tutelle. Ces retards sont sources de soucis de gestion locale lorsqu'ils concernent l'approbation du budget communal. La mise en œuvre de l'inspection et des vérifications se heurte au problème de l'insuffisance de l'effectif. Ainsi et souvent, il faut attendre parfois jusqu'à six mois après le début de l'exercice budgétaire pour voir approuver le budget s'y afférent. Et quand nous avons voulu en connaître la raison, l'autorité rencontrée au niveau de la tutelle nous a laissé entendre que, vue la centralisation de ces documents, le personnel requis pour son traitement est insuffisant et pas toujours outillé. Parce que, dit-il, tous les agents présents ici ne sortent pas tous de l'ENA. Et même quand c'est le cas, ce ne sont pas eux tous qui ont eu la formation en la matière. Par conséquent avec son effectif, la tutelle paraît démunie pour sa mission, tant sur le plan humain que sur le plan matériel.

6.2.3.2- Cas de l'appui-conseil

État de la Décentralisation en Afrique (2003) note que l'appui conseil consiste dans l'assistance et les conseils aux communes, dans le soutien de leur action et l'harmonisation de cette action avec celle de l'État. Il est exercé par les services déconcentrés de l'État installés auprès des communes. Il y a aussi l'assistance comptable que doivent exercer ces services de l'État auprès des communes par le biais des visites dans les trésoreries municipales. L'appui-conseil est en général ineffectif, faute de capacité suffisante chez les services qui en sont chargés. Le cas de l'assistance comptable est illustratif de cette ineffectivité. Elle est rendue difficile, et dans beaucoup de cas, inexistante, du fait des problèmes de logistique (insuffisance de véhicule et personnel). Cela est accentué par l'éloignement des communes de l'intérieur du pays. S'agissant du personnel, il est insuffisant, le service de la réglementation et de l'assistance est sans réel effectif. Aujourd'hui, ce service n'existe que de nom.

Nous notons de plus l'insuffisance de personnel et de ressources financières pour l'organisation d'ateliers et de séminaires de formation utiles pour augmenter le niveau des agents concernés, car en la matière, les trésoriers doivent s'adapter aux nouvelles exigences de formation financière. De même, sur le terrain, les actions entreprises par les collectivités sont rarement contrôlées, voire "inspectées" par ceux à qui cette tâche incombe, c'est-à-dire, les autorités administratives déconcentrées. Ainsi, des projets programmés ne sont pas réalisés, alors que d'autres qui ne sont pas programmés sont réalisés ; des projets réalisés ne sont pas chiffrés, des cahiers (documents) mal présentés ou insuffisamment explicites ; etc.

6.2.4- Des compétences transférées sans moyens

De par la Loi N° 2003-208 du 07 juillet 2003, l'État a transféré aux collectivités territoriales seize domaines de compétences. Et l'article 07 de cette loi stipule qu'aucun transfert ne peut être décidé sans mesures d'accompagnement ». En claire, toute compétence transférée doit être accompagnée de ressources tant humaines que financières. Malheureusement, la réalité est tout autre. À l'analyse, sur le papier, les choses semblent être claires. Et le Président du Conseil Général de Man, au cours de l'émission "Scanner" diffusée dans la nuit du mardi 28 avril 2009 sur "La Première" de la Radio Télévision Ivoirienne, l'exprime bien :

« Textuellement, les textes essentiels pour qu'on travaille existent. Mais, dans les faits, c'est tout autre chose. Les moyens devant soutenir ces transferts ne suivent pas ou obéissent à des circuits lourds. Ces moyens financiers qui doivent permettre les actions sur le terrain sont logés dans les différents ministères. »

Cet état de fait est confirmé par le séminaire de formation des cadres des conseils généraux et districts, organisé les 7 et 8 septembre 2009 au Mantchan Hôtel de Grand-Bassam par la Cellule d'Analyse de Politiques Économiques (CAPEC) du Centre Ivoirien de Recherches Économiques et Sociales (CIRES). Les participants à ce séminaire, selon DJE Abel (Notre Voie N° 3378 du jeudi 10 septembre 2009), ont indiqué que : « Le transfert des compétences prôné par la décentralisation n'a pas été suivi de transferts effectifs de moyens financiers conséquents (...) ». À propos, la tutelle économique rencontrée a affirmé que l'Etat a initié la décentralisation pour apporter du bonheur à ses populations. Il ne peut donc poser des actes allant à l'encontre de cette noble initiative. Partant, si les moyens financiers que nécessitent les transferts ne sont pas encore accordés, c'est bien parce que la crise économique bat son plein, privant l'État de moyens pour faire face à toutes ses charges.

6.3- L'impact organisationnel et technique

Au niveau de l'impact organisationnel et technique de la crise économique, les difficultés se posent en termes d'insuffisance criarde des moyens dont ont besoin les collectivités pour leur mission de développement. Prenant le cas de l'assainissement, les collectivités visités sont toutes dépourvues de moyens techniques et matériels (engins de ramassage d'ordures ménagères, décharges publiques, point de groupage, etc.). Ou, quand elles en disposent, ces moyens sont rudimentaires et insuffisants face au travail à faire. Cela explique pourquoi les villes continuent de croupir sous le poids des ordures. Ainsi, dans toutes les localités urbaines, quand les ordures sont balayées, le plus souvent, elles restent entassées le long des artères, à coté des caniveaux (quand ils existent). Les camions de ramassage, du fait de leur rareté, ont des fréquences de ramassage irrégulières. Il suffit d'une petite pluie pour que les mêmes ordures retombent dans les caniveaux pour les boucher.

Chacune des communes affirme disposer d'une décharge publique et de plusieurs centres de groupage. Malheureusement, la réalité semble être plus triste. En effet, en ce qui est des centres de groupage, ce sont dans des endroits vagues, sur des lots nus, à des carrefours ou le long des artères que la population entasse ses ordures. Quant aux décharges publiques, les collectivités communales ont certes des endroits pour jeter leurs ordures, mais ceux-ci ne sont pas dignes d'être appelés décharges, à plus forte raison, moderne, comme le soutient la Commune de Dimbokro. Dans l'ensemble, ce sont dans des endroits vagues, généralement des bas-fonds situés aux sorties des villes que les ordures sont déversées. Au mieux, on tente de protéger ces endroits par des clôtures comme le projet en cours à Soubré.

À Bondoukou, le Directeur de Cabinet du Maire affirme qu'un nouveau site, situé derrière l'Hôtel Marhaba, vient d'être déterminé pour recevoir une décharge moderne, quand le SG donne un autre endroit situé derrière le Peloton de Gendarmerie, sur la route de Soko. Mais pour l'instant, c'est dans un endroit vague, dans la nature, dans un lieu éloigné de la ville et ne présentant aucun danger sanitaire pour les habitants que les ordures sont déversées. Et pourtant, la Capitaine, Chef de Cantonnement des Eaux et Forêts, affirme le contraire. Pour elle, au vu de ce qu'elle vit au quotidien, les ordures produites dans la ville de Bondoukou ne sortent même pas de la ville. Les chefs de ménage rencontrés ne disent, non plus, le contraire. Avec les tas d'immondices que nous avons observés dans tous les recoins de la ville, les ménages et la Capitaine n'ont pas tort d'affirmer que les ordures ne sortent pas de la ville.

6.4- L'impact politique

La crise économique a également des effets néfastes au plan politique. L'entrée en politique comme moyen d'échapper à la crise économique et les découpages administratifs du pays comme canal de recasement des cadres retiennent notre attention.

6.4.1- La politique comme nouveau secteur pourvoyeur d'emplois

La crise économique affecte les différents secteurs d'activité avec en prime, la fermeture des entreprises, le chômage, les licenciements, etc. Partant, dans la lutte pour la survie quotidienne, tous les moyens sont bons. C'est ainsi que la politique se positionne de plus en plus comme un secteur prometteur, un secteur plein d'avenir, un secteur pourvoyeur d'emplois. Et les expressions ne sont pas trop fortes car, et cela est beaucoup plus perceptible de nos jours, faire la politique est susceptible de rendre riche, et très vite, mettant ainsi les adeptes à l'abri du besoin. Tous les partis politiques ivoiriens sont ainsi envahis par des militants et sympathisants engagés ou supposés. Par moment, on parle même de militants alimentaires, "ceux qui sèchent leurs habits là où le soleil brille". La morale, on s'en moque par moment. Cela fait assister à des changements de partis politiques (transhumance politique) liés au changement de régime que nous constatons fréquemment.

6.4.2- Les découpages administratifs comme canal de recasement des cadres

Les partis politiques grouillent donc de monde, et tous ceux-là rêvent d'occuper des postes de responsabilités. Il est alors question de recaser les militants ou les cadres qui sont en manque de postes. Et c'est l'un des objectifs qu'on attribue, à tort ou à raison, aux découpages administratifs du territoire. En effet, l'émiettement du pays peut, à certains égards, s'analyser comme une politique de création d'endroits de "re-casement" du "trop plein" de cadres au niveau élevé de la hiérarchie étatique. Nous constatons qu'au fil des ans, les envies et les compétences politiques naissent et se dévoilent ; et ce, dans toutes les régions de la Côte d'Ivoire. Or les "places disponibles" pour accueillir ces nouveaux arrivants sur le terrain du "m'as-tu vu ?" sont traditionnellement les postes ministériels, de députation, de directeurs centraux, etc. Malheureusement, comme dans tous les secteurs d'embauche et de recrutement, les capacités d'accueil sont largement en deçà de la demande. Que faire ? Il faut donc créer de nouveaux emplois ou postes. Et cette politique s'est de tout temps menée en Côte d'Ivoire. C'est bien ce que Jean Roche KOUAME relève dans son article, "Les dangers du découpage anarchique du territoire" paru dans Nord-Sud Quotidien N° 1073 du 15 décembre 2008. Parlant de l'ère PDCI, singulièrement sous KONAN BÉDIÉ, il cite l'ancien sous-directeur de la tutelle administrative (DGCT), Jean GBIDI GUEDE, qui résume bien cette politique dans l'ouvrage La politique de la décentralisation en Côte d'Ivoire dans les termes suivants : « Le sommet de l'État étant encombré par les carriéristes du parti au pouvoir, le seul moyen de contribuer à l'érosion de leur pouvoir, c'est d'asseoir durablement le parti au plan local ». Pour l'ère GBAGBO, le même article note que la décentralisation se mène comme « (…) si le morcellement du territoire par le régime GBAGBO apparaissait comme de nouveaux espaces politiques ouverts aux élites en quête d'un destin politique national ».

Conclusion du Chapitre 6

La crise financière de la fin de la décennie 70 qui s'est transformée en crise économique à l'entame de la décennie 1980 met la société ivoirienne à rude épreuve. Elle empêche ainsi la décentralisation ivoirienne de trouver ses marques ; et ce, à divers égards. Les ressources financières de l'État vont en constante diminution. Or, à l'état actuel des choses, c'est lui le principal pourvoyeur de fonds de la décentralisation. Ainsi, les finances qui conditionnent toute politique de développement s'avèrent insuffisantes. Si celles dont les collectivités territoriales ont besoin ne vont pas de régression en régression au fil des ans, elles arrivent en retard pour les investissements sur le terrain. Dès lors que ces collectivités, parce que n'étant pas viables économiquement, ont des ressources propres insuffisantes et bénéficient de peu de soutien de la part des partenaires au développement, il va s'en dire que la mission de la décentralisation sera difficile.

Par voie de conséquence, les collectivités territoriales ont du mal à recruter les hommes et les femmes outillés et à se doter de matériels adéquats pour leurs missions ; toute chose qui engendre tant de maux décriés (recours à l'expertise privée, déperdition et gestion informelle des ressources, lenteur dans la prestation de services, contrôle approximatif des actes des collectivités territoriales, etc.). Du coup, certaines des compétences transférées aux collectivités par l'État - telles les routes, les ordures ménagères, la viabilisation des espaces lotis avant leur occupation - s'avèrent lourdes pour ces collectivités, comparativement aux ressources dont elles disposent. Et tout cela va impacter négativement le vécu des populations.

Chapitre 7 : DES POPULATIONS AUX CONDITIONS ET CADRES DE VIE EN CONSTANTE DÉGRADATION

La crise économique que vit la Côte d'Ivoire depuis 1980 continue d'avoir des conséquences désastreuses sur la conduite de la politique de décentralisation qui était censée l'annihiler. Ces effets s'observent à bien de niveaux (économique, administratif, organisationnel, technique, politique, etc.). Mais c'est sur le vécu des populations et leur environnement que l'impact de la crise économique sur la décentralisation est le plus visible ; chose que nous tenterons de montrer dans ce chapitre terminal de notre étude.

7.1- Une population de plus en plus paupérisée

C'est sur le plan social que se constate aisément les effets de la crise économique. En effet, cette crise est telle que les populations sont de plus en pauvres. Du coup, elles n'arrivent pas à satisfaire les besoins primaires dont elles ont besoin pour leurs mieux-être et mieux-vivre : nourriture, logement, santé, électricité, eau courante, scolarisation des enfants, etc. Et cela cause d'autres maux comme les pathologies sociales.

7.1.1- Des populations aux ressources financières dérisoires

7.1.1.1- Considérations d'ensemble

Considérant qu'en Côte d'Ivoire, la fonction publique est le secteur d'activité garantissant la stabilité de l'emploi, les données indiquent que, seulement, moins de 34% (32.69% pour les ruraux et 33.16% pour les citadins) des chefs de ménage enquêtés ont un emploi stable.

Le secteur privé n'enregistre que 03.85% et 12.59% respectivement pour les chefs de ménage ruraux et urbains. Cette faiblesse des agents dans le privé s'explique par le fait qu'à l'exception des grandes sociétés prestataires de services (CEI, SODECI, banques, assurances, sociétés de téléphonie, etc.), les localités visitées sont dépourvues de sociétés privées dignes de ce nom pouvant embaucher un personnel conséquent. Bien que l'activité économique dominante dans ces localités soit l'agriculture, les sociétés dans ce domaine se comptent sur le bout des doigts. Il faut aussi souligner que la présence de fonctionnaires et de travailleurs du privé au village s'explique par le fait que les localités rurales enquêtées étant, dans l'ensemble, proches des centres urbains, il y a que, du fait des difficultés à trouver un logement en ville, certains travailleurs habitent dans les villages (généralement quand ceux-ci sont originaires de ces villages) pour aller travailler dans les centres urbains.

Les activités libérales se taillent la grande part du gâteau en milieu urbain avec 40.82%. En milieu rural, les libéraux représentent 13.46%. L'explication est que les activités libérales se rencontrent singulièrement en milieu urbain. Évidemment, le secteur agricole se détache du lot en milieu rural (48.08%). Les planteurs et agriculteurs vivant en ville représentent

08.16%. En ville et au village, les sans emplois ont des proportions respectives de 05.27% et 01.92%.

Au total, du fait de leurs caractères aléatoires et précaires (fermeture des entreprises pour diverses raisons (singulièrement de la guerre), faiblesse des productions agricoles liée aux aléas climatiques, au conditionnement archaïque des produits et à la non-maîtrise des circuits de commercialisation, etc.), si nous combinons le secteur privé, le secteur libéral et le secteur agricole, le total des chefs de ménage urbains ayant un emploi instable et non-garanti s'élève à 61.57%. En milieu rural, cette proportion est de 65.39%. Ces proportions sont encore critiques (67.31% au village et 66.84% en ville) si nous ajoutons les sans emplois.

La précarité de l'emploi pour la majorité des enquêtés se vérifie avec l'étroitesse de leur surface financière et monétaire. Respectivement, 60.54% et 69.23% des chefs de ménages urbains et ruraux ont, à peine, 100 000 F CFA comme revenu mensuel (35.03% en ville et 51.92% au village pour moins de 50 000 F CFA, et 25.51% en ville et 17.51% au village ont entre 50.000 et 100.000 F CFA). Les chefs de ménage ayant un revenu mensuel compris entre 100 000 et 200 000 F CFA représentent 23.81% en ville et 17.31% au village; quand ceux compris entre 200 000 et 500 000 F CFA ne sont que 14.97% en ville et 13.46% au village. La proportion des chefs de ménage dépassant 500 000 F CFA est nulle en milieu rural et quasi-nulle en milieu urbain (00.68%).

7.1.1.2- Cas spécifique du secteur agricole

Les proportions des chefs de ménages tirant leur revenu de l'agriculture sont : Mavou : 03/05 (60%), Touagui 2 : 03/07 (42.86%), Soubré ville : 35/243 (14.40%), Djangokro : 11/14 (78.57%), Soungassi : 01/02 (50.00%), Dimbokro ville : 05/158 (03.16%), Gouméré : 02/14 (14.29%), Sorobango : 05/10 (50.00%), Bondoukou ville : 08/187 (04.28%). Cela nous donne 73 planteurs sur 640 chefs de ménage, soit 11.41%. De ces 73 chefs de ménages (urbains et ruraux) planteurs, 62 ont un revenu mensuel d'au plus 50 000 F CFA, soit 84.93%. Sur les 11 restants (15.07%), 04 (05.48%) ont un revenu compris entre 50 000 et 100 000 F CFA, 04 (05.48%) entre 100 000 et 200 000 F CFA, et 03 (04.11%) entre 200 000 et 500 000 F CFA.

Ces revenus faibles s'expliquent par le caractère aléatoire et précaire de l'agriculture ivoirienne. Seulement quelques grands planteurs - rencontrés essentiellement à Soubré - tentent, tant bien que mal, de moderniser leurs techniques et méthodes culturales, et de maîtriser les circuits de commercialisation. Pour tout le reste, ces techniques et méthodes culturales restent archaïques. À cela, s'ajoutent les aléas climatiques très souvent défavorables aux productions, l'archaïsme des moyens et méthodes de conditionnement des produits, la non-maîtrise des circuits de commercialisation (acheteurs et intermédiaires véreux), l'insuffisance de l'encadrement malgré la présence de l'ANADER, etc. Pour les productions agricoles, si pour Soubré, les grands planteurs rencontrés sont propriétaires de plantations de cultures pérennes qui leur procurent des dividendes appréciables, à Dimbokro et à Bondoukou, les planteurs ne pratiquent, dans leur quasi-majorité, que l'agriculture intra-urbaine. Celle-ci est donc presque leur seule source de revenu et la forme exclusive d'occupation de l'espace périurbain. Elle se compose essentiellement de cultures maraîchères (tomate, concombre, salade, carotte...) et de quelques cultures vivrières (manioc, maïs).

En définitive, au plan financier et monétaire, les ménages enquêtés ont des ressources dérisoires qui les placent dans des conditions de vie et d'existence précaires. Ces ménages se situent ainsi, dans l'ensemble, en dessous du seuil d'extrême pauvreté défini par l'INS.

7.1.2- Des populations à l'épreuve de la crise alimentaire

Nos enquêtes indiquent qu'au village et en ville, respectivement 75.00% et 48.13% des ménages ne prennent qu'un (01) repas par jour ; 21.15% et 25.17% n'en prennent que deux (02). À peine 16.00% (15.31%) prennent les trois (03) repas conventionnels par jour (petit déjeuner, déjeuner, dîner). Au village, cette proportion est très inquiétante (03.85%). Les plus nantis qui prennent quatre (04) repas et plus sont tous urbains et représentent 11.39%. Autrement, au village, aucun ménage ne se paie le luxe de s'offrir 04 repas par jour. Pour la consistance des repas, l'essentiel est composé des produits agricoles trouvés dans chaque localité. C'est ainsi qu'à Soubré, le riz vient en première position des mets consommés ; pendant qu'à Dimbokro et Bondoukou, nous avons le foutou igname et le "kabato[9]". Ces mets sont accompagnés par des sauces à base d'aubergines, de gombo, d'arachide, etc.

Ces statistiques montrent clairement la situation précaire dans laquelle vivent les ménages. À la question de savoir, « *Pourquoi cet état de fait ?* », ils ont répondu être lié à l'étroitesse de leurs ressources financières et monétaires. Quand, à ces ressources financières déjà chaotiques, les ménages ajoutent la cherté des denrées alimentaires (explicitée antérieurement), ils ne savent où donner de la tête. Et aucune localité n'échappe à cette réalité de cherté des denrées alimentaires.

7.1.3- Un problème récurrent de logement et ses commodités

Le poids démographique des villes ivoiriennes est tel que celles-ci poussent sans cesse. La ville de Soubré est parmi les 11 premières localités les plus peuplées du pays. La ville de Bondoukou subi aussi, du fait de sa proximité d'avec la zone rebelle, une pression démographique. Cela entraine une demande en logements de plus en plus forte. Malheureusement, les collectivités territoriales ne sont pas encore arrivées au stade de fournir à leurs populations, des logements sociaux. Ce sont donc les privés qui proposent leurs habitations. Ceci expliquant cela, les maisons sont construites dans toutes les villes de Côte d'Ivoire, non seulement sans

---

[9] Aliment obtenu à partir du mélange de la farine (essentiellement de manioc ou de mil) et de l'eau bouillante qu'on bat dans une casserole jusqu'à cuisson et qu'on laisse solidifier à l'air libre.

normes urbanistiques et dans des espaces (quartiers) non viabilisés, mais aussi sans respect des commodités minimales. Pour les occupants de ces maisons, le calvaire est quotidien : chambres insuffisantes avec des dimensions anormalement petites, absence de sanitaires, absence d'eau, absence d'électricité, absence de routes d'accès.

Les habitations des ruraux et des citadins composées de 04 pièces et plus (au moins 03 chambres plus 1 salon) sont respectivement de 20.41% et 25.00%. La grande majorité des habitations (79.59% en ville et 75.00% au village) est composée d'au plus trois (03) pièces. Au village (48.07%) comme en ville (52.21%), les trois (03) pièces se taillent la part du gâteau. La primauté des 03 pièces s'explique par la course à l'espace à laquelle se livrent les propriétaires terriens. Il faut tout exploiter et ne rien laisser de coté. Et ces 03 pièces (02 chambres + 01 salon) ont volé la vedette aux grandes villas avec plus de cinq (05) chambres, cours et jardins qu'on trouvait jadis dans les villes ivoiriennes. Les locataires n'ont donc pas le choix. Cela explique pourquoi le nombre de personnes par pièce est élevé. On constate que les ménages sont, dans leur majorité, densément peuplés. Nous avons 64.12% des ménages urbains et 30.77% des ménages ruraux qui ont une densité de trois (03) personnes par pièce. En nous basant sur ce nombre, et en considérant que le salon est aussi généralement utilisé comme chambre la nuit, nous avons neuf (09) personnes par habitation de trois pièces. Cela est énorme.

Ce nombre élevé de personnes par pièce pose le problème du statut d'occupant des logements et celui du type d'habitation. En milieu rural, une bonne part des populations est propriétaire de sa maison (67.31%). En ville par contre, les propriétaires sont de 27.89%. Alors que les locataires sont faiblement présents au village (07.69%), ils représentent plus de la moitié (56.29%) en milieu urbain. Les hébergés sont de l'ordre de 25.00% en milieu rural et de 15.82% en milieu urbain. La part importante des locataires en ville s'explique par le fait que, généralement, ce sont des agents non-originaires de la région et qui y sont en fonction, donc de passage. Parallèlement, les propriétaires en milieu rural sont aussi importants. Cela est dû au fait que les habitations, comme le prouvera la suite de l'analyse, est faite dans des matériaux à portée de mains. Ainsi, à Mavou, Touagui 2, Djangokro, Soungassi, Gouméré et Sorobango, les enquêtés sont-ils propriétaires de leur habitation respectivement à hauteur de 80%, 71.43%, 85.71%, 50.00%, 42.86%, 70.00%. Qu'on soit en ville ou au village, la propriété concerne généralement, entre autres, les héritages familiaux. Au décès du père, l'enfant ou l'ayant droit hérite de la cours et en use comme bon lui semble.

À coté d'eux, se trouve une frange d'agents du privé et des fonctionnaires longtemps en service ou à la retraite qui a eu le temps d'épargner. Les personnes hébergées (15.82% en ville et 25.00% au village) sont généralement les autorités administratives (préfets, sous-préfets), les instituteurs, les responsables de structures éducatives (proviseurs, éducateurs…), les agents de santé (infirmiers, sages-femmes), les parents ou connaissances déplacés de guerre.

Pour ce qui est du type d'habitation, il est également le reflet du pouvoir d'achat du locataire. Habiter dans un appartement (dans un immeuble) ou une villa digne signifie qu'on a les moyens de sa politique. Ainsi, en ville, 46.43% des ménages vivent dans des cours communes. Et quand on connaît les effets de la vie dans ces cours (propagation de maladies par l'utilisation commune des installations sanitaires, conflits de voisinage fréquents…), il y a lieu de les plaindre. À eux, ajoutant les 05.95% vivant dans des maisons en banco et les 06.80% des studios (qui ne sont en réalité que des "entrer-coucher"), ce sont près de 60.00% (59.18%) des ménages qui vivent dans des habitations aux commodités laissant à désirer. Seulement 05.61% des ménages vivent dans des appartements. Quant aux villas, elles représentent certes 35.21% - chiffre appréciable - mais il faut préciser qu'ici, la grande majorité de ces villas est constituée des trois (03) pièces simples décrites antérieurement.

En milieu rural, l'habitation est dominée par le banco (46.16%). Ce type d'habitation est construit en terre rouge qu'on recouvre de pailles ou de tôles. Ceci explique, comme indiqué antérieurement, pourquoi la proportion des propriétaires de maisons au village est importante (67.31%). Il est aussi utile d'apprécier la proportion des villas dans les villages (32.69%). Les appartements n'y existent pas, les studios sont quasi-inexistants (01.92%), et les cours communes représentent 19.23%.

À toutes ces difficultés précitées, quand l'on ajoute les commodités sanitaires des habitations, la situation n'est pas reluisante. En milieu rural, seulement 07.69% des ménages ont au moins une (01) douche et un (01) WC internes. Sinon, dans la grande majorité (53.85%), le WC n'existe pas, même si la douche, généralement de fortune, est présente. En ville, la situation n'est pas non plus reluisante. Seulement 27.55% des ménages ont des WC et douches internes, donc totalement privés. La majorité est composée de situation dans laquelle l'intimité n'est pas assurée : 21.42% ont soit une douche commune et un WC privé, et inversement, 15.31% ont des WC et douches externes mais privés, 10.72% ont soit une douche inexistante et un WC, et inversement, 02.38% n'ont ni WC ni douche. Dans la grande majorité des cas où l'on a une communauté des dispositions sanitaires, notre enquête relève que très souvent, cette situation est source de conflits, de palabres entre voisins, et aussi source de propagation de certaines maladies. Ces conflits naissent généralement de deux cas : celui de l'attente du voisin avant d'aller au besoin ou prendre son bain, et celui du service de nettoyage tournant qui n'est pas correctement ou pas du tout assuré par d'autres.

7.1.4- Un accès aux soins de santé encore sommaire

Qu'on soit dans le milieu rural (55.77%) ou dans le milieu urbain (77.21%), la tendance est à la médecine moderne (y compris l'automédication). Cependant des nuances existent. Dans le milieu rural, certes, nous avons 55.77% des personnes s'adonnant à la médecine moderne ; mais le taux de 44.23% de ceux qui se soignent traditionnellement est important. Cela se justifie par le manque de structures sanitaires dans les localités rurales. Quand elles existent, elles sont dépourvues du nécessaire. Pour exemple, à Touagui 2 (Soubré), le centre de santé Maximin KOUAME, nouvellement construit par le conseil général, n'est pas encore alimenté en eau et en électricité. L'Infirmier Diplômé d'État qui le tient ne sait à quel saint se vouer. Selon lui, tous les efforts qu'il a entrepris auprès des autorités compétentes pour que le centre soit doté de ces deux éléments vitaux (eau et électricité) sont, jusqu'à ce jour, vains. « Comment pouvez-vous travailler convenablement quand vous n'avez ni eau ni électricité ? Quand il y a une urgence la nuit, c'est avec la torche que je travaille », justifie-t-il. Cette situation est aussi valable pour Sorobango (Bondoukou) où le problème d'eau potable est criard. Quant aux localités rurales de Mavou (Soubré) et Djangokro (Dimbokro), il n'existe pas de centre de santé. Les populations sont obligées de se rendre dans les localités urbaines où dans les centres de santé des villages voisins pour se soigner.

Cet engouement de la population pour la médecine moderne s'explique, selon leurs dires, par une raison essentielle qui est qu'avec les campagnes de sensibilisation, cette médecine reste, à leurs yeux, le lieu par excellence où l'on est sûr de recevoir les soins appropriés, parce qu'ayant des spécialistes qui ont fait des études pour. Dans l'ensemble de la médecine moderne (structures publiques, structures privées, automédication), ce sont les structures sanitaires privées qui sont les plus sollicitées. Cela s'explique par l'insuffisance des structures sanitaires publiques. Le phénomène est beaucoup plus expressif à Soubré où l'on dénombre près de 800 structures sanitaires privées. Pour rappel, le Département de Soubré est le 2ème plus peuplé après le District d'Abidjan. Et il n'y existe qu'un seul Hôpital Général, même pas un CHR. Et cet hôpital général, à l'instar des autres structures sanitaires publiques, est sous-équipé en matériels et en personnels. Du coup, comme le reconnaît le Directeur Départemental de la Santé (District Sanitaire) de Soubré, il y a une explosion des centres de santé privés qui, de surcroit, ne respectent pas les normes.

Après les structures sanitaires privées, viennent les publiques. Le choix des populations rurales et urbaines pour ce mode d'accès aux soins de santé est respectivement de 17.31% et 26.36%. Ces proportions non-négligeables trouvent leur justification dans le fait qu'étant des structures étatiques, les frais de consultation restent dans l'ensemble à la portée des malades (100 F CFA dans les dispensaires villageois, 200 F CFA dans les centres urbains (sous-préfectures), 500 à 1 000 F CFA en médecine générale et 1000 à 2 000 F CFA en spécialité dans les CHR et hôpitaux généraux). Pour exemple, dans les centres de santé privés de la ville de Soubré, les accouchements vont de 30 000 à 50 000 F CFA, alors que dans les maternités publiques, le kit est (officiellement) à 5 000 F CFA. Une autre raison de la fréquentation des structures publiques par les populations est qu'avec l'existence d'une pharmacie au sein de celles-ci, les médicaments sont nettement moins chers que dans les officines privées.

Bien que dans l'ensemble les populations aient compris la nécessité de fréquenter les structures sanitaires modernes, une frange importante met son sort entre les mains de la médecine traditionnelle (44.23% en milieu rural, 22.79% en milieu urbain). À ceux-ci, nous adjoignons les adeptes de l'automédication qui sont de 26.92% en milieu rural et de 19.56% en milieu urbain. Cela pose la question de la fréquentation des structures sanitaires modernes. À propos, comme l'ont indiqué tous les responsables départementaux de la santé rencontrés dans le cadre de cette étude, le taux de fréquentation des structures sanitaires, surtout publiques, reste encore faible. Les 05 plus importantes raisons que les populations et les responsables sanitaires publics ont données se rejoignent :

Primo, nous avons le manque de moyens financiers. La paupérisation est visible chez les populations rencontrées. Pour des gens qui ont à peine de quoi se nourrir, qu'auront-ils pour aller à l'hôpital ? Et cela justifie les taux de mortalité élevés dans les centres de santé visités. Aussi, à coté de ces décès enregistrés, Dieu seul sait combien d'hommes perdent la vie dans le dénuement total, souvent pour 5 000 F CFA d'ordonnance. Nos enquêtes font ressortir que 76.93% des ménages ruraux consacrent au plus 10 000 F CFA aux soins de santé (42.31% pour moins 5 000 F CFA, et 34.62% entre 5 005 et 10 000 F CFA). Cela montre que la part réservée par les ruraux à leur santé est relativement faible. En ville, pour au plus 10 000 F CFA, les enquêtés sont de 39.12% (17.52% entre 0 et 5 000 F CFA, et 21.60% entre 5 005 et 10 000 F CFA). On en déduit qu'en ville, on dépense plus en soins de santé qu'au village. Cela se justifie avec la part élevée (44.23%) d'adeptes de soins traditionnels dans les villages.

Secundo, il y a les tracasseries routières. Les populations rurales sont généralement confrontées au problème de pièces d'identité. Les FDS, dans leurs contrôles quotidiens, semblent souvent intransigeants et s'adonnent à des pratiques peu recommandables. Ainsi, avant qu'ils n'arrivent en ville où dans les centres de santé des villages qui en sont dotés, les malades sont rackettés. La peur de se voir dépouiller de ses sous avant même l'accès au centre de santé fait que bon nombre de malades préfère se contenter de la médecine traditionnelle.

Tertio, le racket des agents de santé est pointé du doigt. Le phénomène est décrié par beaucoup de chefs de ménage. La rareté des structures sanitaires publiques fait que les capacités d'accueil sont débordées. Ainsi, pour espérer être reçu par un médecin ou un infirmier, il faut être présent avant la levée du jour. Si vous êtes en retard ou que votre cas nécessite de vite rencontrer le spécialiste, les populations se plaignent de ce qu'elles sont victimes d'agents véreux qui leur réclament de l'argent avant de les "arranger".

Quarto, comme dans l'exemple précédent, l'insuffisance des spécialistes de la santé et des matériels de soins dans les structures sanitaires fait que tous les demandeurs de soins ne sont pas reçus. Si tu veux donc passer entre les mailles du filet, il va falloir "mettre un caillou sur ton carnet", comme pour dire qu'il faut corrompre un agent de santé avant d'être satisfait.

Et quinto, il y a l'ignorance. Bien que ne remettant pas en cause les vertus de la médecine traditionnelles, bon nombre de personnes reste encore accroché à cette pratique, quand bien même, dans bien des cas, les maux nécessitent une évacuation sur un centre de santé moderne. Les malades sont laissés à la maison jusqu'à un stade avancé et critique de la maladie.

7.1.5- Une couverture en électricité et en eau potable, encore un luxe

7.1.5.1- Le mode d'éclairage des ménages

L'électricité reste le mode d'éclairage le plus utilisé au village comme en ville. En milieu rural, 65.38% des ménages ont accès à l'électricité, dont 44.23% avec un abonnement individuel à la CIE (Compagnie Ivoirienne d'Électricité), et 21.15% qui l'utilisent en commun. À côté, nous avons 34.62% qui ne s'éclairent que grâce à la lampe à pétrole, à la bougie et à l'éclairage public. En ville, cette proportion d'utilisateurs de courant électrique s'élève à 87.24% (61.05% avec un abonnement individuel, 26.19% avec un abonnement commun). À côté, 12.76% des ménages n'ont pas accès à l'électricité et s'éclairent avec les même moyens qu'au village : la lampe à pétrole, la bougie, les lampadaires publics (utilisés par les élèves pour étudier).

Le fait que dans l'ensemble l'électricité soit le mode d'éclairage le plus utilisé par les ménages enquêtés ne doit pas cacher certaines réalités qui méritent d'être soulevées. À Mavou, par exemple, sur 225 chefs de ménage (ce nombre a évidemment évolué puisqu'il est issu du recensement de 1998), il n'est dénombré que treize (13) abonnés à la CIE.

Une autre réalité à déceler est celle des utilisateurs de compteur en commun. Ici, c'est le principe de la division du coût de la facture qui est utilisé. Pour éviter les histoires de voisinage, les « associés » s'accordent sur une consommation rationnelle du courant. Parfois même, certains appareils dits consommateurs d'énergie (fers à repasser, climatiseurs, congélateurs, réchauds électriques, etc.) sont exclus.

Qu'ils n'aient pas accès à l'électricité ou qu'ils l'utilisent en commun, les chefs de ménage se disent déshonorés par la situation. Interrogés sur cet état de fait, les concernés ont affirmé sans ambages qu'ils n'ont pas les moyens financiers nécessaires pour s'offrir un compteur. À côté des moyens financiers déjà manquant, il faut faire face à la complexité des conditions d'abonnement tenant compte de la distance par rapport au réseau, du type de disjoncteur, au branchement avec ou sans tube, etc.

La dernière réalité est celle des possesseurs de groupes électrogènes. Leur nombre est certes quasi-nul, mais ils existent quand même. Quelques rares ménages utilisent, en effet, et en temps partiel, généralement lorsqu'il y a coupure d'électricité, des groupes électrogènes.

7.1.5.2- L'accès à l'eau potable

Au niveau de l'eau, la réalité change nettement. Dans les localités rurales, la situation est trompeuse. Nous avons 26.92% des ménages qui ont accès à l'eau potable (21.15% avec un compteur individuel, et 05.77 utilisateurs en commun). Mais la réalité est désastreuse. En effet, ce taux de 26.92% n'est donné que par deux localités (Touagui 2 et Gouméré) qui sont pourvues en eau potable de la SODECI (Societé de Distribution d'Eau de la Côte d'Ivoire). Quatre localités (Mavou, Djangokro, Soungassi, Sorobango) n'en sont pas pourvues. Au mieux, ce sont les pompes à motricité humaine (38.46%) ; sinon, c'est l'eau de puits (photo 6), des marigots et des "barrages" (34.62%) qui est utilisée.

Dans toutes les localités visitées, le puits est d'un support énorme aux ménages pour minimiser le coût de l'eau potable ou faire face à ses coupures intempestives. On trouve cette source d'eau dans bien de cours.

Cliché de l'auteur, juin 2010.

Photo 6 : Soubré, des enfants puisant l'eau de puits.

Il faut préciser que les "barrages" sont des retenues d'eaux de pluies faites par les populations. Leur spécificité est que, dans la quasi-totalité des cas, ils ne sont opérationnels que pendant et quelque temps après la saison des pluies. À Sorobango, la pompe à motricité humaine étant en panne depuis des lustres sans que cela n'émeuve quelqu'un, ce sont les puits et l'eau du "barrage" (à plus d'un km) qui sont utilisés. En milieu urbain, 53.40% des ménages ont un abonnement individuel à la SODECI. 19.56% utilisent les compteurs en commun. Cela fait un total de 78.96% de ménages ayant accès à l'eau de la SODECI. Ce chiffre est reluisant. N'empêche, 27.04% n'y ont pas accès ; et dire que nous sommes en ville. Les raisons restent similaires à celles de l'électricité : coût élevé de l'abonnement (25.000 F CFA au moins), différents papiers à fournir. Pour les ménages n'ayant pas accès à l'eau de la SODECI, c'est soit l'eau potable en détail qu'on achète, soit l'eau de puits ou du marigot (traversant la ville ou situé dans ses alentours) qu'on utilise. Cela occasionne des corvées de femmes et jeunes filles qui parcourent de grandes distances pour obtenir de l'eau. Pour les compteurs en commun, le principe est le même qu'au niveau de l'électricité : division des frais par le nombre d'utilisateurs. Mais ici, la taille du ménage est prise en compte dans les calculs.

Un fait notable a été observé en milieu urbain. En effet, dans toutes les localités, un bon nombre de ménages abonnés à la SODECI possède des puits. L'objectif, selon les enquêtés, est, bien évidemment, la réduction du coût des factures. L'eau potable (SODECI) n'est utilisée que pour la boisson et la cuisson des aliments. Pour tout le reste (lessive, bain, etc.), c'est l'eau de puits qui est utilisée. Et ce constat a été récurrent à Soubré. Dans cette localité, les coupures d'eau sont tellement intempestives que presque dans toutes les cours, l'on a des puits. D'aucun vont jusqu'à dire qu'ils n'ont fait l'abonnement que pour la forme, puisque contraints à n'utiliser que l'eau de puits. Et pourtant la Nawa (appellation du Bandama à Soubré), la source d'où la SODECI tire l'eau, la traite et la distribue, est intarissable. À cela, il faut ajouter la non-viabilisation des quartiers (surtout les nouveaux) qui rend difficile la couverture en eau par la SODECI. Beaucoup de ménages se retrouvent donc sans aucune possibilité d'accès à l'eau de la SODECI, donc condamnés jusqu'à ce jour, à l'utilisation d'autres sources comme les puits ou l'achat d'eau en détail. Toujours à Soubré, vu les difficultés d'accès à certains quartiers et l'impossible satisfaction de la demande sociale sans cesse grandissante, c'est même la SODECI qui encouragent les branchements en commun au niveau de la population. Il faut aussi préciser que la proportion des utilisateurs des pompes à motricité humaine est nulle en ville parce que ces installations ne se retrouvent que dans les localités rurales. Voilà pourquoi on les appelle aussi pompes villageoises.

Au total, qu'on soit au village ou en ville, et qu'on n'ait pas accès à l'eau potable, mais plutôt à l'eau de puits, de pluie, de "barrage", on n'est pas à l'abri de maladies ou de la mort. Car, comme il nous a été donné de constater à Sorobango, la même eau utilisée pour la boisson et la cuisson des aliments, est celle dans laquelle les matières fécales sont rejetées, dans laquelle la lessive et le bain se font, dans laquelle les animaux s'abreuvent.

7.1.6- Une scolarisation coûteuse et approximative des enfants

Si les collectivités territoriales peuvent bénéficier de circonstances atténuantes en ce qui concerne le déficit d'enseignants (parce que ce ne sont pas elles qui les forment et les affectent), ils sont par contre au banc des accusés pour ce qui est de l'insuffisance criarde des structures éducatives. Et aucune des localités enquêtées n'y échappe. Certes, l'on ne peut dénier aux collectivités territoriales les immenses efforts qu'elles ont consentis jusque-là dans la dotation de leurs localités en structures éducatives. Malheureusement, la demande sociale est telle que ces efforts sont des "gouttes d'eau dans la mer".

Pour remédier à cela, les écoles privées ont toujours été appelées en renfort. Mais là aussi, du fait de la déficience du contrôle des autorités en charge de l'éducation, les choses semblent catastrophiques. Tout cela ne va pas sans avoir des conséquences sur la formation des enfants : prolifération d'écoles privées dont la majorité ne respecte pas les normes exigées, enseignants non-qualifiés, formation bâclée, cotisations abusives, imposition par les enseignants de manuels scolaires en dehors de ceux exigés par les autorités, etc.

De ces difficultés, celles relatives à l'insuffisance des structures éducatives publiques et aux frais supplémentaires exigés (cotisations abusives, imposition par les enseignants de manuels scolaires non-officiels) font que la scolarisation des enfants revient chère aux parents comparativement à leurs revenus déjà dérisoires. Par ordre croissant, nous avons les chiffres suivants : 67 chefs de ménage n'ont aucun enfant scolarisé, 93 en ont 01, 141 en ont 02, 172 en ont 03, 111 en ont 04, 36 en ont 05, et 20 en ont plus de 05. Ce qui donne 573 chefs de ménage sur les 640 ayant au moins un enfant scolarisé. Vu que nous avons effectué ces enquêtes en janvier-février 2009, et prenant le mois de septembre comme date référentielle au niveau de la rentrée scolaire, cela nous donne six (06) mois. Les données sont donc les dépenses scolaires effectuées pour un enfant sur les six mois écoulés. Nous constatons que 17.10% des chefs de ménage ont dépensé au plus 50 000 F CFA pour un enfant, 31.42% entre 50 000 et 100 000 F CFA, 33.68% entre 100 000 et 150 000 F CFA, 11.52% entre 150 000 et 200 000 F CFA, et 06.28% au-delà de 200 000 F CFA. De près, il ressort que 65.10% des chefs de ménage ont dépensé entre 50 000 et 150 000 F CFA sur six (06) mois pour un enfant. Quand ils rapportent ces chiffrent à leurs revenus et au nombre d'enfants (quand ce nombre est au-delà de 01), les chefs de ménage disent que les frais scolaires qu'ils engagent sont énormes. Ils n'ont pas totalement tort, puisqu'ils soutiennent que ces chiffres, au moins, doublent avant la fin de l'année scolaire.

Les raisons de cette cherté de la scolarisation des enfants sont celles avancées précédemment : les structures scolaires publiques où l'inscription est (officiellement) moins chère (5 000 F CFA pour le secondaire, 2 000 pour l'entrée au CP1) étant insuffisantes, c'est vers le privé que les parents se dirigent. Et là, ils subissent le diktat des fondateurs d'établissements. Après les frais d'écolage qui varient entre 50 000 et 200 000 F CFA, les parents doivent faire face aux frais d'inscription pour lesquelles les écoles privées passent outre les marges d'inscription indiquées par le Ministère de l'Éducation Nationale pour les fixer selon leur bon vouloir. Après quoi, il faut faire face aux fournitures. Là aussi, les enseignants entrent en scène. Au privé comme au public, les parents d'élèves sont confrontés depuis quelques années à un nouveau phénomène qui est celui de l'imposition aux élèves de manuels scolaires, en dehors de ceux programmés par l'Éducation Nationale. Quand, à tout cela, il faut ajouter les frais de location de maison pour les enfants (pour les parents ne vivant pas avec ceux-ci) ainsi que l'argent de la nourriture et les autres besoins, les parents ne savent à quels saints se vouer.

Sur la question de location de maison, un parent a dit ceci : « À notre époque, ton père peut te trouver un tuteur qui est soit une connaissance sûre soit un parent, sans qu'il ne se soucie. Même s'il ne vient pas te voir, tu seras bien traité. Mais, actuellement, cela n'est plus possible. Même ton propre parent refuse de prendre ton enfant. Si tu as la chance de trouver un tuteur à ton enfant, tu es obligé d'apporter une contribution mensuelle à ce tuteur. »

Au total, toutes ces réalités justifient la cherté de la scolarisation des enfants. Mais, de tous ces problèmes, l'insuffisance des structures scolaires publiques montre bien les limites des collectivités territoriales à doter leurs localités en structures éducatives. Et tout cela concoure à troubler le sommeil des chefs de ménage qui se décarcassent pour la formation de leurs enfants. Et quand ils ne peuvent faire face à ces frais, la conséquence immédiate est la sortie des enfants du système. Ces rejets du système éducatif prendront alors trois directions essentielles. Soit, ils iront embrasser les petits métiers tels apprenti-chauffeur, menuiserie, mécanique auto-moto, ferronnerie, etc., soit, ils resteront simplement sans emploi, soit, ils s'adonneront à des actes délictuels (vol, braquage, grand banditisme, prostitution, etc.).

7.1.7- Un exode des jeunes programmé

La structure de la population (selon le RGPH-1998) montre que, dans les trois départements étudiés, et cela, à l'image de toute la Côte d'Ivoire, moins de la moitié de la population prend en charge la totalité des résidents, avec une faiblesse de l'espérance de vie due essentiellement à la précarité des moyens de subsistance. La recherche de moyens de vie ou de survie fait donc que, très vite, le destin migratoire de nombreux jeunes semble programmé, avec en prime, celui des jeunes filles. Comme le montre les statistiques du RGPH-1998, dans le Département de Bondoukou, malgré les flux de départ de jeunes garçons dès l'adolescence, le déficit net de filles s'établit à 5 500 sur la tranche d'âge allant de 0 à 20 ans. Cela souligne toute l'ampleur des migrations des jeunes filles, et ce, dès leur enfance. Les raisons restent toujours financières. En effet, par exemple, rassembler les biens nécessaires au mariage est un impératif qui s'impose très tôt aux familles, et pèse très lourd, eu égard à leur niveau de ressources monétaires. Ce qui justifie que les filles soient invitées à émigrer, via le "confiage", à des parents ou des connaissances basés dans les villes dites riches du Sud, essentiellement à Abidjan. Ces jeunes filles, très souvent innocentes, sont ainsi "placées" en tant que servantes ou "bonnes", auprès d'employeurs.

Comme fruits de cette matière première représentée par ces jeunes filles, les employeurs versent aux investisseurs que sont les parents ou les entremetteurs, une rémunération mensuelle variant entre 5 000 et 20 000 F CFA.

Malheureusement, ce qui fut, antérieurement, un outil de promotion sociale des filles, s'est désormais transformé, par l'affaissement du contrôle qu'exerçaient des réseaux de sociabilité unissant les ruraux des départements, les intermédiaires chargés du "confiage" et les destinataires urbains, en un circuit strictement marchand d'une main d'œuvre plus ou moins réduite à l'état de servitude. Pour les jeunes garçons, cette migration se fait également généralement en direction d'Abidjan, lieu par excellence où ils espèrent avoir un petit boulot.

7.1.8- La naissance et/ou la recrudescence des pathologies sociales

Une autre des manifestations de la paupérisation des populations dans les localités enquêtées est la naissance et/ou la recrudescence de bon nombre de pathologies sociales dues à l'oisiveté de milliers de jeunes sans lueur d'espoir pour le lendemain. Ne dit-on pas, à juste titre, que "l'oisiveté est mère de tous les vices" ? Le chômage est effectivement perceptible dans les localités, surtout urbaines, visitées. Chaque jour, se réunissent aux alentours des gares routières, de nombreux jeunes sans occupation précise, livrés à eux même. Dans le village de Touagui 2 (Soubré), le phénomène est déplorable. Les jeunes rencontrés, fils du village, au lieu de retourner à la terre, se sont transformés en ce qu'ils appellent "syndicats", ces personnes qui s'arrêtent le long des axes routiers pour exiger de l'argent aux automobilistes transporteurs, moyennant des taxes de 100 à 500 F CFA. Interrogés sur ce fait, ils ont répondu en cœur : « Quelles terres voulez-vous qu'on cultivent ? Nos parents, soit, les ont toutes vendues, soit, se sont faits rouler par des étrangers véreux qui ont abusé de leur gentillesse. ». À Touagui 2, cette situation nous semble préoccupante vu que les populations ont affirmé que la priorité de leurs priorités reste l'accès à leurs terres. Quoi qu'il en soit, cette oisiveté ou ce manque d'occupation est source d'actes délictuels enregistrés : vols, viols, escroquerie, braquages, trafics de toute sorte, prostitution, etc. En un mot, les rejetés de la société, pour survivre, mettent à profit ce que la rue leur offre de mieux.

De tout ce qui précède, la décentralisation apporte-t-elle satisfaction aux populations ?

7.1.9- Une décentralisation aux effets sociaux invisibles

La décentralisation fait son petit chemin. Elle est censée participer fortement au bien-être des populations. Mais, à la réalité, leur apporte-t-elle satisfaction ? Les investigations indiquent que les populations disent ne constater aucun apport de la décentralisation dans leur localité. Elles l'ont exprimé à 100.00% à Mavou, 85.71% à Touagui 2, 85.71% à Djangokro, 100.00% à Soungassi, 78.57% à Gouméré, et 100.00% à Sorobango. De même, la décentralisation n'a rien apporté à la vie quotidienne et à l'environnement des populations rurales, à hauteur de 86.54% (100.00% pour Mavou, 71.43% pour Touagui 2, 85.71% pour Djangokro, 100.00% pour Soungassi, 78.57% pour Gouméré, 100.00% pour Sorobango). Au niveau urbain, l'apport de la décentralisation aux localités et à la vie quotidienne et l'environnement des ménages n'est pas non plus reluisant. Respectivement, les proportions sont de 72.62% (74.89% pour Soubré, 73.42% pour Dimbokro, 68.98% pour Bondoukou) et 70.58% (78.60% pour Soubré, 70.25% pour Dimbokro, 60.43% pour Bondoukou).

Bien que ces données prouvent l'insuffisance des actions des collectivités chez les populations, les positions de certaines populations nous ont intrigué. Nous nous appesantissons sur le cas du village de Touagui 2. Cette localité a bénéficié de la construction d'un centre de santé (Centre de Santé Intégré Maximin KOUAME), de la résidence de l'infirmier et de celle de la sage-femme (en construction). Nous n'avons donc pas compris pourquoi ces critiques acerbes de leur part à l'endroit du conseil général, d'autant plus que parmi les localités rurales, elle, au moins, a reçu ces investissements de la part du conseil général. À la question, « *Pourquoi dites-vous que la décentralisation n'a rien apporté à votre localité alors que je constate la présence d'un centre de santé flambant neuf et la résidence de l'infirmier construits par le conseil général ?* », leur réponse fut immédiate : « Qui vous a dit que ce sont eux qui ont construit ce centre ? Ce centre a été construit dans le cadre d'un projet d'urgence au temps du Ministre GUIKAHUE KAKOU. Et c'est le coup d'État militaire de 1999 qui a fait que le projet a été abandonné. Le conseil général n'a fait que venir l'achever. En plus, regardez dans quel environnement il est laissé ! Pas de clôture, pas de courant ! Même la résidence de la sage-femme, ils sont incapables de la construire. La voilà là-bas (ils m'indexent le bâtiment inachevé devant servir de résidence à la sage-femme) ».

Une autre question a suivi : « *Que voulez-vous que le Conseil Général de Soubré ou la Mairie de Méagui fasse pour que vous sentiez les effets de la décentralisation dans votre village ?* ». Leur réponse - « Nous voulons que nos terres occupées par les étrangers nous reviennent. » - a fini de nous convaincre que le problème était ailleurs. Cependant, nous retenons que pour la population, les effets de la décentralisation sont encore loin d'être visibles dans leur quotidien.

7.2- Une répercussion négative sur l'espace et le paysage

La dégradation du cadre de vie et de l'environnement reste et demeure le signe le plus expressif de l'impact de la crise économique sur les conditions et cadres de vie des populations. Cet impact est visible par, non seulement, l'insalubrité et le manque d'hygiène publique, et encore par l'occupation anarchique des trottoirs, mais aussi par l'occupation lâche du sol qui laisse beaucoup d'espaces vides.

7.2.1- Un environnement malpropre faisant planer le spectre d'un péril sanitaire

Les résultats de nos investigations sont éloquents quant à la dégradation du cadre de vie et de l'environnement. De Soubré à Bondoukou, en passant par Dimbokro, toutes les localités visitées, comme le note si bien ATTA KOFFI, « ont perdu la bataille contre les ordures ménagères ». La majorité des ménages se débarrasse de ses ordures comme elle peut. Dans les villages, les ordures sont jetées directement dans la nature, généralement dans la broussaille jouxtant la concession. Cette proportion s'élève à 90.38%. Même, les 09.62% des ménages restants déversent les leurs dans des endroits vagues. En ville aussi, ce sont dans les endroits vagues (46.43%) que les ménages se débarrassent de leurs ordures. Ces endroits vagues sont constitués de bas-fonds (photo 7), caniveaux, etc.

Ce phénomène de dépôt d'ordures ménagères dans les bas-fonds s'observe dans toutes les localités. Cependant, à Soubré, il atteint des proportions inquiétantes, vu que la quasi-totalité de ces endroits dans la ville est utilisée comme dépotoir par les ménages.
Cliché de l'auteur, juin 2010.

Photo 7 : Soubré, un bas-fond servant de dépotoir d'ordures ménagères.

À ces endroits vagues, en ajoutant les 29.93% utilisateurs des broussailles situées aux alentours de leur concessions, nous avons 76.36% des ménages qui jettent leurs ordures dans des endroits non-indiqués. Seulement, 23.64% des ménages se débarrassent de leurs ordures dans des endroits acceptables. Ici, ce sont généralement des ménages qui regroupent leurs ordures dans des poubelles ou sachet, lesquelles ordures sont ramassées quotidiennement, moyennant une somme allant de 500 à 1000 F CFA/mois, par des jeunes, à l'aide de moyens de fortune (brouettes, charrettes). Mais là aussi, quand ces jeunes assurent le ramassage, ce sont dans les bas-fonds ou dans les broussailles environnantes qu'ils jettent les ordures.

Dans les deux cas, qu'on soit au village ou en ville, le spectacle qu'offrent ces ordures jetées de façon désordonnée est déshonorant. En prime, c'est la présence constante d'un péril sanitaire avec la persistance des maux liés à l'insalubrité, tels la fièvre typhoïde, le choléra, etc. Et ce sont bien ces maux-là que les responsables des structures sanitaires ont indiqué. Hors mis le paludisme qu'on qualifie de « maladie des tropiques », celles occasionnées par un environnement malsain sont présentes dans toutes les zones visitées. C'est le cas de la fièvre typhoïde et des infections respiratoires qui, selon les spécialistes de la santé rencontrés, font des ravages dans la population. Cependant, deux spécificités se dégagent : les intoxications aux produits phytosanitaires à Soubré, et la présence du VIH SIDA à Bondoukou.

Au niveau de la fréquence des intoxications aux produits phytosanitaires, cela s'explique par le dynamisme agricole du Département de Soubré. Aux dires des responsables de la santé de cette zone, les utilisateurs étant dans leur quasi-totalité des analphabètes, l'utilisation de ces produits n'est pas faite dans le respect des règles indiquées. Ceci explique que, très souvent, les planteurs se retrouvent intoxiqués par les produits qu'ils utilisent dans leurs plantations. Au niveau du VIH SIDA, sa forte présence à Bondoukou est liée aux effets de la guerre. Bondoukou étant située sur la ligne de front, les exactions sexuelles sans protection, commises par les rebelles, justifient cela.

Au total, la question de l'insalubrité dans les localités visitées est préoccupante et doit faire bouger les décideurs si l'on veut éviter une véritable catastrophe. Sur la question, une observation faite par un spécialiste, le Directeur Départemental de la Santé de Soubré, nous a fait comprendre la réalité de la santé. À la question, « *Quelles actions aimeriez-vous voir la Mairie/le Conseil Général mener pour la santé de votre population ? Réhabilitation et équipement de l'existant/Construction de nouvelles structures/Prises en charge médicales/Autres(s)* », ce dernier a répondu : "Autre(s), précisément l'assainissement de la ville". Pour nous, vu la rareté des structures sanitaires, tout responsable de son statut aurait préféré, soit la construction de nouvelles structures, soit la réhabilitation et l'équipement de l'existant. Étonné, nous lui avons demandé « *Pourquoi la priorité à l'assainissement ?* ». Sa réponse nous a édifié : "Monsieur, vous pouvez construire autant de structures sanitaires que vous voulez, en y mettant tous les équipements de pointe. Mais si vous avez un environnement malsain, vos efforts seront vains. Parce que, quand vous finissez de vous soigner, dès que vous ressortez, vous choppez la même maladie ou une autre liée à l'insalubrité ; et vous revenez à l'hôpital. Vous comprenez donc que vos efforts de construction de structures seront vains. Pour moi, la priorité, c'est l'assainissement de la ville de Soubré, car je n'ai jamais vu une ville aussi malpropre que celle-là ».

À l'analyse, les ménages ont-ils le choix quant aux jets de leurs ordures dans des endroits menaçant leur santé ? La réponse à cette question découle de celle qu'ils donnent quand nous leur demandons « *Pourquoi est-ce dans ces endroits que vous vous débarrassez de vos ordures ?* ». Elles soutiennent effectivement, en ce qui concerne les ménages urbains, que la mairie ne leur laisse aucun choix. Ainsi, quand ils finissent de balayer les ordures qu'ils produisent dans leurs ateliers ou ménages, ils ne savent où les déverser. En les déposant devant la concession, le risque sanitaire est plus grand, puisque la fréquence de passage des camions de ramassage se fait à un rythme lunaire. Les bacs à ordures sont inexistants, ainsi que les dépotoirs publics. Quand ils existent, ils sont éloignés des habitations. Ils ne peuvent donc que les jeter dans les caniveaux (avec l'espoir que les eaux de pluies les évacuent), dans les bas-fonds ou broussailles mitoyens. Et pourtant, ils soutiennent payer leurs taxes.

Pour ceux-ci, les commerçants singulièrement, dès que le mois finit, les agents recouvreurs de la mairie se pointent devant leurs magasins, leurs étales ou leurs ateliers. Et gare à vous ! Si vous ne payez pas, s'en suit automatiquement le ramassage sans sommation de vos marchandises. Ces contribuables affirment jouer leur partition. C'est à la mairie de faire la sienne par la construction de dépotoirs publics ou points de groupage, la distribution de poubelles conformes aux normes, et surtout le ramassage régulier des ordures.

7.2.2- Un réseau routier fortement dégradé

La gestion des routes occupe la première place dans les actions menées par la quasi-totalité des collectivités territoriales. Et celles-ci y investissent une bonne part de leurs ressources, qu'on soit à Soubré ou à Bondoukou, en passant par Dimbokro. Malheureusement, les besoins sont tellement immenses que les efforts fournis sont loin d'être visibles. Une route ne peut durer que si elle est bitumée. Or, la réalité est que l'essentiel du réseau routier des localités visitées, voire de toute la Côte d'Ivoire, est en terre. Pour leur entretien, les efforts des collectivités se résument au reprofilage. Partant, à la première pluie, les routes deviennent impraticables. En saison sèche également, les crevasses, les nids de poules et autres donnent du fil à retordre aux automobilistes. Dans l'ensemble, quelque que soit la saison, les routes des collectivités visitées sont dans des états pitoyables (photo 8).

7.2.3- Des espaces urbains qui poussent sans cesse, mais sans normes urbanistiques

L'occupation anarchique des espaces et l'attribution de lots aux populations dans des quartiers non-lotis et/ou non viabilisés sont autant de problèmes que connaissent toutes les villes de la Côte d'Ivoire. Les localités visitées n'échappent donc pas à cette réalité.

Nous sommes en saison sèche. Face à la dégradation prononcée de la route, les moyens de lutte restent sans commentaire.

Cliché de l'auteur, janvier-février 2009.

Photo 8 : La route d'entrée à Sorobango.

7.2.3.1- L'occupation anarchique des espaces non-lotis

C'est un phénomène que l'on observe partout ; même dans les centres urbains de référence comme Abidjan. Les populations prennent le malin plaisir d'annexer des espaces dont elles n'ont pas droit. C'est toujours une personne qui commence. On construit une baraque pour soi. Après, on fait venir sa femme et ses enfants. Par la suite, une deuxième personne suit ; puis une troisième personne. Ainsi de suite ! Avant de s'en rendre compte, c'est un quartier avec une bonne population, numériquement, qui a déjà pris racines. Et vouloir les déloger provoque toujours des remous. Dès lors, le courage pour l'assainissement fout le camp ; et ce sont les calculs politiciens qui prennent le pas. C'est ainsi qu'on assiste à des milliers de foyers urbains installés sans normes dans toutes les localités du pays.

7.2.3.2- Des habitats sans aucune norme idyllique et élitiste

Ici, l'aspect des habitats reste inesthétique. Ils sont construits sans respect des normes élémentaires. Et le drame, c'est que les décideurs laissent faire. C'est fréquemment qu'on observe des maisons à base de matériaux de récupération (vieilles tôles, pailles, sachets, etc.).

7.2.3.3- Des attributions de lots sans viabilisation préalable des quartiers

Comme déjà indiqué, les quartiers naissent à longueur de journée dans toutes les villes du pays. Biens qu'ils soient lotis dans leur ensemble, ces espaces ne bénéficient d'aucun aménagement (viabilisation) au préalable. N'empêche, les services de l'État et des collectivités en charges de leur gestion les vendent. Ainsi, les villes ivoiriennes évoluent dans un désordre total. Et cela, Monsieur Guillaume KOFFI, Président du Conseil National de l'Ordre des Architectes de Côte d'Ivoire (CNOA), l'a critiqué dans un entretien accordé au quotidien d'information L'Intelligent d'Abidjan du mardi 28 avril 2009. « (...) à peine, 05% des construction érigées dans nos villes sont l'œuvre d'architectes. (...) Nos villes sont malades. Elles sont malades du désordre et du "laisser-faire", d'un urbanisme anarchique où le fait accompli fait loi, d'une insalubrité qui a pris des proportions effrayantes pour notre environnement et notre santé, d'une insécurité galopante et non maîtrisée, etc. ».

7.2.3.4- L'occupation anarchique des trottoirs

L'occupation anarchique des trottoirs par les activités de tout genre est une caractéristique des paysages urbains ivoiriens. Cela est lié à la forte présence de l'activité informelle. En effet, la paupérisation de la population grandissante pousse celle-ci à développer des activités informelles. Et la quasi-totalité de ces activités se donne comme siège, les trottoirs. Ainsi, les trottoirs des villes rencontrées, comme partout ailleurs en Côte d'Ivoire, sont transformés en ateliers (vulcanisateurs, menuisiers, plombiers, cordonniers, etc.) et en des endroits de vente de nourriture (attiéké-poisson, beignets), friperies, fruits et légumes. Cette présence désordonnée des vendeurs le long des axes des villes est liée à leur état de pauvreté financière et monétaire. Ainsi, quand bien même des magasins modernes sont construits par les collectivités territoriales, singulièrement communales, ces vendeurs ne peuvent les louer.

Au total, l'impact environnemental de ces activités est important car elles donnent naissance à des baraquements inesthétiques, à des ateliers bruyants, à des étalages encombrants, etc., détruisant ainsi l'harmonie du paysage urbain.

7.2.3.5- La présence de nombreux terrains vagues dans le tissu urbain

Les tissus urbains de Soubré, Dimbokro et Bondoukou présentent de nombreux espaces vides qui évoluent en terrains vagues occupés généralement par des flores qui peuvent aisément se prêter à la chasse aux gibiers. D'un autre côté, il y a aussi de nombreuses constructions inachevées et abandonnées par leurs propriétaires pour diverses raisons (manque de moyens financiers, absence ou décès, imposition d'un cahier de charge dirigiste et contraignant pour la construction, etc.). Ces lieux servent ainsi de dépotoirs sauvages aux ménages pour leurs ordures et leurs matières fécales ; toutes choses qui dégradent le tissu urbain.

7.2.3.6- L'habitat précaire : signe extérieur le plus visible et le plus expressif de la paupérisation des populations

Ici, les problèmes se posent en termes de manque de logements et d'équipements adéquats pour la survie des populations dans un cadre de vie meilleur. En milieu rural comme urbain, les couches sociales à revenus faibles (couches défavorisées) vont alors, par des matériaux de récupération (vieilles tôles, pailles, sachets, etc.), développer des habitats précaires, signe extérieur le plus visible et le plus expressif de la pauvreté ; et ce, sur des sites qui ne sont pas toujours légalement acquis. Les localités urbaines visitées regorgent, à cet effet, d'une pluralité de quartiers précaires qu'on classe en deux catégories. D'une part, il y a les quartiers périphériques ou les « villages » des villes : ils présentent une diversité de structures d'habitats faits en banco ou en dur et recouverts de tôles ou de pailles (Route Bouna ou Quartier Lobi à Bondoukou). D'autre part, nous avons les quartiers précaires situés à l'intérieur des villes : ils sont entièrement construits en dur et recouverts de tôles (Gnizako Béakou ou Camp manois et Yiribougou à Soubré, Hamdalaye à Bondoukou).

7.2.4- Une inexistence d'installations sportives et de divertissement

Il est dévolu aux collectivités la mission de produire des cadres de développement socioculturel aux populations. En application du plan national qui définit les grandes orientations du développement local, les collectivités produisent des schémas directeurs d'aménagement qui voient la création des infrastructures telles les aires de jeu, les marchés, les dispensaires. En ce qui concerne la création des espaces de divertissement, les collectivités font, certes, des efforts, mais ceux-ci restent encore insuffisants. À Soubré, la maison des jeunes est dans un état de délabrement avancé. Les activités festives se passent généralement à la maison du PDCI-RDA. Le centre culturel de Dimbokro et celui de Bondoukou ne respectent pas non plus les commodités exigées.

Au niveau sportif, il faut préciser que les rares installations existantes sont footballistiques. Les autres sports, dits mineurs, à l'image de la Côte d'Ivoire, sont à la traine. Ainsi, si Dimbokro et Bondoukou peuvent se targuer d'avoir des stades de football (d'ailleurs construits à la faveur de la fête tournante d'indépendance qui s'y est déroulée) relativement acceptables, ce n'est pas le cas pour Soubré. En plus, ces installations footballistiques de Dimbokro et Bondoukou sont dans un état de dégradation très avancé, de l'air de jeu à la pelouse. Les efforts pour les réhabiliter, comme ce fut le cas du Stade ALI TIMITE de Bondoukou par le conseil général, restent une goutte d'eau dans la mer.

Conclusion du Chapitre 7

C'est l'homme et son environnement qui ressentent l'impact de la crise économique sur la décentralisation. De Soubré à Bondoukou en passant par Dimbokro, aucune véritable politique d'accroissement des ressources financières des populations n'est mise en œuvre. En effet, la crise économique est telle que les projets d'insertion des populations, surtout jeunes, se comptent sur le bout des doigts ; ce qui explique le caractère dérisoire des ressources dont elles devraient disposer pour une vie décente. Par voie de conséquence, manger à sa faim, se loger décemment, se soigner convenablement, scolariser ses enfants, etc., sont des casse-têtes chinois pour les chefs de ménage enquêtés. Par moment, l'incapacité à affronter ces réalités existentielles pousse à des comportements déviationnistes (vol, viol, banditisme, braquage, prostitution, etc.).

Et de toute évidence, c'est sur l'espace de vie des populations que tout cela se répercute. Les collectivités territoriales, du fait de l'insuffisance des moyens financiers, ont du mal à offrir à leurs populations, des cadres de vie meilleurs. Partout, l'environnement est malpropre (ordures dans les caniveaux et bas-fonds, matières fécales en pleine ville, etc.), les routes sont impraticables, les villes s'étendent sans respect des normes minimales de viabilisation, etc.

CONCLUSION GÉNÉRALE

À son accession à l'indépendance, la Côte d'Ivoire a conservé le centralisme jacobin hérité de la colonisation au nom duquel l'État s'est positionné au cœur des actions de développement avec les Sociétés d'État. Cette période est favorisée par une embellie économique qualifiée même de "miracle économique". Malheureusement, cette situation ne dure que le temps de deux décennies. En effet, à partir de 1977, les cours mondiaux des produits agricoles chutent, avec, comme implication, la baisse des ressources financières de l'État. L'économie ivoirienne entre en récession avec une crise financière. Cette crise qui se transforme rapidement en crise économique à l'entame de la décennie 1980 va ralentir, et par moment, freiner l'élan de l'État avec des conséquences désastreuses : arrêt brutal des projets d'investissement, fermeture de nombreuses entreprises (surtout les Sociétés d'État), etc. Ainsi, les déséquilibres sociaux (chômage, pauvreté, etc.) et spatiaux existants vont s'approfondir.

Cette crise économique qui montre les limites de la politique du "Tout-État" amène les partenaires internationaux au développement à exercer une pression sur l'État ivoirien pour qu'il cède certaines de ses prérogatives aux populations locales pour se consacrer à ses rôles régaliens. Ils en conditionnent même la poursuite de leurs appuis.

Face à tous ces problèmes aux dégâts incalculables certains, l'État ivoirien, naguère concepteur premier du développement, décide de changer de politique. Cela aboutit au vote, le 17 octobre 1980, des lois (80-1180 portant organisation municipale, 80-1181 portant régime électoral municipal et 80-1182 portant statut de la Ville d'Abidjan) instaurant la décentralisation, vue comme panacée à la crise économique et qui suppose une plus grande participation et implication des populations locales dans le développement. Ces lois sont la tentative d'approfondissement de l'initiative amorcée en 1978 (Loi N° 07-78 portant institution des communes de plein exercice votée par l'Assemblée Nationale mais jamais appliquée). Ce nouveau cadre réglementaire met fin aux vingt ans du centralisme jacobin avec la création de 37 communes. Ce processus va connaitre plusieurs accélérations.

En 1985[10], le paysage communal est renforcé par 98 nouvelles communes. En 1995[11], 61 nouvelles communes sont créées ; mais en plus, les communes sont autorisées à prélever certaines taxes. La loi de 2001[12] crée de nouveaux outils : le conseil général de département et le district. En 2005, il y a une accélération du processus qui aboutit, en 2008, à la

[10] Loi N° 85-1085 du 17 octobre 1985, portant création de 98 nouvelles communes, portant à 135 le nombre des communes.

[11] Décret N° 95-941 du 13 décembre 1995, portant création de 61 nouvelles communes, portant à 197 le nombre des communes.

[12] Loi N° 2011-476 du 09 août 2001, portant orientation sur l'organisation générale de l'administration territoriale.

communalisation totale du pays avec le rattachement de tous les sites habités à une commune. En 2011, les conseils départementaux sont supprimés et remplacés par les conseils régionaux devenus opérationnels en 2013 avec les élections du 21 avril. En 2012[13], les 1 126 nouvelles communes créées entre 2001 et 2010 (non-encore opérationnelles) sont supprimées.

C'est donc pour connaître comment la décentralisation a évolué dans ce contexte de crise économique de 1980 à ce jour, que nous avons mené cette étude. Pour y arriver, les Conseils Généraux de Soubré, Dimbokro et Bondoukou et les Communes de Soubré, Dimbokro et Bondoukou ont été choisis comme champ d'observation. Dans ces localités, nos enquêtes de terrain ont montré que la demande sociale s'est trouvée automatiquement stimulée du fait de la crise économique et se traduit par l'absence ou l'insuffisance des équipements sociocollectifs et des infrastructures de base (écoles, centres de santé, eau potable, électricité, etc.). Et la construction de ces équipements et infrastructures de premier contact est le vœu primordial exprimé par les populations. De leurs cotés, les autorités, qu'elles soient déconcentrées ou décentralisées, parlent le même langage que leurs populations. Tous les acteurs du développement à la base (populations, autorités déconcentrées, autorités décentralisées) voient donc dans la même direction : la mise en place d'infrastructures et équipements de base pour des conditions de vie décentes des populations.

Dès lors que leurs conditions d'existence sont négativement impactées, c'est légitimement que les populations aspirent à plus de mieux-être.

Et c'est avec détermination que les entités décentralisées ont engagé la bataille pour ce mieux-être de leurs populations. Pour y arriver, des moyens, aussi bien humains, matériels, techniques que financiers sont nécessaires. Au niveau des hommes et femmes dont disposent les collectivités territoriales étudiées, le constat est qu'ils sont en nombre insuffisant, et dans leur majorité, moins outillés. Les moyens matériels et techniques, quand ils ne sont pas inexistants, sont inadaptés et insuffisants face à la demande sociale. Les ressources financières, elles aussi, sont inadaptées face à l'immensité des chantiers à bâtir, aussi bien dans leurs structures, leurs prévisions et leurs recouvrements. Déjà, au niveau de la structure, les budgets des deux types de collectivités se présentent contradictoirement (1/3 pour le fonctionnement et 2/3 pour l'investissement dans les conseils généraux et 2/3 pour le fonctionnement et 1/3 pour l'investissement dans les communes). Aussi, dans leurs prévisions de recettes et de recouvrement desdites recettes, pour le fonctionnement comme pour l'investissement, conseils généraux et communes comptent-ils essentiellement sur l'État.

Mais, il faut bien engager la bataille du développement. Et ce sont avec ces différents moyens que les collectivités territoriales y vont. Dans le concret, les collectivités territoriales répondent aux attentes de leurs

[13] Décret du mercredi 07 mars 2012.

populations par une batterie d'actions. Dans bon nombre de domaines, des actions ont été, et continuent d'être entreprises : de l'administration générale à la sécurité, en passant par les structures éducatives, les structures sanitaires, les équipements en eau, électricité, les ordures et l'assainissement, la culture, le sport et le loisir, le logement, l'agriculture, le commerce, le tourisme, etc. Dans l'ensemble, les actions et réalisations sociales se détachent du lot au détriment des initiatives créatrices de richesses. On peut ainsi affirmer que les investissements entrepris sont beaucoup plus sociaux qu'économiques.

Tous les efforts entrepris par les collectivités territoriales pour l'amélioration des conditions de vie des populations dont elles ont la charge sont indéniables. Et nul ne devrait leur denier ce farouche engagement affirmé dans la conduite de la décentralisation. Malheureusement, ces énormes et multiples actions sont contrariées par l'immensité des difficultés rencontrées. Et la source du mal est la crise économique. Cette crise est telle qu'elle impacte négativement toutes les actions entreprises.

En effet, l'ampleur des charges est telle que les collectivités territoriales sont désemparées car leurs ressources propres sont faibles, et les subventions de l'État évoluent en dents de scie. À cela, l'on ajoute l'insuffisance et l'approximative qualité des hommes et des matériels. Les collectivités étant quasi-dépendantes de l'État en matières financières, humaines et matérielles, les difficultés de l'État à satisfaire ces besoins restent un handicap sérieux à la conduite efficace de la politique de décentralisation sur le terrain. En effet, les besoins en investissements dans tous les secteurs sont nombreux et variés. Les charges financières que ces investissements requièrent sont lourdes, et l'accroissement des populations, surtout urbaines, ne contribue pas à les alléger, puisqu'il entraîne au contraire la nécessité de créer de nouveaux équipements tout en améliorant ou en renforçant l'existant. Pour exemple, bien qu'occupant la 1ère place dans les conseils généraux et dans les communes, les investissements dans les routes représentent une goutte d'eau dans la mer. Ce ne sont que des investissements sommaires et de courte durée concernant, pour l'essentiel, les reprofilages, les poses de buse, la construction de dalots de franchissement. Au-delà, aucune action n'est possible, tellement les investissements dans ce domaine sont lourds et nous paraissent même dépasser les forces des collectivités territoriales. Un autre exemple est celui relatif au peu d'égard accordé par les collectivités territoriales à la gestion des ordures. À propos, les conseils généraux ne se donnent même pas la peine dans ce domaine quand bien même des maillons essentiels (construction de décharges modernes et de points de groupage dans les centres urbains, transport des déchets des points de groupage aux décharges) sont de leur ressort dans la chaine de gestion des ordures.

Tout ceci concoure à laisser les environnements des collectivités territoriales dans un état piteux par l'accumulation de toutes sortes de déchets faisant planer le spectre permanent de périls sanitaires. La crise économique contrarie donc fortement les actions des collectivités territoriales et accentue la dégradation des conditions et du cadre de vie des populations.

En un mot, les difficultés auxquelles est confrontée la décentralisation ivoirienne sont colossales et se posent comme des défis. Pour les relever, des pistes de réflexions peuvent être explorées. La première des initiatives revient à l'État. Pour l'instant, c'est lui qui tient la survie de la politique de décentralisation entre ses mains par les ressources financières dont il la dote. Ces ressources se doivent d'être débloquées dans le temps. Aussi, au vu des réalités financières des collectivités territoriales, certaines des charges qui leurs sont confiées nous paraissent énormes. La gestion des routes, des ordures ménagères, de l'environnement et du cadre de vie par une viabilisation préalable des espaces lotis, sont autant d'actions qui ne peuvent être menées, à l'état actuel, que par l'État.

Pour permettre aux collectivités territoriales d'élargir leurs sources de financement, l'État pourrait autoriser l'imposition d'une taxe sur les produits (agricoles, miniers, etc.) sortant de leurs territoires. De même, pour booster l'équipement des collectivités territoriales, la réflexion sur le retour aux fêtes tournantes de l'indépendance et aux grands projets de développement qu'a connu le pays (AVB, ARSO, etc.) ne serait pas du tout utopique.

Sur le terrain, les collectivités territoriales se doivent d'être plus incisives dans leurs actions par une implication sérieuse des populations dans la prise des décisions. Cela passe, entre autres, par le recrutement des agents non-fonctionnaires sur des bases plus saines et objectives, par l'informatisation de leurs systèmes financiers et comptables dans le but d'optimiser les ressources. De leur côté, les populations ont l'impérieux devoir de s'approprier sincèrement la décentralisation ; toute chose qui implique des sacrifices comme l'acceptation de payer l'impôt (cas de l'impôt foncier). Dans cette même veine, la réflexion sur la dépolitisation du choix des acteurs locaux de développement pourrait être menée.

Toutes ces recommandations indiquent que le chemin à parcourir par la décentralisation ivoirienne est long. Et, avec l'architecture institutionnelle nouvelle des nouveaux tenants du pouvoir ivoirien qui limitent les échelons de la décentralisation à la commune et à la région, point n'est besoin de désespérer. Les chantiers ouverts par la décentralisation sont prometteurs. Mais un tel rêve peut-il se réaliser dans un environnement sociopolitique instable, dans une Côte d'Ivoire où fils et filles se regardent en chien de faïence ?

BIBLIOGRAPHIE

Ouvrages généraux

BALLO (Z), KONE (S), 2008, Diagnostic de l'économie ivoirienne, Document de Travail, 16 p.

Banque Mondiale, 1996, Des villes habitables pour le XXIème siècle, collection "Le développement en marche", BIRD, Washington, 55 p.

Banque Mondiale, 1996, La pauvreté en Côte d'ivoire : cadre d'action, 107 p.

BAUD (P), BOURGEAT (S), BRAS (C), mai 1995, Dictionnaire de géographie, Hâtier, Paris, 432 p.

BERTRAND (M), 1997, Les villes secondaires d'Afrique noire : 1970-1997 : Bibliographie analytique et commentée, CEAN, Bibliographie du CEAN, Paris, 133 p.

BRIET (B), janvier 1995, Le tiers monde : Croissance – Développement – Inégalité, Edition Marketing, Paris, 187 p.

BRUNET (R), FERRAS (R), THERY (H), 1993, Les mots de la Géographie, Dictionnaire critique, Montpellier-Paris : GIP RECLUS-La Documentation Française, 3ème édition, 520 p.

CAZES (G), DOMINGO (J), 1990, Le sous-développement et ses critères, Bréal Edition, 256 p.

Chaire Unesco, novembre 2001, Pauvreté et Développement durable, Université Montesquieu Bordeaux IV, Paris.

CHOUAÏBOU (M), 2002, L'Afrique à l'épreuve du développement durable.

COTTEN (A), 1973, Aspects de l'urbanisation en Côte d'Ivoire, Université Nationale de Côte d'Ivoire, IGT, N° 07.

École Normale d'Administration, 2002, Vie administrative, Direction de la Formation Continue, 126 p.

Front Populaire Ivoirien, 1987, Propositions pour gouverner la Côte d'Ivoire, L'Harmattan, Collection « Points de Vue », 204 p.

Front Populaire Ivoirien, 1998, Fonder une Nation Africaine Démocratique et Socialiste en Côte d'Ivoire, L'Harmattan, Collection « Points de Vue », Paris, 108 p.

Front Populaire Ivoirien, 2000, Gouverner autrement la Côte d'Ivoire, L'Harmattan, Collection « Points de Vue », Paris, 232 p.

GBAGBO (L), Côte d'Ivoire : économie et société à la veille de l'indépendance, l'Harmattan, 256 p.

HACHETTE, 2000, Dictionnaire Universel Francophone, Edicef, 3ème édition, 1508 p.

HALL (P), Les villes mondiales.

KONAN (B), 1998, Les dix sentiers du futur, Bilan du Programme Présidentiel à mi-parcours, Abidjan, Documentation Ivoirienne, 200 p.

KONAN (B), 1999, Les chemins de ma vie, Éditions Plon, 249 p.

KOULIBALY (M), 2009, Eurafrique ou Librafrique : l'ONU et les non-dits du pacte colonial, L'Harmattan, Paris, 99 p.

Marchés Tropicaux (in), janvier 2001, « L'évaluation de la pauvreté en Afrique ».

Ministère d'État, Ministère du Plan et du Développement (Direction Générale du Développement de l'Économie Régionale), Atlas des villes (Abengourou, Abidjan, Bondoukou, Bouaké, Daloa, Korhogo, Man, Odienné, San-Pedro), 138 p.

Ministère de l'Économie et des Finances, 1997, La Côte d'Ivoire en chiffres, 222 pages.

PAJONI (R), La question urbaine, GRET.

PRECEUP (Série Services Documentaires), Environnement et Développement Urbain dans le 1/3 monde, ENDA, Paris, 1996/05, N.P.

Programme National de Lutte contre la Pauvreté, 1998,113 p.

République de Côte d'Ivoire, janvier 2009, Document Stratégique de Réduction de la Pauvreté (DSRP), 178 p.

SALON (S) & SAVIGNAC (J-C), 2002, Administrations et fonctions publiques en France, Intégral Concours, SIREY, France, 505 p.

SEMI-BI-ZAN (P), 1974, La politique coloniale des travaux publics en Côte d'Ivoire (1900-1940), Annales de l'Université d'Abidjan, série 1, Histoire, pp 1-358.

SMITH (H), 1993, Urbanisme : le guide du citoyen, American planning Association, 3rd Edition Chicago, 211 p.

TERRAY (E), 1995, Une histoire du royaume Abron du Gyaman : des origines à la conquête coloniale, Éditions Karthala, Paris, 1058 p.

Ouvrages spécifiques

- **Thèses et mémoires**

ABDALLAHI (K), 2009, Les enjeux du processus de décentralisation en Afrique de l'Ouest : « la Mauritanie, le Mali et le Sénégal », Mémoire de Master 2, administration territoriale et développement local, UFR Droit et Science Politique, Université de Reims Champagne-Ardenne, 106 p.

ALOKO-N'GUESSAN, 1979, L'impact de la création du lac de Kossou sur l'organisation spatiale des Sous-Préfectures de Bodokro, de Béoumi et de Sakassou, Thèse de 3ème cycle, Université Nationale de Côte d'Ivoire, IGT, 483 p.

DIAN (B), 1985, L'économie de plantation en Côte d'Ivoire forestière, Doctorat d'État (1982), Les Nouvelles Éditions Africaines, Côte d'Ivoire, 458 p + Table des planches.

DURET (E), 2000, Réformes institutionnelles et finances publiques : l'exemple de la décentralisation en Afrique Subsaharienne, Thèse Nouveau Régime, France, 429+83 p.

GOGBE (T), 2010, Décentralisation, urbanisation et développement dans le Nord-Est de la Côte d'Ivoire : Le Zanzan, Thèse de Doctorat d'État, Université de Cocody-Abidjan, IGT, 837 p.

GOGBE (T), 2003, Bondoukou : Étude de géographie urbaine, Thèse de 3ème cycle, Université de Cocody-Abidjan, IGT, 474 p.

HAUHOUOT (A), 1978, Tourisme, Développement, Aménagement en Côte d'Ivoire, Thèse de Doctorat d'État, Université de Paris VIII-Vincennes, 617 p.

KOUAKOU-AMANI (A.S), 2008, Autorités déconcentrées et autorités décentralisées face au développement local : cas de la Commune de Bondoukou, Mémoire de fin de cycle, École Nationale d'Administration.

KOULIBALY (K), 2003, La décentralisation, un instrument de lutte contre la pauvreté : cas du Bénin, Mémoire de DESS, Université de Cocody-Abidjan, UFR/SEG, 49 p.

KRA (K.E), 2010, La politique de décentralisation et son impact sur l'urbanisation : le cas du pays Baoulé, Thèse Unique de Doctorat, Université de Cocody-Abidjan, IGT, 392 p. + Annexes.

MAMBO (Y.P), 2009, Droit et ville en Afrique : Étude de la décentralisation ivoirienne en matière d'urbanisme, Thèse de Droit Public, Université de Nantes, Collection Études Africaines, l'Harmattan, Paris, 547 p.

MEL (T), 2003, Urbanisation et pauvreté dans la ville de Bondoukou, Mémoire de Maîtrise de Recherche, Université de Cocody-Abidjan, IGT, 215 p.

OUANTCHI (H), 2009, Contraintes de financement du développement local : le cas des petites communes du Sud-Ouest, Thèse de Doctorat Unique, Université de Cocody-Abidjan.

OUATTARA (I), 1997, Écologie des habitats précaires d'Abidjan, Thèse de 3ème cycle, Université de Cocody-Abidjan, IGT, 258 p.

QULICHINI (P), 2001, Logement social et décentralisation, Thèse préparée dans le cadre du Laboratoire des Collectivités Locales de l'Université d'Orléans et publiée avec le concours financier de la Fédération Nationale des Offices de l'Habitat, Librairie Générale de Droit et de Jurisprudence, Paris, 450 p.

TRAORE (C.K.G), octobre 2011, Structure et performance de l'économie ivoirienne sur la période 2000-2009, Programme de Formation en Gestion de la Politique Économique (GPE), 12ème promotion (2010-2011), Dossier de Politique Économique, UFR SEG-CIRES, Abidjan, 20 p.+Annexes.

ZOUHOULA (B.R.N), 2012, Dynamique urbaine et desserte des quartiers périphériques d'Abidjan par les types informels de transport collectif, Thèse Unique de Doctorat, Université de Cocody-Abidjan, IGT, 392 p. + Annexes

- **Documents de référence**

ALVERGNE (C) et MUSSO (P), 2008, Les grands textes de l'Aménagement du Territoire et de la décentralisation, La documentation française, Paris, 400 p.

ATTA (K), 1996, Contraintes et atouts de développement d'une région de Côte d'Ivoire : le Nord-Est, IGT, 49 p.

ATTA (K), 2000, Méthodologie de la recherche en géographie, GRES, 23 p.

ATTA (K), 2001, Décentralisation et développement local, GRES, IGT, 34 p.

ATTA (K), 2001, Urbanisation et Développement en Côte d'Ivoire, GRES, 85 p.

ATTA (K), Aménagement urbain : législation, réglementation, pratique en matière de foncier et d'urbanisme, GRES, 26 p.

ATTA (K), HAUHOUOT (A), KOBY (A), 1998, Marginalité du Nord-Est ivoirien et problématique du développement de la région, IGT, 226 p.

ATTEBI (D), 1995, Le défi africain : l'urgence d'une alternative économique en Côte d'Ivoire, L'Harmattan, 171 p.

AUBY (J-B) & AUBY (J-F), 1990, Droit des collectivités locales, PUF, Paris, 321 p.

BERTHIER (N), 2000, Les techniques d'enquête : méthode et exercices corrigés, Armand Colin, Paris, 254 p.

BEZANÇON (X) et VAN RUYMBEKE (O), 1987, Le Guide des collectivités locales, Éditions du Moniteur, France, 336 p.

BLANC (J) & MARZIOLS (A), 1993, Les relations financières internationales entre l'État et les collectivités locales, Librairie Générale de Droit et de Jurisprudence, Paris, 152 p.

Contractualisation et territoires : les contrats d'agglomération, 2005, Les Cahiers du GRIDAUH, Série Aménagement du Territoire, N° 12 – 2005, 266 p.

FERSTENBERT (J), PRIET (F), QUILICHINI (P), 2009, Droit des Collectivités Territoriales, HyperCours (Cours et Travaux Dirigés), Éditions DALLOZ, 756 p.

Gouvernance territoriale (La), septembre 2006, Annuaire 2006 des collectivités locales, CNRS Éditions, 691 p.

GRANRUT (du) (C), 1994, Le temps des régions, collection « Décentralisation et développement local », Librairie Générale de Droit et de Jurisprudence, Paris.

GREFFE (X), 2002, Le développement local, Éditions de l'Aube, DATAR, France, 207 p.

GREFFE (X), 2005, La décentralisation, Paris, Éditions La Découverte.

GRET, 1996, Développement Local Urbain en Afrique : histoire de projets, 80 p.

HAUHOUOT (A), 2002, Développement, aménagement, régionalisation en Côte d'Ivoire, Éditions Universitaires de Côte d'Ivoire, 364 p.

KOBY (A), 2001, Le système de planification en Côte d'Ivoire, GRES, 27 p.

KPONHASSIA (G), 1994, Les comités de développement des quartiers régulateurs de la crise de participation des populations à l'action municipale : l'exemple de la commune d'Adjamé, ORSTOM-GIRDIS, p.27-31.

MADIOT (Y) & GOUSSEAU (J-L), 2003, Collectivités locales et développement économique, Dexia et imprimerie nationale, Paris, 343 p.

MENY (Y), 1974, Centralisation et décentralisation dans les débats politiques français, LGDJ, Paris, 30 p.

Ministère de l'Intérieur et de l'Intégration Nationale, 1997, Stratégies, décentralisation et aménagement du territoire.

Ministère de l'Intérieur et de la Décentralisation (PNUD), 1999, Étude sur l'organisation des services communaux, STRATES, Abidjan, 71 p.

Ministère de l'Intérieur et de la Décentralisation (PNUD/PRCG), 1996, Cadre juridique et institutionnel de la décentralisation, 203 p.

Ministère de l'Intérieur et de la Décentralisation (PNUD/PRCG), 1998, Relations financières entre l'État et les communes, propositions de réaménagement, STRATES, Abidjan, 45 p.

Ministère de l'Intérieur et de la Décentralisation (PNUD/PRCG), 1998, Étude des structures communales, 24 p.

Ministère de l'Intérieur et de la Décentralisation (PNUD/PRCG), 1998, Étude de la sous-traitance et du partenariat avec le secteur privé, STRATES, Abidjan, 50 p.

Ministère de l'Intérieur et de la Décentralisation (PNUD/PRCG), 1998, La déconcentration et la décentralisation administrative en Côte d'Ivoire : 1893-1997, 30 p.

Ministère de l'Intérieur et de la Décentralisation, 1993, Réflexion prospective relative à la politique d'administration territoriale en Côte d'Ivoire, 163 p.

Ministère de l'Intérieur, 1996, Projet de développement municipal : éléments de diagnostic, Guide Municipal de Côte d'Ivoire, 504 p.

Ministère de l'Intérieur, 2008, Administration Communale, Guide pratique de l'élu, DGDDL, République de Côte d'Ivoire, 52 p.

Ministère de l'Intérieur, 2008, Budget Communal, Guide pratique de l'élu, DGDDL, République de Côte d'Ivoire, 48 p.

Ministère de l'Intérieur, 2008, Institutions Locales, Guide pratique de l'élu, DGDDL, République de Côte d'Ivoire, 68 p.

Ministère de l'Intérieur, 2008, Plan d'Urbanisme Directeur, Guide pratique de l'élu, DGDDL, République de Côte d'Ivoire, 40 p.

Ministère de l'Intérieur, 2008, Police Administrative, Guide pratique de l'élu, DGDDL, République de Côte d'Ivoire, 52 p.

Ministère de l'Intérieur, 2008, Programme Triennal, Guide pratique de l'élu, DGDDL, République de Côte d'Ivoire, 40 p.

Ministère de l'Intérieur, 2009, La Décentralisation Ivoirienne, Partie législative, Volume 1, Deuxième édition, République de Côte d'Ivoire, 212 p.

Ministère de l'Intérieur, 2009, La Décentralisation Ivoirienne, Partie réglementaire, Volume 2, Deuxième édition, République de Côte d'Ivoire, 512 p.

N'GUESSAN-ZOUKOU (L), 1990, Régions et régionalisation en Côte d'Ivoire, L'Harmattan, Paris, 183 p.

NEMERY (J-C) & WATCHER (S), 1998, Gouverner les territoires, L'Aube, 208 p.

NOIZET (C), 2003, La coopération décentralisée et le développement local. Les instruments juridiques de coopération.

Observatoire de la Décentralisation, 2003, État de la décentralisation en Afrique, Éditions Karthala et PDM (Partenariat pour le Développement Municipal), France, 357 p.

Observatoire de la Décentralisation, 2003, État de la décentralisation en Afrique + CD-ROM (joint), 3ème édition, Éditions Karthala et PDM (Partenariat pour le Développement Municipal), France, 157 p.

RACICOT (P), 1999, Développement et régionalisation au Québec : Le temps du repli de l'État-nation, L'Harmattan, France, 223 p.

République de Côte d'Ivoire (Direction et Contrôle des Grands Travaux), 1992, Éléments de diagnostic, Guide Municipal de Côte d'Ivoire.

TROUCHAUD (J.P), 1968, Essai de division régionale en Côte d'Ivoire, ORSTOM-Petit Bassam, Abidjan, 152 p.

TROUCHAUD (J.P), 1971, Recherche d'un cadre régional de planification en Côte d'Ivoire, ORSTOM-Petit Bassam, Abidjan, 12 p.

Université de la Réunion, 2003, La décentralisation : histoire, bilan, évolution, L'Harmattan, Paris, 412 p.

Articles et périodiques

Anonyme, « Histoire de la décentralisation en Côte d'Ivoire », in Les villes africaines d'hier, d'aujourd'hui et de demain.

ATTA (K), 1975, « Paysages urbains de Côte d'Ivoire » in Atlas de Côte d'Ivoire, IGT-ORSTOM, Abidjan, Planche B 04.

BALLO (Z), 2009, "Décentralisation en Côte d'Ivoire : un bilan du fonctionnement des Conseils Généraux et Districts", Les Publications du CAPEC.

BEAUCHEMIN (C), 1999, Émigration urbaine, crise économique et mutations des campagnes en Côte d'Ivoire, in « Espace, Populations, Sociétés », N° 04.

BLUNDO (G), 2001, La corruption comme mode de gouvernance locale : trois décennies de décentralisation au Sénégal, in Afrique contemporaine, 1999, pp 115-127.

DAVEZIES (L), 2002, « La solidarité rédistributives entre territoires », in Pour en finir avec la « dé-centralisation », Éditions de l'Aube, DATAR, France, 231 p.

DEMBELE (O), 1994, « Le modèle ivoirien d'urbanisme face à la crise », in Crise, ajustement et recomposition en Côte d'Ivoire : la remise en cause d'un modèle, Abidjan, Colloque international, p. 32-39.

ELONG-M'BASSI (J-P), septembre 2001, « Pauvreté urbaine » in Villes en développement.

FLOQUET (C), 2002, « Un scénario pour la réforme régionale et l'organisation des pouvoirs locaux », in Pour en finir avec la « dé-centralisation », Éditions de l'Aube, DATAR, France, 231 p.

GILLET (M) (Edition), avril 2001, « Les grandes villes : les causes de la crise », in Réveillez-vous ! Bruxelles (Belgique), 31 p.

HAUHOUOT (A), Anales de l'Université d'Abidjan (in), « Étude géographique des migrations quotidiennes des travailleurs à Abidjan », Série G, Tome 05, Abidjan.

HERTZOG (R), 2002, « L'enjeu d'une réforme régionale : la constitution d'un État décentralisé », in Pour en finir avec la « dé-centralisation », Éditions de l'Aube, DATAR, France, 231 p.

KAMGNIA (D.B), TOUNA (M), OUEDRAOGO (J), ZEUFACK (A), avril 2003, Ajustement structurel et investissement privé en Afrique : les cas du Burkina Faso, du Cameroun et de la Côte d'Ivoire, in Les cahiers du SISERA, 72 p.

KOUADIO (A.F), 2009, « Création des communes en Côte d'Ivoire, logique technocratique ou logique politique : l'exemple des communes du Zanzan » pp. 87-103, in Actes du colloque du Laboratoire Collectivités Territoriales d'Orléans du 12 décembre 2008, Presses Universitaires d'Orléans, 164 p.

LAURENT (L), 2002, « Trois cents pays », in Pour en finir avec la « dé-centralisation », Éditions de l'Aube, DATAR, France, 231 p.

LEVY (J), 2002, "Un nouveau contrat géographique", in « Pour en finir avec la dé-centralisation », Éditions de l'Aube, DATAR, France, 231 p.

NEMERY (J-C), 2003, « La nouvelle organisation décentralisée de la République française », in Décentralisation et intercommunalité en France et en Europe, Collection Administration et Aménagement du Territoire, France, 143 p.

ORI (B), 1994, Crise, gestion municipale, participation populaire et rapports de pouvoirs dans la ville, in Crise, ajustement et recomposition en Côte d'Ivoire : la remise en cause d'un modèle, Colloque international, Abidjan, pp. 32-39.

Études et rapports (colloques, symposiums, états généraux, conférences, séminaires, tables-rondes, ateliers)

Actes du séminaire sur l'administration communale, Yamoussoukro, 05-09 avril 1982.

Agence Nationale d'Appui au Développement Rural (ANADER), 1997, Rapport de préfaisabilité de la composante ANADER/PNSA II, Document de travail, Abidjan, 135 p et annexes.

ALLORANT (P) (Textes réunis par), janvier 2009, Les Territoires de l'Administration : Départir, décentraliser, déconcentrer, Actes du colloque du Laboratoire Collectivités Territoriales d'Orléans du 20 juin 2008, Presses Universitaires d'Orléans, 238 p.

ALLORANT (P) (Textes réunis par), juin 2009, Administrer : Savoirs, négociations, évaluations, Actes du colloque du Laboratoire Collectivités Territoriales d'Orléans du 12 décembre 2008, Presses Universitaires d'Orléans, 164 p.

ALLORANT (P) (Textes réunis par), septembre 2008, Information et prise de décision administrative, Actes du colloque du Laboratoire Collectivités Territoriales d'Orléans du 14 décembre 2007, Presses Universitaires d'Orléans, 171 p.

ALLORANT (P) et DELBREL S. (Textes réunis par), janvier 2010, Conseiller, Légiférer, gouverner, Actes du colloque du Laboratoire Collectivités Territoriales d'Orléans des 11 et 12 juin 2009, Presses Universitaires d'Orléans, 227 p.

ALLORANT (P), DELBREL (S), TANCHOUX (P) (Sous la direction de), février 2008, France occupée, France occupante : Le gouvernement du territoire en temps de crise (de la guerre de Cent ans au régime de Vichy), Actes du colloque d'Orléans (7 et 8 septembre 2006) publiés par le Laboratoire Collectivités Territoriales de la Faculté de Droit d'Orléans, Presses Universitaires d'Orléans, 369 p.

Association ADEA, septembre 1995, Un projet global et cohérent pour l'urbanisation d'Ausone, Première Edition, Document d'Étude et de Réflexion N°G1.

Autorité pour l'Aménagement de la Région du Sud-Ouest (ARSO), 1969, San-Pédro, nouvelle porte sur l'atlantique, 31 p.

Autorité pour l'Aménagement de la Région du Sud-Ouest (ARSO), 1972, San-Pédro, pôle de développement du Sud-Ouest, 110 p.

Autorité pour l'Aménagement de la Vallée du Bandama (AVB), (Direction Générale), 1974, Rapport d'activités, année 1973, Abidjan, 207 p.

Autorité pour l'Aménagement de la Vallée du Bandama (AVB), (Direction Générale), 1976, Rapport d'activités, année 1976, Abidjan, 127 p.

Autorité pour l'Aménagement de la Vallée du Bandama (AVB), (Direction Générale), 1979, Rapport d'activités, année 1979, Abidjan, 41 p.

Autorité pour l'Aménagement de la Vallée du Bandama (AVB), 1970, Les composantes géographiques de la Région Centre-Bandama, 300 p.

Autorité pour l'Aménagement de la Vallée du Bandama (AVB), 1970, Exploitation paysanne moderne de la savane, 83 p.

Autorité pour l'Aménagement de la Vallée du Bandama (AVB), 1970, Synthèses rurales de production, 65 p.

Autorité pour l'Aménagement de la Vallée du Bandama (AVB), 1970, Kossou, aujourd'hui et demain, 50 p.

Banque Mondiale, 1999, Rapport sur le développement dans le monde 1999-2000, Washington DC, USA.

Cabinet de la Première Dame de Côte d'Ivoire – Ministère de l'Agriculture et du Développement Rural, 11-13 septembre 2002, Atelier National sur l'Appui au Secteur Vivrier, Rapport Technique, 116 p.

Cabinet ESBTP, juin 2008, Plan Directeur de Développement, Phase 1 : Diagnostic de la situation économique et état des lieux des différentes infrastructures du département, Conseil Général de Bondoukou, Document de travail.

Cahiers du Laboratoire Collectivités Locales (N° 3-2005, série Droit), février 2005, L'intercommunalité en pratique : la détermination de l'intérêt communautaire, Actes de la journée d'étude organisée le 4 juin 2004 par la Faculté de Droit (Laboratoire Collectivités Locales), la Communauté d'agglomérations Orléans-Val de Loire, l'Assemblée des Communes de France (ADCF), Université d'Orléans, Faculté de Droit, d'Économie et de Gestion, Presses Universitaires d'Orléans, 185 p.

Cahiers du Laboratoire Collectivités Locales (N° 4-2007, série Droit), novembre 2007, Entrer dans la ville, Actes de la journée d'études organisée le 9 février 2007 par la Faculté de Droit, d'Économie et de Gestion (Laboratoire Collectivités Locales), Université d'Orléans, Faculté de Droit, d'Économie et de Gestion, Presses Universitaires d'Orléans, 159 p.

Centre de Recherches et d'Études sur Paris et l'Île-de-France, août 1984, Les grandes métropoles mondiales (symposium), Paris, 25ème Congrès International de Géographie.

CIREJ-FRIEDRICH ERBERT, 1996, La politique de décentralisation en Côte d'Ivoire, Actes du séminaire, Abidjan, 210 p.

Colloque international sur la décentralisation, Faculté de Droit de l'Université Nationale de Côte d'Ivoire et Université des Sciences Sociales de Toulouse 1, Abidjan 09-11 mai 1988.

Conférence régionale sur la gestion et le financement de la décentralisation, Abidjan, 28 septembre-1er octobre 1987.

Conférence régionale sur le thème « Construire la confiance entre la population et les institutions locales », Abidjan, 22-25 mars 1994.

COULIBALY-DELINPELNA (G), 2007, « Politique de décentralisation et Processus de transfert des compétences : bilan et prospective », Thème présenté aux États Généraux de la Décentralisation et du Développement Local organisés du 15 au 18 janvier par le Ministère de l'Administration du Territoire, Abidjan, 10 p.

COUR (J-M), septembre 1995, Les enjeux de l'urbanisation dans les pays en voie de peuplement, Éléments de réflexion extraits de l'étude des perspectives à long terme en Afrique de l'Ouest, OCDE - Club du Sahel, Paris.

DIABY (L), 2007, « Rôle des collectivités territoriales dans l'atteinte des OMD », Thème présenté aux États Généraux de la Décentralisation et du Développement Local organisés du 15 au 18 janvier par le Ministère de l'Administration du Territoire, 30 p.

DON MELLO (A), 2007, « Financement de la décentralisation et du développement local en Côte d'Ivoire », Thème présenté aux États Généraux de la Décentralisation et du Développement Local organisés du 15 au 18 janvier par le Ministère de l'Administration du Territoire, Abidjan, 17 p.

DUBRESSON (A), JAGLIN (S), 1993, Gérer la ville du principe : le difficile exercice à Yamoussoukro (Côte d'Ivoire) – Rapport de Mission, 64 p.

GILBERT (G) & DELCAMP (A) (dir.), 1993, La décentralisation, dix ans après, Colloque "Décentralisation et développement local", Librairie Générale de Droit et de Jurisprudence, 519 p.

GUEBO (E), 2007, « La contribution des collectivités territoriales a la sortie de crise et à la gestion post-crise », Thème présenté aux États Généraux de la Décentralisation et du Développement Local organisés du 15 au 18 janvier par le Ministère de l'Administration du Territoire, Abidjan, 12 p.

GUEÏ (K), 2007, Processus de sortie de crise et reconstruction nationale : contribution des collectivités territoriales, États Généraux de la Décentralisation et du Développement Local organisés du 15 au 18 janvier par le Ministère de l'Administration du Territoire, Document de travail, Rapport d'étude, Commission thématique 2, Abidjan, 29 p.

Institut National de la Statistique, 1998, Recensement Général de la Population et de l'Habitat (RGPH), Résultats définitifs par localité, 63 p.

KANTÉ (A.F), 2007, « Coopération décentralisée : outil de développement local », Thème présenté aux États Généraux de la Décentralisation et du Développement Local organisés du 15 au 18 janvier par le Ministère de l'Administration du Territoire, Abidjan, 09 p.

KOBY (A), 1984, Tableau du développement régional en Côte d'Ivoire : 1893-1960, 1960-1984, Objectifs, Stratégies, Bilan, Actes des Troisièmes Journées Géographiques de Côte d'Ivoire, Ta'ar (Revue Ivoirienne de Géographie), N° 01, juillet-septembre 1987 pp.158-217.

KONE (O), Décentralisation et développement économique et social : le cas de la Côte d'Ivoire, Note au Ministre N° 1, GPE, UFR-SEG/CIRES, 28 p.

LARCHER (G) (Sénateur), La gestion des espaces périurbains, Rapport d'Information 415-1997/1998, Commission des Affaires Économiques et du Plan.

LUIGUI (T), 2007, « Développement Local et Coopération Décentralisée en
Côte d'Ivoire », Thème présenté aux États Généraux de la Décentralisation et du Développement Local organisés du 15 au 18 janvier par le Ministère de l'Administration du Territoire, Abidjan, 14 p.

Menso Consultant, septembre 2006, Étude Diagnostique du Réseau Routier du Département de Dimbokro, Conseil Général de Dimbokro.

Ministère d'État, Ministère de l'Intérieur et de la Décentralisation, 2002, Atelier National sur le Financement de la Décentralisation (06, 07 et 08 mars à Yamoussoukro, "Les actes de l'atelier", 111 p. + Annexes.

Ministère de l'Intérieur et de la Décentralisation, 1997, Décentralisation et aménagement du territoire, Document de stratégie, Table ronde avec les bailleurs de fonds, 95 p.

Ministère du Plan (Commission Nationale de Prospective), 1977, Côte d'Ivoire 2025, Rapport de synthèse, Edition Neter Abidjan, 230 p.

Ministère du Plan (DAT /DPD), 1990, Bilan du développement régional et de l'aménagement du territoire, Abidjan, 54 p.

Ministère du Plan (Direction des Programmes Pluriannuels de Développement), 1977, Programme des investissements publics pour les années 1977-1978-1979, BNETD, Abidjan, 256 p.

Ministère du Plan (Groupe de Recherche Prospective), 1975, Côte d'Ivoire 2000, Rapport final en conclusion des travaux, 63 p.

Ministère du Plan, (Direction de l'Animation et de la Productivité), Le rôle des collectivités locales dans l'équipement du territoire (rapport N° 03), Travaux préparatoires au plan quinquennal 1971-1975.

Ministère du Plan, de l'Économie et des Finances, 1980, Les FRAR, des origines aux premiers programmes annuels 1973-1974, 31 p.

N'DRI (S), 2007, « Bilan de l'intervention de la coopération belge dans le secteur de la décentralisation en Côte d'Ivoire », Thème présenté aux États Généraux de la Décentralisation et du Développement Local organisés du 15 au 18 janvier par le Ministère de l'Administration du Territoire, Abidjan, 06 p.

OKA-BALIMA (M), 2007, « Décentralisation et développement local : les interventions du PNUD en Côte d'Ivoire », Thème présenté aux États Généraux de la Décentralisation et du Développement Local organisés du 15 au 18 janvier par le Ministère de l'Administration du Territoire, Abidjan, 19 p.

PEGATHIENAN (J), 2001, Les principes de lutte contre la pauvreté : le cas de la Côte d'Ivoire, (communication), Séminaire OSIWA, Abidjan.

PERTUE (M) (réunis par), septembre 2003, L'administration territoriale sous la révolution française : réflexion, vues nouvelles et pistes de recherche, Actes de la IVème journée d'études historiques du Laboratoire Collectivités Locales (Bourges, 4 décembre 1999), Cahiers du Laboratoire Collectivités

Locales (N° 3, série Histoire), Université d'Orléans, Faculté de Droit, d'Économie et de Gestion, Presses Universitaires d'Orléans, 104 p.

République de Côte d'Ivoire, Dix ans de communalisation 1981-1991, Recueil de circulaires, DGCL.

République Française (Ministère de la Coopération-Secrétariat d'État à la Coopération et à la Francophonie), 1998, Dynamique de l'Urbanisation de l'Afrique au Sud du Sahara, ISTED, Paris, 24 p.

TURPIN (E), 2007, « Expérience de coopération décentralisée au Sénégal: le cas de la ville de Saint-Louis », Thème présenté aux États Généraux de la Décentralisation et du Développement Local organisés du 15 au 18 janvier par le Ministère de l'Administration du Territoire, Abidjan, 22 p.

Union Européenne, Comité des régions, 2004, Le renforcement de la démocratie régionale et locale dans l'union européenne, 581 p.

YAO KOUMAN (M), 2007, La politique nationale de financement du développement local et appui des partenaires au développement, États Généraux de la Décentralisation et du Développement Local organisés du 15 au 18 janvier par le Ministère de l'Administration du Territoire, Document de travail, Rapport d'étude, Commission thématique 3, Abidjan, 97 p.

YAPI (L), 2007, Rôle des collectivités dans l'atteinte des objectifs du millénaire pour le développement, États Généraux de la Décentralisation et du Développement Local organisés du 15 au 18 janvier par le Ministère de l'Administration du Territoire, Document de travail, Rapport d'étude, Commission thématique 4, Abidjan, 64 p.

ZADI (E), 2007, « La crise ivoirienne : quel impact sur l'État et la Nation ? », Thème présenté aux États Généraux de la Décentralisation et du Développement Local organisés du 15 au 18 janvier par le Ministère de l'Administration du Territoire, Abidjan, 67 p.

ZADI GOKUI (N), 2007, « Rapport général du sommet Africités 2006 », Thème présenté aux États Généraux de la Décentralisation et du Développement Local organisés du 15 au 18 janvier par le Ministère de l'Administration du Territoire, Abidjan, 26 p.

ZADI GOKUI (N), 2007, Bilan de la décentralisation, États Généraux de la Décentralisation et du Développement Local organisés du 15 au 18 janvier par le Ministère de l'Administration du Territoire, Document de travail, Rapport d'étude, Commission thématique 1, Abidjan, 56 p.

ZADI GOKUI (N), 2007, Coopération décentralisée, États Généraux de la Décentralisation et du Développement Local organisés du 15 au 18 janvier par le Ministère de l'Administration du Territoire, Document de travail, Rapport d'étude, Commission thématique 5, Abidjan, 26 p.

Presse

ALAKAGNI (H), 2009, « Filière cajou : les acteurs de l'Afrique veulent booster la transformation », in Fraternité Matin, 19 mai 2009.

ATOUMGBRE (J), 2009, « Industrialisation de la noix de cajou : les producteurs appellent les gouvernants à la rescousse », in Le Temps, 19 mai 2009.

DALLIER (P), 2008, « Les défis de l'intercommunalité », in La Gazette, 21 janvier 2008.

DAO (M), 2009, « AKOSSI Bendjo (Maire du Plateau et coordonnateur de l'Opération Abidjan ville propre) : "Le problème des ordures, on le connaît." », in Patriote, 19 mai 2009.

DIARRASSOUBA (S), 2008, « Faute de budgets d'investissement / Dr AKA Aouélé (Président du Conseil Général d'Aboisso) : "Les Conseils Généraux sont payés à ne rien faire" », in Nouveau Réveil du 10 novembre 2008.

DJE (A), 2009, « Décentralisation en Côte d'Ivoire : les collectivités réclament un transfert effectif des moyens », in Notre Voie N° 3378 du jeudi 10 septembre.

Fraternité Matin, 2001, Le journal des municipales, « Tableau des résultats par partis majoritaire : avec 64 communes, le RDR se positionne comme un parti urbain », mercredi 18 mars 2001, pp. 16-18.

Fraternité Matin, 2002, « Conseils Généraux : ce qu'il faut savoir », jeudi 14 mars 2002, pp. 07-10.

Fraternité Matin, 2002, « Résultats provisoires du scrutin du 07 juillet 2002 », mardi 09 juillet 2002, pp. 04-09.

Fraternité Matin, 2002, « Résultats provisoires du scrutin du 07 juillet 2002 (suite) », mercredi 10 juillet 2002, pp. 03-04.

KODJO (E), 2006, « La révision de la loi portant transfert de compétences souhaitée », in Fraternité Matin du mardi 25 avril 2006, p. 06.

KOUAME (J.R), 2008, « Les dangers du découpage anarchique du territoire », in Nord-Sud Quotidien, 15 décembre 2008, N° 1073, p. 06.

MORAND (C), 1996, Daoukro contre Yamoussoukro, in Jeune Afrique, N° 1857 du 13 août 1996, pp. 38-40.

SUEUR (J-P), 2008, « Le nouveau paysage intercommunal », in La Gazette, 21 janvier 2008.

TOURE (M), 2010, « Ce séminaire n'est pas un de trop », in Fraternité Matin du vendredi 07 mai 2010, p. 03.

TOURE (M), 2010, « Le programme triennal sera l'instrument de mise en œuvre », in Fraternité Matin du vendredi 07 mai 2010, p. 03.

TOURE (M), 2010, « Le Sénégal et le Rwanda l'on réussi », in Fraternité Matin du vendredi 07 mai 2010, p. 03.

TOURE (M), 2010, « Les projets éligibles au Contrat », in Fraternité Matin du vendredi 07 mai 2010, p. 02.

TOURE (M), 2010, « Pour relancer le développement des collectivités territoriales », in Fraternité Matin du vendredi 07 mai 2010, p. 02.

TOURE (M), 2010, « Simple postulat », in Fraternité Matin du vendredi 07 mai 2010, p. 02.

TRAORE (M.A), "Entre politique et réalité du terrain", in Nord-Sud Quotidien, 15 décembre 2008, N° 1073, p. 06.

ZOBO (P.N), 2009, « Décentralisation : AFFI prône l'apaisement entre Assuéfry et Transua », in Fraternité Matin, 06 juillet 2009.

Internet

http://bechir-ben-yahmed.blog.jeuneafrique.com/index.php/2009/02/23/689-democratie-et-bonne-gouvernance

http://carrefourlocal.senat.fr/dossiers/decentralisation_france_retrospective_historique/index.html

http://fr.groups.yahoo.com/group/Bonne_gouvernance_et_gestion_de_l_Etat/

http://www.club89.org/article.php3?id_article=42

http://www.laconscience.com/article.php?id_article=8119

http://www.oecd.org/document/48/0,2340,fr_2649_33735_1814576_1_1_1_1,00.html

http://www.oecd.org/topic/0,3373,fr_2649_37405_1_1_1_1_37405,00.html

http://www.rfi.fr/actufr/articles/058/article_31095.asp

ANNEXES

ANNEXE 1 : NOUVEAU DÉCOUPAGE ADMINISTRATIF DE LA CÔTE D'IVOIRE

NOUVEAU DÉCOUPAGE ADMINISTRATIF DE LA COTE D'IVOIRE				
Districts autonomes		Régions		Départements
Nom	Chef-lieu	Nom	Chef-lieu	
Abidjan	Abidjan	Néant	Néant	Abidjan
Yamoussoukro	Yamoussoukro	Néant	Néant	Yamoussoukro
Districts		Régions		Départements
Nom	Chef-lieu	Nom	Chef-lieu	
Bas-Sassandra	San-Pedro	Nawa	Soubré	Soubré
				Gueyo
		San-Pédro	San-Pedro	San-Pedro
				Tabou
		Gbôklé	Sassandra	Sassandra
				Fresco
Comoé	Abengourou	Indénié-Djuablin	Abengourou	Abengourou
				Agnibilékro
				Bettié
		Sud-Comoé	Aboisso	Aboisso
				Adiaké
				Grand-Bassam
				Tiapoum
Denguélé	Odienné	Folon	Minignan	Minignan
				Kaniasso
		Kabadougou	Odienné	Odienné
				Madinani
				Samatiguila
Gôh-Djiboua	Gagnoa	Gôh	Gagnoa	Gagnoa
				Oumé
		Lôh-Djiboua	Divo	Divo
				Lakota
				Guitry
Lacs	Dimbokro	Bélier	Toumodi	Didiévi
				Tiébissou
				Toumodi
		Iffou	Daoukro	Daoukro
				M'Bahiakro
				Prikro
		N'Zi	Dimbokro	Dimbokro
				Bocanda
				M'Batto
				Arrah
				Bongouanou
Lagunes	Dabou	Grands Ponts	Dabou	Dabou
				Jacqueville
				Grand-Lahou
		Agnéby-Tiassa	Agboville	Agboville
				Tiassalé
				Sikensi
		Mé	Adzopé	Adzopé
				Alépé
				Akoupe
				Yakasse-Attobrou
Montagnes	Man	Tonkpi	Man	Man
				Zouan-Hounien
				Biankouma
				Danané
		Cavally	Guiglo	Guiglo
				Bloléquin
				Toulepleu
				Duekoué

		Guémon	Duekoué	Bangolo
				Kouibly
Sassandra-Marahoué	Daloa	Haut-Sassandra	Daloa	Daloa
				Issia
				Vavoua
				Zoukougbeu
		Marahoué	Bouaflé	Bouaflé
				Sinfra
				Zuenoula
Savanes	Korhogo	Poro	Korhogo	Korhogo
				Sinématiali
				Dikodougou
		Tchologo	Ferkéssedougou	Ferkéssedougou
				Ouangolodougou
		Bagoué	Boundiali	Boundiali
				Tengrela
				Kouto
Vallée du Bandama	Bouaké	Hambol	Katiola	Katiola
				Dabakala
				Niakaramadougou
		Gbêkê	Bouake	Bouake
				Botro
				Béoumi
				Sakassou
Woroba	Séguéla	Béré	Mankono	Mankono
				Kounahiri
		Bafing	Touba	Touba
				Koro
				Ouaninou
		Worodougou	Séguéla	Séguéla
				Kani
Zanzan	Bondoukou	Bounkani	Bouna	Bouna
				Doropo
				Nassian
				Téhini
		Gontougo	Bondoukou	Bondoukou
				Sandégué
				Koun-Fao
				Transua
				Tanda

Source : Journal Officiel de la République de Côte d'Ivoire, Cinquante-troisième année, N° 3, Numéro spécial, jeudi 20 octobre 2011.

ANNEXE 2 : QUELQUES TEXTES RELATIFS À LA DÉCENTRALISATION IVOIRIENNE

1- Les textes législatifs

1.1- *Les Ordonnances*

- Ordonnance N° 61-123 du 14 avril 1961, portant création d'une taxe forfaitaire des petits commerçants et artisans au profit des communes sur le territoire de celles-ci.
- Ordonnance N° 2007-586 du 04 octobre 2007, abrogeant certaines dispositions de la Loi N° 2003-208 du 07 juillet 2003 portant transfert et répartition de compétences de l'État aux collectivités territoriales.
- Ordonnance N° 2011-262 du 28 septembre 2011, portant orientation de l'organisation générale de l'administration de l'État.

1.2- *Les Lois*

- Loi du 05 avril 1884, relatif à l'organisation, au fonctionnement et au contrôle des communes de plein exercice.
- Loi du 18 novembre 1955, portant détermination de deux catégories de communes (Commune de Plein Exercice et Commune de Moyen Exercice).
- Loi N° 14-89 du 18 novembre 1955, portant réorganisation municipale en Afrique Occidentale Française.
- Loi N° 60-315 du 21 septembre 1960, relative aux Associations.
- Loi N° 61-84 du 10 avril 1961, relative au fonctionnement des départements, préfectures et sous-préfectures.
- Loi N° 65-259 du 04 août 1965, portant dissolution de la Commune de Grand-Bassam.
- La Loi organique de 1967, portant institution de huit régions-programmes.
- Loi N° 69-241 du 09 juin 1969, portant découpage administratif de la République de Côte d'Ivoire.
- Loi N° 78-07 du 09 janvier 1978, portant institution de communes de plein exercice en Côte d'Ivoire.
- Loi N° 80-1180 du 17 octobre 1980 relative à l'organisation municipale.
- Loi N° 80-1181 du 17 octobre 1980, portant régime électoral municipal.
- Loi N° 80-1182 du 17 octobre 1980, portant statut de la Ville d'Abidjan.
- Loi N° 81-1129 du 30 décembre 1981, portant régime financier des communes et de la Ville d'Abidjan.
- Loi N° 81-1130 du 30 décembre 1981, portant régime fiscal des communes et de la Ville d'Abidjan.
- Loi N° 83-788 du 02 août 1983, déterminant les règles d'emprise et de classement des voies de communication et des réseaux divers de l'État, des communes et de la Ville d'Abidjan.

- Loi N° 84-1244 du 08 novembre 1984, portant régime domanial des communes et de la Ville d'Abidjan.

- Loi N° 85-578 du 29 juillet 1985, modifiant la Loi N° 80-1180 du 17 octobre 1980 relative à l'organisation municipale.

- Loi N° 85-582 du 29 juillet 1985, déterminant le régime des transferts de compétences de l'État aux communes et à la Ville d'Abidjan.

- Loi N° 85-1075 du 12 octobre 1985 apportant des modifications aux Articles 1, 9, 12, 17 et 46 de la Loi N° 80-1181 du 17 octobre 1980, portant régime électoral.

- Loi N° 85-1085 du 17 octobre 1985, portant création de 98 communes.

- Loi N° 90-1579 du 30 novembre 1990 modifiant la Loi N° 80-1181 du 17 octobre 1980, portant régime électoral municipal.

- Loi N° 92-570 du 11 septembre 1992, portant statut général de la fonction publique.

- Loi N° 94-438 du 16 août 1994, portant code électoral.

- Loi du 03 août 1995, conférant au Président de la République, le droit de créer la commune, et partant, de la supprimer (Jusqu'au 03 août 1995, la création des communes relevait de l'Assemblée Nationale).

- Loi N° 95-608 du 03 août 1995, modifiant la Loi N° 80-1180 du 17 octobre 1980 et la Loi N° 85-578 du 29 juillet 1985, relatives à l'organisation municipale.

- Loi N° 95-611 du 03 août 1995, modifiant la Loi N° 80-1180 du 17 octobre 1980, la Loi N° 85-578 du 29 juillet 1985 et la Loi N° 95-608 du 03 août 1995 relatives à l'organisation municipale.

- Loi N° 95-609 du 03 août 1995, déterminant le régime particulier des villes.

- Loi N° 95-610 du 03 août 1995, déterminant le régime des associations intercommunales.

- Loi N° 95-611 du 03 août 1995, modifiant la Loi N° 80-1180 du 17 octobre 1980, la Loi N° 85-578 du 29 juillet 1985 et la Loi N° 95-608 du 03 août 1995, relatives à l'organisation municipale.

- Loi N° 95-892 du 27 octobre 1995, portant orientation sur l'organisation générale de l'administration générale de l'administration territoriale.

- Loi N° 95-893 du 27 octobre 1995, portant création des communautés rurales.

- Loi N° 97-07 du 06 février 1997 (article 17), portant notamment sur les obligations de prélèvement (fonds d'investissement).

- Loi N° 98-485 du 04 septembre 1998, relative à l'organisation de la région.

- Loi N° 2000-514 du 1er août 2000, relative au Code Électoral et instaurant la proportionnelle des Conseillers Départementaux au suffrage universel direct.

- Loi N° 2001-476 du 09 août 2001, portant orientation sur l'organisation générale de l'administration territoriale. Cette loi supprime les communautés rurales et crée les communes, les villes, les départements, les districts et les régions.

- Loi N° 2001-477 du 09 août 2001, relative à l'organisation du Département.

- Loi N° 2001-478 du 09 août 2001, portant statut du District d'Abidjan.

- Loi N° 2002-04 du 03 janvier 2002, portant statut du personnel des collectivités territoriales.

- Loi N° 2002-44 du 21 janvier 2002, portant statut du District de Yamoussoukro.

- Loi N° 2003-208 du 07 juillet 2003, portant transfert et répartition de compétences de l'État aux collectivités territoriales.

- Loi N° 2003-489 du 26 décembre 2003, portant régime financier, fiscal et domanial des collectivités territoriales.

- Loi N° 2004-271, portant loi de finances pour 2004 (révision des dispositions relatives aux impôts d'État reversés aux collectivités territoriales et aux taxes locales.

- Loi N° 2006-12 du 22 février 2006, relative à la prorogation du mandat des membres des organes des collectivités territoriales décentralisées.

- Loi N° 2012-1128 du 13 décembre 2012, portant organisation des collectivités territoriales.

- Loi N° 2012-1130 du 13 décembre 2012, portant modification des articles 120, 121, 128, 149, 150 et 157 de la Loi N° 2000-514 du 1er août 2000 portant code électoral.

- Loi N° 2014-451 du 05 août 2014, portant orientation de l'organisation générale de l'administration territoriale.

- Loi N° 2014-452 du 05 août 2014, portant mode de création, attributions, organisation et fonctionnement du district autonome.

- Loi N° 2014-453 du 05 août 2014, portant statut du district autonome d'Abidjan.

- Loi N° 2014-454 du 05 août 2014, portant statut du district autonome de Yamoussoukro.

2- Les textes réglementaires

2.1- Les décrets

- Décret du 10 mars 1893, portant organisation des colonies de la Guinée française, de la Côte d'Ivoire et du Bénin.

- Décret du 18 novembre 1955, portant érection de la ville d'Abidjan en Commune de Plein exercice.

- Décret N° 56-848 du 24 août 1956, portant adaptation à la loi municipale N° 55-1489 du 10 novembre 1955 dans certains territoires d'outre-mer, du

Décret financier du 30 décembre 1912 et des textes subséquents applicable à la comptabilité communale.

- Décret N° 62-333 du 02 septembre 1962, portant classement de la voirie nationale.

- Décret N° 63-163 du 11 avril 1963, portant institution d'une indemnité représentative de frais en faveur des fonctionnaires et agents occupant certains emplois.

- Décret N° 64-240 du 26 juin 1964, portant réglementation en matière de responsabilité et de débets des comptables publics.

- Décret N° 65-27 du 30 janvier 1965, portant réglementation des délais de prescription applicables aux dettes de l'État, des établissements publics et des collectivités secondaires.

- Décret N° 67-303 du 10 juillet 1967, portant institution de huit régions-programmes.

- Décret N° 69-304 du 04 juillet 1969, portant fixation des garanties que les comptables publics et fonctionnaires et agents assimilés doivent constituer avant leur installation ou leur prise de fonctions, et précisant les modalités de constitution de ces garanties.

- Décret de juillet 1969, portant création de l'Autorité pour l'Aménagement de la Vallée du Bandama (AVB).

- Décret de décembre 1969, portant création de l'Autorité pour l'Aménagement de la Région du Sud-Ouest (ARSO).

- Décret N° 71-167 du 25 mars 1971, modifiant le Décret N° 69-304 du 04 juillet 1969, portant fixation des garanties que les comptables publics et agents assimilés doivent constituer avant leur installation ou leur prise de fonctions, et précisant les modalités de constitution de ces garanties.

- Décret N° 75-460 du 30 juin 1975, portant institution d'une indemnité forfaitaire mensuelle en faveur des fonctionnaires du corps des secrétaires de direction.

- Décret N° 78-449 du 17 mai 1978, fixant les attributions du Ministère de l'Intérieur et portant organisation de ce ministère.

- Décret N° 80-1078 du 19 septembre 1980, fixant le ressort territorial des communes de Côte d'Ivoire.

- Décret N° 80-1184 du 18 octobre 1980 fixant le ressort territorial des communes de la Ville d'Abidjan.

- Décret N° 80-1185 du 18 octobre 1980, fixant la composition numérique des Conseillers Municipaux (exception faite de la Ville d'Abidjan).

- Décret N° 80-1186 du 18 octobre 1980, fixant pour chaque commune, le nombre des Adjoints au Maire (exception faite pour la municipalité de la Ville d'Abidjan).

- Décret N° 81-238 du 15 avril 1981, fixant les taux des indemnités de fonction et des indemnités pour frais de représentation des maires et adjoints ainsi que des modalités de leur attribution.

- Décret N° 81-239 du 15 avril 1981, portant création de la Direction des Collectivités Locales (DCL) subdivisée en trois Sous-Directions (Administration et Personnel Communal, Tutelle et Réglementation, Budgets).

- Décret N° 81-241 du 15 avril 1981, portant création d'indemnités et avantages en faveur de certains personnels des communes et de la Ville d'Abidjan.

- Décret N° 81-642 du 05 août 1981, modifiant les articles 2 et 3 du Décret N° 63-163 du 11 avril 1963, portant institution d'une indemnité représentative de frais en faveur des fonctionnaires et agents occupant certains emplois.

- Décret N° 82-140 du 27 janvier 1982, portant délégation des pouvoirs et attributions de l'autorité de tutelle à l'égard des communes et de la Ville d'Abidjan.

- Décret N° 82-141 du 27 janvier 1982, déterminant les modalités de fonctionnement des conseils municipaux, du conseil de la Ville d'Abidjan et des commissions créées par ces conseils.

- Décret N° 82-214 du 24 février 1982, relative à la responsabilité personnelle et pécuniaire des régisseurs de l'État et des établissements publics nationaux.

- Décret N° 82-1092 du 24 novembre 1982, fixant les règles de programmation et de budgétisation des actions et des opérations de développement des communes et de la Ville d'Abidjan, ainsi que leur nomenclature budgétaire et comptable.

- Décret N° 82-1093 du 24 novembre 1982, portant règlement financier et comptable des communes et de la Ville d'Abidjan.

- Décret N° 83-152 du 02 mars 1983, fixant le régime des taxes rémunératoires et des redevances des communes et de la Ville d'Abidjan.

- Décret N° 83-153 du 02 mars 1983, fixant les modalités d'établissement du cadre organique des emplois des communes et de la Ville d'Abidjan.

- Décret N° 83-154 du 02 mars 1983, déterminant les règles de fonctionnement des municipalités des communes et de la Ville d'Abidjan.

- Décret N° 83-453 du 27 mai 1983, fixant les limites et conditions de l'octroi d'avances de trésorerie aux communes et à la Ville d'Abidjan.

- Décret N° 83-501 du 02 juin 1983 portant réglementation des conditions d'octroi et des modalités de gestion des avals de l'État.

- Décret N° 84-17 du 11 janvier 1984, fixant les règles relatives au jumelage entre les communes de Côte d'Ivoire ou entre celles-ci ou la Ville d'Abidjan et d'autres communes ou villes étrangères.

- Décret N° 84-851 du 04 juillet 1984, portant déclaration des voiries et des réseaux divers d'intérêt urbain dans les limites de la Ville d'Abidjan.

- Décret N° 84-852 du 04 juillet 1984, portant déclaration des voiries et des réseaux divers d'intérêt national et d'intérêt départemental dans les limites des communes autres que celles composant la Ville d'Abidjan.

- Décret N° 85-08 du 04 janvier 1985, fixant les limites et conditions dans lesquelles les communes et la Ville d'Abidjan peuvent contracter des emprunts.

- Décret N° 85-1082 du 15 octobre 1985, portant convocation des collèges électoraux de la République de Côte d'Ivoire en vue des élections municipales.

- Décret N° 85-1084 du 16 octobre 1985, portant fixation de la durée de la campagne électorale en vue des élections des Conseillers Municipaux.

- Décret N° 85-1114 du 08 novembre 1985, fixant le ressort territorial de quatre-vingt-dix-huit communes et portant modification des limites territoriales d'une commune.

- Décrets du 25 juin 1986, portant transfert de compétences aux communes et à la Ville d'Abidjan, dans huit domaines ; et ce, en applications des Lois d'avant 1986 :

- N° 86-448 : Culture (bibliothèques, musées, théâtres, centres culturels) ;
- N° 86-449 : Santé Publique (dispensaires et centres de santé, maternités) ;
- N° 86-450 : Espaces verts, Parcs et Jardins, Pépinières ;
- N° 86-451 : Urbanisme et Construction ;
- N° 86-452 : Bornes fontaines et Puits à eau publics ;
- N° 86-453 : Éducation (écoles maternelles et primaires, logements d'enseignants, cantines scolaires, installations sportives, sanitaires et éducatives) ;
- N° 86-454 : Hygiène Publique (collecte des ordures ménagères…) et Vétérinaire ;
- N° 86-455 : Matière sociale (centres sociaux, foyers féminins, jardins d'enfants, crèches).

- Décret N° 86-495 du 11 juillet 1986, portant institution d'une commission de coordination du développement communal et de commissions départementales des programmes et budgets des communes et de la Ville d'Abidjan.

- Décret N° 87-1323 du 12 novembre 1987, fixant les limites et conditions de l'allocation d'indemnités forfaitaires aux conseillers municipaux et aux conseillers de la Ville d'Abidjan chargés de certaines missions spéciales.

- Décret N° 89-485 du 10 mai 1989, déterminant la procédure et les modalités d'examen en commun des affaires intéressant deux ou plusieurs communes.

- Décret N° 89-962 du 30 août 1989, portant création du Fonds de Prêts aux Collectivités Locales (FPCL) (instrument de prêt aux communes destiné au financement d'équipements productifs générateurs de recettes).

- Décret N° 90-1594 du 12 décembre 1990, portant modification du Décret N° 80-1078 du 19 septembre 1980, fixant le ressort territorial des communes de Côte d'Ivoire et du Décret N° 85-1114 du 08 novembre 1985, fixant le ressort de quatre-vingt-dix-huit communes et portant modification des limites territoriales d'une commune.

- Décret N° 91-10 du 16 janvier 1991, portant augmentation du nombre des régions qui passent de huit (08) à dix (10).

- Décret N° 91-59 du 20 février 1991, portant transformation de la Direction des Collectivités Locales et la Direction de l'Administration Territoriale en Directions Générales.

- Décret N° 92-274 du 21 avril 1992, instituant le Fonds d'Investissement et d'Aménagement Urbain (FIAU) (outil de financement dont la vocation est d'attribuer à l'ensemble des communes, sans distinction de taille ou de localisation, des subventions affectées au financement d'équipements locaux.

- Décret N° 94-70 du 23 février 1994, portant autorisation d'ouverture de comptes spéciaux d'investissement et de paiement des intérêts.

- Décret N° 95-520 du 05 juillet 1995, portant organisation des procédures d'élaboration, d'approbation et d'application des lotissements du domaine privé urbain de l'État et des communes.

- Décret N° 95-529 du 04 juillet 1995, portant modification du Décret N° 80-1018 du 19 septembre 1980, fixant le ressort territorial des communes de Côte d'Ivoire et du Décret N° 85-1114 du 08 novembre 1985, fixant le ressort de quatre-vingt-dix-huit communes et portant rectification des limites territoriales d'une commune.

- Décret N° 95-530 du 14 juillet 1995, fixant le ressort territorial des communes d'Abobo et de Cocody.

- Décret N° 95-531 du 14 juillet 1995, fixant le ressort territorial des communes d'Attecoubé et de Yopougon.

- Décret N° 95-842 du 06 octobre 1995, fixant les limites et conditions d'allocation d'indemnités forfaitaires aux membres des conseils municipaux et des conseils des villes.

- Décret N° 95-941 du 13 décembre 1995, portant création de 61 nouvelles communes, portant à 197 le nombre des collectivités territoriales.

- Décret N° 95-942 du 13 décembre 1995, fixant le ressort territorial des nouvelles communes.

- Décret N° 95-945 du 13 décembre 1995 modifiant et complétant le Décret N° 80-1078 du 19 septembre 1980, fixant le ressort territorial des communes de Côte d'Ivoire, le Décret N° 85-1114 du 08 novembre 1985, fixant le ressort de quatre-vingt-dix-huit communes et portant rectification des limites territoriales d'une commune, et le Décret N° 95-529 du 14 juillet, portant modification des décrets susvisés.

- Décret N° 96-135 du 26 janvier 1996, portant création du District Autonome de Yamoussoukro.

- Décret N° 96-224 du 13 mars 1996, portant transformation de la Direction Générale des Collectivités Locales en Direction Générale des Collectivités Territoriales.

- Décret du 06 septembre 1996, portant organisation de communautés rurales.

- Décret N° 97-35 du 22 janvier 1997, fixant les modalités de la collaboration des communes et des services de l'État dans l'émission des rôles.

- Décret N° 97-370 du 02 juillet 1997, portant création de la Commission de Gestion des Véhicules Administratifs et en déterminant la composition et les attributions.

- Décret N° 98-05 du 14 janvier 1998, portant modalités de fixation de calcul et de répartition de la dotation globale de fonctionnement des communes.

- Décret N° 98-157 du 02 avril 1998, portant création de la Commune de Mayo.

- Décret N° 98-195 du 30 avril 1998, portant modification du Décret N° 95-842 du 06 octobre 1995, fixant les limites et conditions d'allocation d'indemnités forfaitaires aux membres des conseils municipaux et des conseils des villes.

- Décret N° 2000-483 du 12 juillet 2000, portant réglementation de l'acquisition, de l'utilisation et de la réforme des véhicules administratifs.

- Décret N° 2000-754 du 11 octobre 2000 instituant le Conseil National pour le Développement des Collectivités Territoriales.

- Décret N° 2001-35 du 21 janvier 2001, fixant le nombre de conseillers municipaux par commune.

- Décret N°2001-700 du 07 novembre 2001, portant création de la Commune de Zagoréta-Gadouan (portant le nombre de communes à 198).

- Décret N° 2002-142 du 11 mars 2002, portant application de la Loi N° 2001-447 du 09 août 2001, érigeant les 56 Départements existants du pays, en collectivités territoriales départementales (avec pour organe délibérant, le Conseil Général).

- Décret N° 2002-143 du 11 mars 2002, fixant le nombre des conseillers généraux par département.

- Décret N° 2002-144 du 11 mars 2002, fixant la composition numérique du conseil du District d'Abidjan.

- Décret N° 2002-145 du 11 mars 2002, fixant la composition numérique du conseil du District de Yamoussoukro.

- Décret N° 2002-189 du 02 avril 2002, déterminant les règles de désignation des membres du bureau du conseil général.

- Décret N° 2002-269 du 08 mai 2002, modifiant le Décret N° 2002-143 du 11 mars 2002, fixant le nombre des conseillers généraux par département.

- Décret N° 2004-223 du 18 mars 2004, portant attributions, composition, organisation et fonctionnement du comité économique et social départemental.

- Décret N° 2004-224 du 18 mars 2004, portant attributions, composition, organisation et fonctionnement du comité consultatif du District.

- Décret N° 2005-110 du 24 février 2005, portant code des marchés publics.

- Décret N° 2005-249 du 07 juillet 2005, fixant, en matière de promotion de la jeunesse, les modalités d'application de la Loi N° 2003-208 du 07 juillet 2003 portant répartition et transfert de compétences de l'État aux collectivités territoriales.

- Décret N° 2005-250 du 07 juillet 2005, fixant, en matière de Production Animale et de Ressources Halieutiques, les modalités d'application de la Loi N° 2003-208 du 07 juillet 2003 portant répartition et transfert de compétences de l'État aux collectivités territoriales.

- Décret N° 2005-261 du 21 juillet 2005, fixant, en matière d'Urbanisme et d'Habitat, les modalités d'application de la Loi N° 2003-208 du 07 juillet 2003 portant répartition et transfert de compétences de l'État aux collectivités territoriales.

- Décret N° 2005-262 du 21 juillet 2005, fixant, en matière de Sports et Loisirs, les modalités d'application de la Loi N° 2003-208 du 07 juillet 2003 portant répartition et transfert de compétences de l'État aux collectivités territoriales.

- Décret N° 2005-263 du 21 juillet 2005, fixant, en matière de Protection Civile, les modalités d'application de la Loi N° 2003-208 du 07 juillet 2003 portant répartition et transfert de compétences de l'État aux collectivités territoriales.

- Décret N° 2005-264 du 21 juillet 2005, fixant, en matière de Promotion de la Famille, de la Femme et de l'Enfant, les modalités d'application de la Loi N° 2003-208 du 07 juillet 2003 portant répartition et transfert de compétences de l'État aux collectivités territoriales.

- Décret N° 2005-265 du 21 juillet 2005, fixant, en matière de Sécurité, les modalités d'application de la Loi N° 2003-208 du 07 juillet 2003 portant répartition et transfert de compétences de l'État aux collectivités territoriales.

- Décret N° 2005-266 du 21 juillet 2005, fixant, en matière de Lutte contre le SIDA, les modalités d'application de la Loi N° 2003-208 du 07 juillet 2003 portant répartition et transfert de compétences de l'État aux territoriales.

- Décret N° 2005-267 du 21 juillet 2005, fixant, en matière de Promotion de l'Industrie et du Développement du Secteur Privé, les modalités d'application de la Loi N° 2003-208 du 07 juillet 2003 portant répartition et transfert de compétences de l'État aux collectivités territoriales.

- Décret N° 2005-268 du 21 juillet 2005, fixant, en matière de Protection de l'Environnement et de Gestion des Ressources Naturelles, les modalités d'application de la Loi N° 2003-208 du 07 juillet 2003 portant répartition et transfert de compétences de l'État aux collectivités territoriales.

- Décret N° 2005-304 du 22 septembre 2005, fixant, en matière d'Enseignement Supérieur, les modalités d'application de la Loi N° 2003-208 du 07 juillet 2003 portant répartition et transfert de compétences de l'État aux collectivités territoriales.

- Décret N° 2005-307 du 22 septembre 2005, fixant, en matière de Promotion de l'Agriculture, les modalités d'application de la Loi N° 2003-208 du 07 juillet 2003 portant répartition et transfert de compétences de l'État aux collectivités territoriales.

- Décret N° 2005-314 du 06 octobre 2005, portant création de cinq cent vingt (520) communes.

- Décret N° 2007-464 du 08 mai 2007, portant organisation du ministère en charge de la décentralisation.

- Décret N° 2008-96 du 05 mars 2008, portant création des départements de Bettié, Botro, Guéyo, Koro, Kouto, Ouangolodougou, Sinématiali, Tiapoum, Yakassé-Attobrou et Zoukougbeu.

- Décret N° 2008-97 du 05 mars 2008, portant création de 55 sous-préfectures.

- Décret N° 2008-115 du 06 mars 2008, portant création de 269 nouvelles communes, en modification et complément du Décret N° 2005-314 du 06 octobre 2005, portant création de 520 communes.

- Décret N° 2009-321 du 1er octobre 2009, portant création des autorités nationales de développement.

- Décret N° 2009-322 du 07 octobre 2009, déterminant le ressort territorial, les attributions et les modalités d'organisation des autorités de développement.

- Décret N° 2009-352 du 29 octobre 2009 portant fixation du traitement et des avantages auxquels ont droit les autorités nationales de développement et les ministres qui règlent les questions de déplacement et de sécurité de ces hautes personnalités.

- Décret N° 2009-353 du 29 octobre 2009, portant nomination des autorités nationales de développement.

- Décret N° 2010-229 du 25 août 2010, portant création du département de Kaniasso.

- Décret N° 2010-230 du 25 août 2010, portant création de cent-trois (103) sous-préfectures et modification des décrets N° 97-18 du 15 janvier 1997, 2005-315 du 06 octobre 2005 et 2008-97 du 05 mars 2008.

- Décret N° 2010-231 du 25 août 2010, portant création de deux-cent-quatre-vingt-dix-neuf (299) communes et modification des Décrets N° 2005-314 du 06 octobre 2005 et N° 2008-115 du 06 mars 2008.

- Décret N° 2010-232 du 25 août 2010, portant transformation des anciennes communes de Bouaké, Daloa et Korhogo en Villes.

- Décret N° 2011-0089 du 27 avril 2011, portant nomination de M. MAMBE BEUGRE en qualité de Gouverneur du District d'Abidjan.

- Décret N° 2011-0090 du 27 avril 2011, portant nomination de M. THIAM Augustin en qualité de Gouverneur du District de Yamoussoukro.

- Décret N° 2011-263 du 28 septembre 2011, portant organisation du territoire national en districts et régions.

- Décret N° 2012-1129 du 13 décembre 2012, portant promulgation de la Loi N° 2012-1128 du 13 décembre 2012 portant organisation des collectivités territoriales.

- Décret N° 2012-1131 du 13 décembre 2012, portant promulgation de la Loi N° 2012-1130 du 13 décembre 2012 portant modification des articles 120, 121, 128, 149, 150 et 157 de la Loi N° 2000-514 du 1er août 2000 portant code électoral.

2.2- *Les Arrêtés*

- Arrêté de 1914, érigeant la première ville (Grand-Bassam) en Commune Mixte (c'est-à-dire, ayant un Conseil Municipal en partie élu et en partie nommé).

- Arrêté du 29 octobre 1915, érigeant Abidjan en Commune Mixte. Elle s'étendait sur les territoires d'Abidjan-Adjamé, Abidjan-Santé, Abidjan-Agban, Abidjan-Blockauss, Cocody, Locodjro, Abobo-Doumé, Port-Bouët et Petit-Bassam (MIIN et MPDI, 1997). Elle était administrée par l'Administrateur du Cercle des Lagunes assisté d'une Commission Municipale Consultative comprenant sept (07) membres.

- Arrêté N° 3206/BP du 10 octobre 1934, portant constitution de l'Administration indigène en Côte d'Ivoire.

- Arrêté du 23 octobre 1939, élevant la Commune Mixte d'Abidjan au 2ème degré.

- Arrêté du 1er décembre 1952, élevant la Commune Mixte d'Abidjan de 2ème degré, au 3ème degré.
- Arrêté Générale N° 69-33 du 11 septembre 1953, portant érection de six villes en Communes Mixtes.
- Arrêté Local N° 7139 du 30 août 1956, portant transformation de six Communes Mixtes en Communes de Moyens Exercice.
- Arrêté N° 0367/MEF/CAB du 22 avril 1976, fixant le taux des indemnités de responsabilité octroyées aux billeteurs, comptables matières, comptables gestionnaires, gérants d'annexes et dépositaires.
- Arrêté N° 23 du 10 février 1983, fixant les conditions dans lesquelles les maires des communes et les maires des la Ville d'Abidjan peuvent engager seuls les dépenses.
- Arrêté N° 33 du 19 février 1983, fixant les modalités et le calendrier de programmation et de budgétisation des communes et de la Ville d'Abidjan.
- Arrêté N° 40 INT/MEF du 1er mars 1983, relatif aux régies de recettes et d'avances des communes et de la Ville d'Abidjan.
- Arrêté N° 123 du 20 mai 1983, déterminant le modèle de la fiche d'opération justificative des opérations du programme triennal des communes et de la Ville d'Abidjan.
- Arrêté N° 133 INT/DCL du 06 juin 1983, instituant la commission consultative des armoiries des communes.
- Arrêté N° 207/INT/DCL du 08 octobre 1984, modifiant l'Arrêté N° 133/INT/DCL du 06 juin 1983, instituant la Commission Consultative des Armoiries des Communes.
- Arrêté N° 198/INT/DCL du 20 juillet 1985, instituant une commission chargée de l'étude du ressort territorial des futures communes et en fixant la composition.
- Arrêté N° 265/INT/DCL du 07 novembre 1985, fixant le nombre de conseillers et d'adjoints aux maires des communes de Côte d'Ivoire.
- Arrêté N° 149 INT/DCL du 17 mai 1986, fixant le montant au dessus duquel les délibérations du conseil municipal ou du conseil de la Ville d'Abidjan allouant des secours ou subventions ne deviennent exécutoires qu'après approbation de l'autorité de tutelle.
- Arrêté N° 335/INT/DCL du 06 octobre 1986, modifiant l'Arrêté N° 33 du 19 février 1983 fixant les modalités et le calendrier de programmation et de budgétisation des communes et de la Ville d'Abidjan.
- Arrêté N° 166 du 02 avril 1987, fixant les taux maxima des indemnités forfaitaires pour frais de mission en dehors du territoire national des maires, adjoints aux maires, présidents et vice-présidents de délégations spéciales.

- Arrêté N° 31/INT/DGCL du 13 février 1992, fixant les modalités et le calendrier de programmation et de budgétisation des communes et de la Ville d'Abidjan.

- Arrêté N° 706 du 06 avril 1993, portant précision sur l'organisation et le fonctionnement du FIAU.

- Arrêté N° 422 INT/DGCL/DAGCL du 29 novembre 1993, instituant une commission paritaire communale.

- Arrêté N° 78 du 01 mars 1994, portant fixation des taux journaliers de l'indemnité de mission hors Côte d'Ivoire.

- Arrêté N° 14 257/EFP/CAB du 20 octobre 1994, portant revalorisation des primes mensuelles de transport pour les travailleurs de l'agglomération d'Abidjan et autres grandes villes.

- Arrêté N° 822 du 11 juillet 1995, portant précision sur l'organisation et le fonctionnement du FIAU, en complément de l'Arrêté N° 706 du 06 avril 1993.

- Arrêté N° 149/INT/DGCL du 10 mai 1996, portant délégation aux préfets d'attributions en matière de contrôle de tutelle à l'égard des communes et des villes.

- Arrêté N° 215/MEF/INT du 16 avril 1996, fixant les modalités de fonctionnement des comptes spéciaux d'investissement et de paiement des intérêts des communes.

- Arrêté N° 116/INT/MLCVE/DGCT/DDC du 16 mars 1998, portant création d'un comité de suivi du projet de drainage et d'élimination des déchets solides dans les communes de l'intérieur.

- Arrêté N° 134 du 24 mars 1998, déterminant la composition de la commission nationale chargée du suivi des modalités de répartition de la dotation globale de fonctionnement des communes.

- Arrêté N° 1038/MEF/SGM du 11 juin 1998, précisant les modalités d'application des Décrets N°s 97-370, 97-371 et 97-372 du 02 juillet 1997, relatifs à la gestion des véhicules administratifs.

- Arrêté N° 120/MEF du 10 mai 1999, fixant les modalités de réalisation des marchés publics.

- Arrêté N° 516/MEMID/DGDAT du 24 août 2001, portant constatation des résultats des élections des Maires et Adjoints aux Maires des communes de Côte d'Ivoire.

- Arrêté N° 003/MID/DGDAT du 12 février 2003, portant constatation de la composition des bureaux des conseils généraux.

- Arrêté N° 507/MEMAT/DGDDL du 08 juillet 2005, portant institution d'une carte de service pour les élus des collectivités territoriales.

- Arrêté N° 508/MEMAT/DGDDL du 08 juillet 2005, portant institution d'une carte professionnelle en faveur du personnel des collectivités territoriales.

- Arrêté N° 186/MDPMEF/DGBF/DMP du 02 août 2006, portant modalités de constitution, d'organisation et de mode de fonctionnement des commissions consultatives des marchés publics.

- Arrêté N° 188/MDPMEF/DGBF/DMP du 02 août 2006, portant fixation des seuils de passation, de validité et d'approbation dans la procédure des marchés publics.

- Arrêté N° 189/MDPMEF/DGBF/DMP du 02 août 2006, précisant les modalités de délégation de compétences du Ministre chargé des marchés publics.

2.3- *Les Circulaires*

- Circulaire N° 012/INT/DCL du 11 avril 1984, portant rectificatif de la circulaire relative à la prise en charge des obsèques des conseillers municipaux.

- Circulaire N° 002/INT/DCL du 09 janvier 1987, relative aux délégations données par le Maire.

- Circulaire N° 007/INT/CAB/DCL du 07 mai 1988, portant attribution, modes d'intervention et actes respectifs des organes municipaux ou de la Ville.

- Circulaire N° 829/MEMAT/DGDDL/DRC/SDPCT du 29 juillet 2005, relative au paiement de l'indemnité de résidence des agents des collectivités territoriales.

- Circulaire N° 3582/INT/DGDDL/DTEF/SDFPB du 08 novembre 2007, relative au calendrier de programmation et de budgétisation des districts et des départements.

- Circulaire N° 3820/INT/DGDDL/DTEF du 08 novembre 2007, relative à l'examen et à l'approbation des documents de gestion financière des départements et districts.

2.4- *Les Notes*

- Note interministérielle n° 696/MEMAT/MEMEF/MFPE du 09 octobre 2003, relative à la rémunération du personnel des collectivités territoriales.

Dans l'ensemble, les sujets réglementés par ce dispositif législatif (Ordonnances, Lois, Décrets, Arrêtés, Circulaires) sont :

- Les conditions de création des collectivités locales ;
- Les limitations territoriales des collectivités ;
- L'organisation administrative des collectivités : le mode de désignation des représentants, leur mise en place, leur fonctionnement, etc. ;
- Les compétences dévolues aux collectivités locales ;
- Les ressources des collectivités locales, etc.

TABLE DES MATIÈRES

Côte d'Ivoire
aux éditions L'Harmattan

Dernières parutions

BUDGET (LE) DE L'ÉTAT IVOIRIEN
Financer le développement
Kouyaté Mohamed D. - Préface de Daniel Kablan Duncan
Cet ouvrage dédié au budget de l'État participe de la mise en oeuvre de la stratégie de vulgarisation d'un concept largement sanctuarisé. Il veut s'essayer à la cristallisation des enseignements relatifs aux finances publiques de l'État de Côte d'Ivoire vue sous l'angle du budget. Ce livre est une invite à explorer davantage les différentes composantes de ce redoutable instrument de politique économique et sociale qu'est le budget de l'État.
(Coll. Harmattan Côte-d'Ivoire, 32.00 euros, 314 p.)
ISBN : 978-2-343-03852-0, ISBN EBOOK : 978-2-336-36495-7

CÔTE D'IVOIRE : LE VOILE EST DÉCHIRÉ
Doué Jean Jaurès - Préface d'Arsène Touho - Postface de Me Seri Zokou
La crise militaire et politique qui a secoué la Côte d'Ivoire de 2002 à 2011 a été le choc entre deux Côte d'Ivoire antagoniques : celle qui aspire à naître et celle vassalisée qui refuse de disparaître. Les acteurs de cette crise doivent assumer devant l'histoire leurs responsabilités. Et cela passe par la restitution des faits. C'est à cela que répond ce livre.
(16.50 euros, 162 p.)
ISBN : 978-2-343-04862-8, ISBN EBOOK : 978-2-336-36646-3

CÔTE D'IVOIRE (LA) FACE AU DÉFI DE LA SORTIE DE LA CRISE
Théorie et pratique des médiations africaines et débats actuels
Edou Mvelle Alain-Roger
Préface de Jean-Emmanuel Pondi ; Postface de Marcellin Nguele Abada
La problématique de ce livre tourne autour de l'apport de la diplomatie intergouvernementale africaine à la résolution de la crise ivoirienne. Partant d'une réflexion sur l'africanité des solutions offertes, l'auteur propose un modèle de décryptage du fonctionnement de la médiation à travers la routinisation d'un mouvement circulaire entre les parties au conflit et les tiers : la «roue de la médiation».
(Coll. Harmattan Cameroun, 23.00 euros, 228 p.)
ISBN : 978-2-343-05162-8, ISBN EBOOK : 978-2-336-36735-4

DROIT DES TRANSPORTS MARITIMES
Dakouri Jean-Claude
Cet ouvrage inclut les plus récentes dispositions du droit maritime ivoirien et des conventions internationales. Il présente les conventions internationales qui régissent la navigation sur la mer, les dispositions qui favorisent le financement des navires et la garantie des investisseurs ainsi que celles qui décrivent les relations entre assureurs, armateurs et autres opérateurs intervenant dans l'exploitation des bâtiments de mer marchands.
(Coll. Le droit en marche, 28.50 euros, 290 p.)
ISBN : 978-2-343-04868-0, ISBN EBOOK : 978-2-336-36521-3

ÈRE (L') DE L'ÉCONOMIE DES PLANTATIONS EN CÔTE D'IVOIRE (1900-1983)
Settie Louis E.
Depuis les années 60, «la prospérité de la Côte d'Ivoire repose sur l'agriculture» ; nombreux sont ceux qui ne voient que le café et le cacao, alors qu'il y a eu des cultures comme le coton, l'ananas, la banane, la canne à sucre, l'hévéa, le palmier à huile, avec la politique de diversification des cultures des pouvoirs publics de l'époque. C'est pourquoi cette période a été qualifiée «d'ère de l'économie des plantations». Comment celle-ci s'est mise en place ? Et comment a-t-elle évolué ?
(Coll. Harmattan Côte-d'Ivoire, 14.00 euros, 130 p.)
ISBN : 978-2-343-04072-1, ISBN EBOOK : 978-2-336-36657-9

MALADIE (LA) CHEZ LES KROU DE CÔTE D'IVOIRE
De la mémoire à l'histoire des représentations collectives
Tchero Joachim - Préface de Simon-Pierre Ekanza
Cet ouvrage permet de saisir la représentation de la maladie chez les Krou à travers un double concept : tantôt religieux d'un blâme par les puissances célestes, tantôt maléfique d'un pouvoir occulte par le sorcier. La maladie est insérée dans l'histoire d'une personne et la connaissance des maux est ainsi basée sur des jugements de valeur. Le thérapeute n'est qu'un guide et le traitement thérapeutique, une «médiation» entre le justicier et le coupable (le malade).
(Coll. Harmattan Côte-d'Ivoire, 21.50 euros, 216 p.)
ISBN : 978-2-343-04964-9, ISBN EBOOK : 978-2-336-36477-3

FEMMES VICTIMES DE VIOLENCES PENDANT LES CONFLITS
Sofia, la belle solitude – Récit
Sastre Danièle
Ce livre retrace le parcours d'une jeune femme ivoirienne ayant été contrainte de quitter son pays en y laissant ses enfants, après avoir été victime de violences sexuelles perpétrées par un groupe armé. Sofia, 32 ans, après un long périple, découvre en France l'accueil froid fait aux réfugiés victimes de violations des droits humains. Puis, grâce à sa vitalité, à son courage et à l'aide d'associations, elle apprend petit à petit à vivre une nouvelle vie de femme, de mère et de citoyenne.
(10.00 euros, 68 p.)
ISBN : 978-2-343-04762-1, ISBN EBOOK : 978-2-336-36319-6

MUTUELLES (LES) DE DÉVELOPPEMENT EN CÔTE D'IVOIRE
Idéologie de l'origine et modernisation villageoise
Yao Gnabéli Roch
Préface de Laurent Bazin
«Mutuelles de développement» est le nom générique qu'ont pris en Côte d'Ivoire les associations regroupant cadres et travailleurs originaires d'un même village ou d'une même région. Comment expliquer la permanence de tels groupements ? Pourquoi leurs organisateurs doivent-ils sans relâche réunir, interpeller les membres villageois ou citadins pour obtenir leur participation ? Les mutuelles de développement constituent en Côte d'Ivoire des dispositifs sociaux où se fabrique l'ancrage des rapports sociaux et politiques.
(Coll. Anthropologie Critique, 25.00 euros, 256 p.)
ISBN : 978-2-343-04765-2, ISBN EBOOK : 978-2-336-36388-2

LAURENT GBAGBO : LA PASSION D'UNE ESPÉRANCE DÉMOCRATIQUE
Dagbo Raphaël
Préface de Alain Cappeau
L'Afrique de l'Ouest a été balkanisée pour répondre aux besoins de colonies d'exploitation que voulaient les colonisateurs. Ils en ont fait un espace de micro-États peu fiables politiquement et économiquement. Les nombreux coups d'État, pilotés de l'extérieur ou non, en sont la triste illustration. La Côte d'Ivoire qui faisait partie des exceptions bascule à son tour dans l'engrenage infernal en 1999. Au milieu d'un tableau d'apocalypse, la voix de Laurent Gbagbo se fait fortement entendre.
(Coll. Afrique liberté, 25.00 euros, 248 p.)
ISBN : 978-2-343-03243-6, ISBN EBOOK : 978-2-336-36072-0

BÔGÔBLÔ (LE)
Musique dans la société Atchan (Côte d'Ivoire)
Djoke Théophile Bodjé
Le bôgôblô est un instrument ancestral de prédilection du peuple Atchan, dont l'auteur est natif. Dans cet ouvrage, il développe des aspects de la musique du bôgôblô des Tchaman propres à la société Atchan, à savoir la musique de réjouissance, la musique funéraire et la musique militaire.
(Coll. Harmattan Côte-d'Ivoire, 15.50 euros, 150 p.)
ISBN : 978-2-336-30576-9, ISBN EBOOK : 978-2-336-35762-1

GUERRE (LA) EN CÔTE D'IVOIRE
Récits et réflexions pour sortir des sentiers battus
Kouadio Jean
Le 19 septembre 2002, quand éclate ce que certains observateurs et analystes ont qualifié de «La guerre de la France contre la Côte d'Ivoire», le jeune prêtre d'alors qu'est le père Kouadio Jean sent une révolte sourdre en lui. Il s'engage aux côtés des patriotes qui luttent pour libérer le pays de l'emprise néocoloniale. Il se met donc à réfléchir sur l'impérialisme et ses conséquences dans le monde et surtout dans celui des peuples pauvres et humiliés, et exprime ses réflexions.
(Coll. Études africaines, 16.50 euros, 160 p.)
ISBN : 978-2-343-03510-9, ISBN EBOOK : 978-2-336-35964-9

CÔTE D'IVOIRE (LA), D'UNE CRISE À L'AUTRE
Sous la direction de Viti Fabio
Le caractère composite de ces approches fait de ce recueil une contribution interdisciplinaire : politistes, anthropologues, sociologues, donnent une lecture croisée des évènements qui ont profondément secoué la Côte d'Ivoire. Il s'agit ici d'élargir le regard, de l'actualité immédiate à une plus longue durée, comprenant la colonisation jusqu'à la dernière crise postélectorale de 2010-2011.
(24.00 euros, 246 p.)
ISBN : 978-2-343-02959-7, ISBN EBOOK : 978-2-336-35346-3

CÔTE D'IVOIRE
Sous le règne du faux
Holy Bedi
«Le monde est faux» aurait écrit l'écrivain malien Yambo Ouologuem, qui traîne aujourd'hui dans les rues parmi les nombreux malheureux que ce monde faux n'arrive pas à intégrer. La fausse apparence est devenue le modèle de vie, la tricherie et la fourberie ont été élevées au rang de règle, on a fait de la duplicité une méthode de réussite, de la prostitution une preuve de capacité d'attirance et de la corruption un système de régulation des relations au quotidien : l'imposture dans ce monde est grande ! Et elle l'est encore plus en Afrique.
(Coll. Afrique liberté, 14.00 euros, 130 p.)
ISBN : 978-2-343-03551-2, ISBN EBOOK : 978-2-336-35548-1

COMMERCE (LE) DANS LA RÉGION DE MAN
Côte d'Ivoire (1896-1940)
Sohi Blesson Florent
À l'époque ancienne, le commerce met en mouvement des populations aussi diverses que les Bété, les Gouro, les Toura, les Guéré, les Wobé et les Yacouba, sur leur quête de produits de consommation courante mais aussi dans l'acquisition de biens rares et convoités. Le commerce colonial se greffe à ces échanges anciens, accroissant la misère et les souffrances des populations. L'auteur souligne ici les ruptures diverses introduites dans la société «Dan-Wè» à l'avènement de ce commerce colonial.
(Coll. Racines du Présent, 41.00 euros, 434 p.)
ISBN : 978-2-343-03789-9, ISBN EBOOK : 978-2-336-35636-5

CÔTE D'IVOIRE : ON IRA JUSQU'AU BOUT !
Ohouochi Clotilde
«On ira jusqu'au bout» est la célèbre formule lancée par le président Laurent Gbagbo lors de sa première comparution à la Cour pénale internationale, en décembre 2011. Cette formule est

reprise en écho par Clotilde Ohouochi qui raconte comment, en tant que personnalité proche de Laurent Gbagbo, elle a vécu les douloureux événements de la guerre postélectorale.
(Coll. IREA (Institut de recherche et d'études africaines), 19.00 euros, 194 p.)
ISBN : 978-2-343-00622-2, ISBN EBOOK : 978-2-296-53899-3

FRANCE (LA) CONTRE LA CÔTE D'IVOIRE. L'AFFAIRE DU SANWI
Du malentendu politico-juridique à la tentative de sécession
Koffi Koffi Lazare
Préface du professeur Séry Bailly
L'affaire du Sanwi est souvent évoquée à chaque crise qui marque le destin de la nation ivoirienne. Cette «affaire» a, de 1959 à 1970, secoué tout le sud-est forestier de la Côte d'Ivoire indépendante et entraîné tout un peuple avec son roi dans une douloureuse aventure, à la recherche de son indépendance, de sa liberté et de sa dignité perdues. Dans cette tentative sécessionniste, ils connurent des privations de liberté, mais aussi toutes sortes d'humiliations.
(Coll. Afrique liberté, 27.00 euros, 286 p.)
ISBN : 978-2-336-29311-0, ISBN EBOOK : 978-2-296-53799-6

COMMUNICATION (LA) DE CRISE AU PORT AUTONOME D'ABIDJAN
Goa Kacou
La communication de crise au port autonome d'Abidjan est un cas exemplaire et d'actualité. Il cadre avec la réalité ivoirienne et africaine. D'abord, ce cas permet d'établir le descriptif des différents systèmes de crise de communication interne et externe. Ensuite, il enseigne l'importance et l'utilité de la fonction communication dans tout espace à tout moment. Enfin, il permet de comprendre que la crise est un moment charnière pour l'entreprise.
(Coll. Harmattan Côte-d'Ivoire, 24.00 euros, 236 p.)
ISBN : 978-2-336-29310-3, ISBN EBOOK : 978-2-296-53848-1

PRÉSIDENT (LE) LAURENT GBAGBO À LA COUR PÉNALE INTERNATIONALE
Justice ou imposture ?
Koudou Kessie Raymond, Oulaye Hubert
Cet ouvrage rassemble les contributions d'intellectuels africains et européens, juristes, politologues, psychologues, sociologues, avocats, journalistes, écrivains... qui posent la question de la crédibilité de la CPI, à partir de l'analyse des faits et au regard des charges contre le président Laurent Gbagbo.
(Coll. Afrique liberté, 22.00 euros, 244 p.)
ISBN : 978-2-343-01046-5, ISBN EBOOK : 978-2-296-53712-5

NOTRE HISTOIRE AVEC LAURENT GBAGBO
Regard sur quinze années de crise en Côte d'Ivoire
Wakili Alafé
Préface de Mamadou Koulibaly
Postface de Ibrahim Cissé Bacongo
«L'auteur nous fait revivre, à travers son regard, la dernière décennie au coeur de la Côte d'Ivoire. Les épisodes de l'histoire s'enchaînent, se mêlent. Des milliers d'Ivoiriens sont morts, blessés, traumatisés, divisés, exilés, expropriés, parce que les hommes politiques n'ont pas eu le courage de gérer la crise, ne pensant qu'à leurs intérêts personnels à court terme. Aujourd'hui, notre terre d'Eburnie est toujours malade. Elle souffre des mêmes maux. Nous connaissons ces maux. Nous savons où ils peuvent nous mener.» (Mamadou Koulibaly.)
(21.00 euros, 216 p.)
ISBN : 978-2-343-00714-4, ISBN EBOOK : 978-2-296-53552-7

L'HARMATTAN ITALIA
Via Degli Artisti 15; 10124 Torino

L'HARMATTAN HONGRIE
Könyvesbolt ; Kossuth L. u. 14-16
1053 Budapest

L'HARMATTAN KINSHASA
185, avenue Nyangwe
Commune de Lingwala
Kinshasa, R.D. Congo
(00243) 998697603 ou (00243) 999229662

L'HARMATTAN CONGO
67, av. E. P. Lumumba
Bât. – Congo Pharmacie (Bib. Nat.)
BP2874 Brazzaville
harmattan.congo@yahoo.fr

L'HARMATTAN GUINÉE
Almamya Rue KA 028, en face
du restaurant Le Cèdre
OKB agency BP 3470 Conakry
(00224) 657 20 85 08 / 664 28 91 96
harmattanguinee@yahoo.fr

L'HARMATTAN MALI
Rue 73, Porte 536, Niamakoro,
Cité Unicef, Bamako
Tél. 00 (223) 20205724 / +(223) 76378082
poudiougopaul@yahoo.fr
pp.harmattan@gmail.com

L'HARMATTAN CAMEROUN
BP 11486
Face à la SNI, immeuble Don Bosco
Yaoundé
(00237) 99 76 61 66
harmattancam@yahoo.fr

L'HARMATTAN CÔTE D'IVOIRE
Résidence Karl / cité des arts
Abidjan-Cocody 03 BP 1588 Abidjan 03
(00225) 05 77 87 31
etien_nda@yahoo.fr

L'HARMATTAN BURKINA
Penou Achille Some
Ouagadougou
(+226) 70 26 88 27

L'HARMATTAN SÉNÉGAL
10 VDN en face Mermoz, après le pont de Fann
BP 45034 Dakar Fann
33 825 98 58 / 33 860 9858
senharmattan@gmail.com / senlibraire@gmail.com
www.harmattansenegal.com

L'HARMATTAN BÉNIN
ISOR-BENIN
01 BP 359 COTONOU-RP
Quartier Gbèdjromèdé,
Rue Agbélenco, Lot 1247 I
Tél : 00 229 21 32 53 79
christian_dablaka123@yahoo.fr

Achevé d'imprimer par Corlet Numérique - 14110 Condé-sur-Noireau
N° d'Imprimeur : 117435 - Dépôt légal : avril 2015 - *Imprimé en France*

www.ingramcontent.com/pod-product-compliance
Lightning Source LLC
LaVergne TN
LVHW011314061026
849535LV00005B/1550
* 9 7 8 2 3 4 3 0 4 8 4 2 0 *